QUARENTA OUTONOS

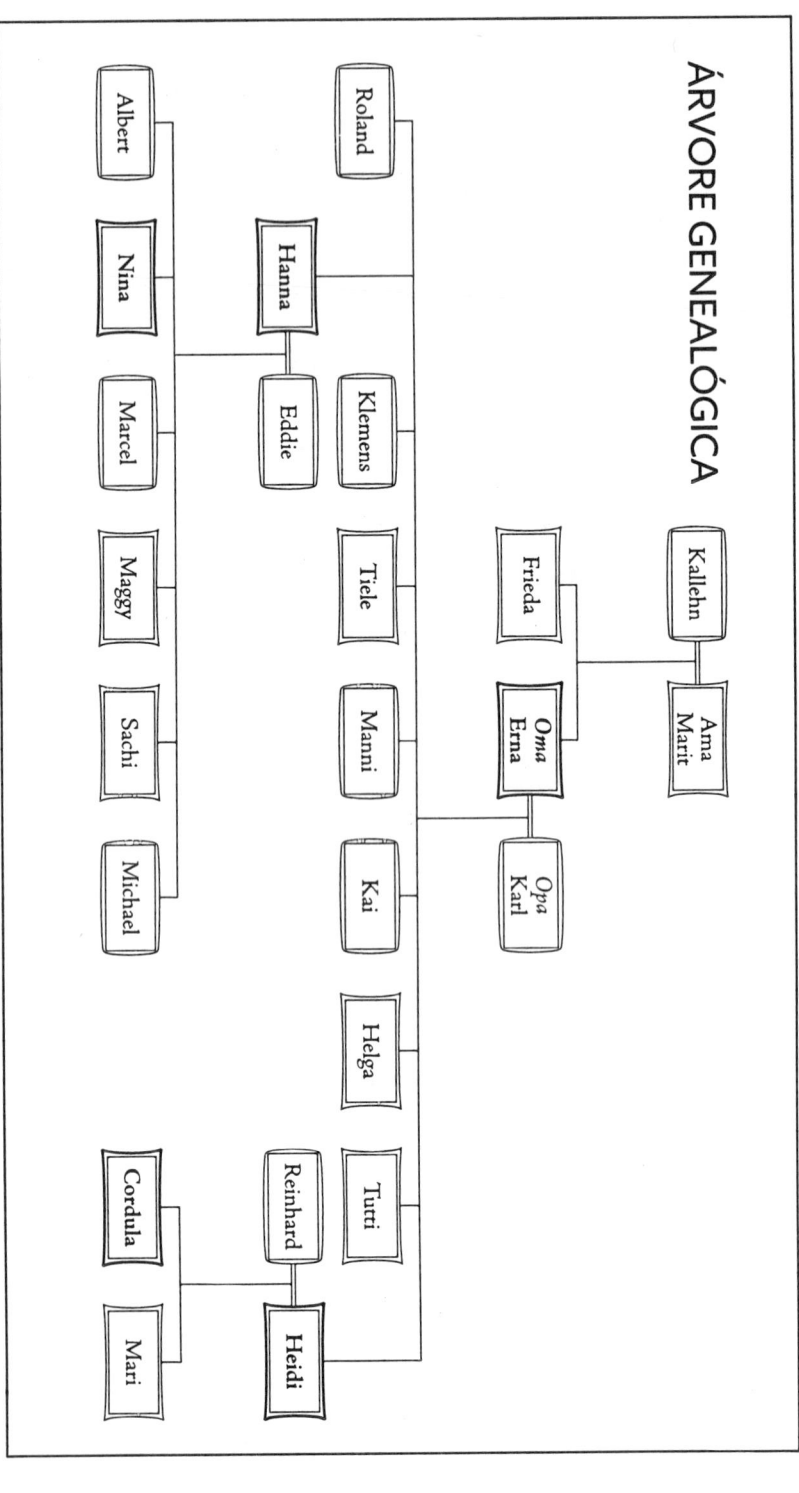

NINA WILLNER

QUARENTA OUTONOS

Tradução
Ryta Vinagre

1ª edição
Rio de Janeiro-RJ / Campinas-SP, 2021

Editora
Raïssa Castro

Coordenadora editorial
Ana Paula Gomes

Copidesque
Manoela Alves

Revisão
Tássia Carvalho

Diagramação
Abreu's System

Título original
Forty Autumns

ISBN: 978-65-5924-032-6

Copyright © Nina Willner, 2016
Todos os direitos reservados.
Publicado mediante acordo com HarperCollins Publishers.

Direitos reservados em língua portuguesa, no Brasil, por Verus Editora. Nenhuma parte desta obra pode ser reproduzida ou transmitida por qualquer forma e/ou quaisquer meios (eletrônico ou mecânico, incluindo fotocópia e gravação) ou arquivada em qualquer sistema ou banco de dados sem permissão escrita da editora.

Verus Editora Ltda.
Rua Benedicto Aristides Ribeiro, 41, Jd. Santa Genebra II, Campinas/SP, 13084-753
Fone/Fax: (19) 3249-0001 | www.veruseditora.com.br

CIP-BRASIL. CATALOGAÇÃO NA PUBLICAÇÃO
SINDICATO NACIONAL DOS EDITORES DE LIVROS, RJ

W712q

Willner, Nina, 1961-
  Quarenta outonos / Nina Willner ; tradução Ryta Vinagre. – 1. ed. – Campinas [SP] : Verus, 2021.

  Tradução de: Forty Autumns
  ISBN 978-65-5924-032-6

  1. Willner, Nina, 1961-. 2. Willner, Nina, 1961- — Família. 3. Guerra Fria. 4. Alemanha (Oriental). 5. Berlim, Muro de (1961-1989). I. Vinagre, Ryta. II. Título.

21-72962
  CDD: 929.20943
  CDU: 929.52(430)

Camila Donis Hartmann – Bibliotecária – CRB-7/6472

Revisado conforme o novo acordo ortográfico.

Seja um leitor preferencial Record.
Cadastre-se no site www.record.com.br e receba informações sobre nossos lançamentos e nossas promoções.

Atendimento e venda direta ao leitor:
sac@record.com.br

Para
OMA

Agora e para sempre, pretendo me apegar à crença
na força oculta do espírito humano.

— ANDREI SAKHAROV, físico nuclear e dissidente russo

SUMÁRIO

Cronologia Familiar e Histórica   11
Prefácio   15

PARTE UM

1. A Rendição: Fim da Guerra (1945)   23
2. Desce uma Cortina de Ferro: Começa a Guerra Fria (1945-1946)   35
3. "Se Quer Sair, Saia Logo": Escapadas por um Triz e Fugas (1946-1948)   47
4. Escapada: Uma Mala Pequena e a Fuga Definitiva (11 de agosto de 1948)   65

PARTE DOIS

5. Dois Castelos: Fora do Turbilhão (1948-1949)   77
6. Uma Irmã Nasce no Leste: A Stasi Assume o Controle (1949-1952)   87
7. "Queremos Ser Livres": Uma Revolta dos Trabalhadores (1953)   103
8. A Visita: O Encontro das Irmãs (1954)   111
9. A Vida se Normaliza em um Estado Policial: Um Namoro (1955-1957)   117
10. O Casaco de Pele: Último Encontro (1958-1959)   129

PARTE TRÊS

11. "Um Muro Manterá o Inimigo Lá Fora": Um Muro para Manter o Povo Dentro (1960-1961)   143
12. O Muro da Família: A Crença de Oma e a Rebeldia de Opa (1962-1965)   155
13. Só os Membros do Partido Vencem: "Temos um ao Outro" (1966-1969)   169
14. Uma Mensagem sem Palavras: O Amor Longínquo de Oma (1970-1974)   183

15. Dissidentes e Desordeiros: Opa Internado (1975-1977)   195
16. Brilha uma Luz: "Nossas Almas São Livres" (1977)   207
17. Uma Surpresa da América: Inocência (1978-1980)   215
18. O Bangalô Paraíso: Refúgio e Consolo (1980-1982)   231

PARTE QUATRO

19. Missão: Berlim: Operações da Inteligência (1982-1984)   241
20. Cara a Cara com Honecker: Missão em Ludwigslust (1984-1985)   259
21. Além do Posto de Controle: Passagem (1985)   267
22. Imagine: A Estrada pela Frente (1986)   285
23. "Derrube este Muro": Os Ventos da Mudança (1987-1988)   295
24. "Gorby, Nos Salve!": Uma Nação Desmorona (1989)   303
25. O Mundo se Espanta: "Schabowski Disse que Podemos!" ou: Cai o Muro (9 de novembro de 1989)   311
26. Amanhecer: A Partida do Leste (Outono de 1989)   319
27. Reencontro e Renascimento: Juntos Novamente (1990-2013)   321

Epílogo   327
Nota da Autora   337
Agradecimentos   343
Glossário   347
Bibliografia   349
Índice Remissivo   365

CRONOLOGIA FAMILIAR E HISTÓRICA

ANO	FAMÍLIA	HISTÓRIA
1945	Americanos chegam a Schwaneberg Soviéticos tomam o poder em Schwaneberg	Exército Vermelho captura Berlim Fim da Segunda Guerra Mundial. Alemanha dividida em Oriental e Ocidental. Berlim dividida em Oriental e Ocidental Começa a Guerra Fria
1946	Opa empossado para ensinar a doutrina soviética Roland torna-se professor	Soviéticos ocupam o Leste, impõem a lei soviética Estabelecimento de demarcação de fronteiras e controle de passagem interzonas SED, formação do Partido Comunista Criação da polícia VoPo e da polícia de fronteira alemã
1947	Kallehn ajuda Hanna a fugir Hanna foge e volta à força	O Plano Marshall reconstrói a Zona Ocidental e Berlim Ocidental Soviéticos desmantelam a Zona Oriental Criação do movimento da juventude comunista
1948	Fuga definitiva de Hanna	Reforma da moeda Bloqueio de Berlim/início da ponte aérea de Berlim
1949	Hanna vai para Heidelberg Heidi nasce na Zona Oriental Início do movimento da juventude em Schwaneberg	Formação da Otan Fim do Bloqueio de Berlim Fundação da Alemanha Oriental Criação do sistema carcerário Soviéticos testam a primeira arma nuclear. Começa a corrida armamentista nuclear Criação do Grupo de Forças Soviéticas na Alemanha (GFSA)
1950	Opa defende agricultores contra o Estado	Ulbricht torna-se líder da Alemanha Oriental Estado da Alemanha Oriental confisca terras particulares Criação de áreas restritas Criação da Stasi. Início do uso de medo, paranoia, intimidação e táticas de terror para fins de controle
1951-56		Plano Quinquenal da Alemanha Oriental destaca elevadas cotas de produção para a indústria pesada. Êxodo em massa da força de trabalho operária e intelectual
1952	Exército americano contrata Hanna	Fechada a fronteira Alemanha Oriental-Ocidental. Somente Berlim permanece aberta
1953		Morre Stálin. Novo Rumo Construção do Plano Socialista Revolta dos Trabalhadores. Tumultos reprimidos pelo Exército Vermelho

ANO	FAMÍLIA	HISTÓRIA
1954	Oma e Heidi, com 5 anos, visitam o Ocidente	Partida não autorizada da Alemanha Oriental punida com três anos de prisão
1955	Adaptação da família ao controle da polícia estatal	União Soviética declara soberania da Alemanha Oriental
	Autoridades perseguem Opa	Formação do Pacto de Varsóvia
		Regime vê primeiros resultados do silenciamento de dissidentes e controle da população
		Início da normalização
		Escalada da Guerra Fria
1956	Kai faz o juramento Jugendweihe para servir ao comunismo	Formação do NVA (Exército da Alemanha Oriental). Com o GFSA, intensifica-se para ficar de prontidão para conflito com a Otan
		Revolução húngara reprimida pelo Exército Vermelho
1956-63		Plano de Sete Anos marcado pela coletivização e nacionalização da agricultura e da indústria
1957		Auxílio à partida não autorizada da Alemanha Oriental gera pena de prisão
		Começa a corrida espacial
1958	Hanna se casa com Eddie	
	Oma e Opa visitam Heidelberg	
1960	Autoridades continuam a perseguir Opa	Escalada da Guerra Fria
	Morre Kallehn	Primavera Socialista. Entrega final de terras para coletivos
		Continua o êxodo da força de trabalho alemã oriental, principalmente para Berlim Ocidental, aberta
1961	Nasce Nina nos Estados Unidos	É erguido o Muro de Berlim
		Tensões aumentam entre Estados Unidos e União Soviética
1962	Kai serve como guarda de fronteira no Muro de Berlim	Peter Fechter é baleado no Muro
	Oma constrói o Muro da Família	
1963		Discurso "Ich bin ein Berliner" do presidente Kennedy, dos EUA
1963-70		Novo Sistema Econômico
1964	Heidi faz o juramento Jugendweihe	Muro de Berlim fortificado
1965	Opa denunciado, obrigado a se aposentar, expulso do Partido Comunista. Família transferida para Klein Apenburg	

ANO	FAMÍLIA	HISTÓRIA
1966	Nina, aos 5 anos, descobre que a família oriental está presa em um país do qual não pode partir	Melhorias em infraestrutura: estradas e edifícios residenciais
1968	Heidi se casa com Reinhard	Soviéticos esmagam revolta na Tchecoslováquia
		Regime da Alemanha Oriental lança programa esportivo
1969		Começa a *détente*
1970	Nasce Cordula	Alemanha Oriental entra para a Olimpíada
1971		Honecker torna-se líder da Alemanha Oriental
1972		Alemanhas Oriental e Ocidental estabelecem relações diplomáticas
1973	Hanna telefona para Oma na Alemanha Oriental	Socialismo de consumo
		Intensificação dos esportes na Alemanha Oriental
1975	Família recebe mais cartas e pacotes de Hanna	Modernização do Muro; fronteira reforçada
		Continuam as tentativas de fuga, agora quase suicidas
1976		Mísseis SS-20 mobilizados na União Soviética
		Pico de crescimento da Alemanha Oriental
1977	Opa enviado a sanatório, "reeducado"	
	Morre Kai	
1978	Morre Oma	
	Albert visita a família na Alemanha Oriental	
1979		União Soviética invade o Afeganistão. Termina a *détente*
1980	Cordula convocada para esportes na Alemanha Oriental	Aumentam as tensões da Guerra Fria. Forma-se o Solidariedade na Polônia
	Heidi e Reinhard constroem o Bangalô Paraíso	Declínio da economia; deterioram-se as condições. Mais alemães orientais sintonizam emissoras ocidentais
		Entrega de lotes para cultivo familiar
1982		"Guerra ao comunismo" de Reagan
		Recorde de coleta da inteligência em Berlim Oriental e Ocidental
1983-86	Nina trabalha em operações de inteligência em Berlim Oriental	Mísseis Pershing dos EUA mobilizados na Alemanha Ocidental
		Reforger 83 e Able Archer 83 simulam guerra convencional, química e nuclear na Europa. Soviéticos percebem a possibilidade de primeiro ataque da Otan
		As tensões aumentam

ANO	FAMÍLIA	HISTÓRIA
1984	Cordula faz o juramento Jugendweihe Morre Opa	
1985	Cordula entra para a seleção nacional e treina em Berlim Oriental Nina operacional em Berlim Oriental	Líder soviético Gorbachov começa as reformas. Honecker se opõe às mudanças O major Nicholson, do exército americano, morre baleado em missão da USMLM na Alemanha Oriental
1986	Hanna e Eddie visitam Berlim	
1987	Cordula sai da Alemanha Oriental para competir em campeonatos mundiais. Prepara-se para a Olimpíada	Reagan exorta Gorbachov a "Derrubar o Muro" Gorbachov continua a reestruturar a União Soviética, incitando outros países do bloco soviético a seguirem seu exemplo
1988	Na Suíça, colega de equipe de Cordula deserta Morre Roland	
1989	A vida continua como sempre para a família no lado oriental Cordula torna-se a última campeã alemã oriental no ciclismo de pista	Gorbachov influencia a queda do Bloco Oriental. Honecker resiste. Multidões pedem a liberdade Fevereiro: última pessoa morta ao tentar cruzar o Muro Agosto: Hungria abre suas fronteiras Setembro: Manifestações na Alemanha Oriental: "Queremos sair!" Repressão policial Outubro: Honecker exige que as festividades do quadragésimo aniversário da Alemanha Oriental continuem segundo a programação Manifestações em Leipzig 4 de novembro: um milhão de alemães orientais compareçem a manifestações pró-democracia em Berlim Oriental
9 de novembro de 1989	Cordula treina em Berlim Oriental Heidi está na Cidade Karl Marx Hanna e Nina estão em Washington, D.C.	Cai o Muro de Berlim. Os alemães orientais estão livres

PREFÁCIO

> O Muro [de Berlim] é [...] uma ofensa não só contra a história, mas contra a humanidade, separando famílias, apartando maridos de esposas e irmãos de irmãs, e dividindo um povo que quer se unir.
>
> — *John F. Kennedy, presidente dos Estados Unidos*

Eu tinha 5 anos quando soube que minha avó morava atrás de uma cortina. Estávamos em 1966. Era o Dia dos Avós no jardim de infância. Em um fluxo lento de crianças pequenas de mãos dadas com idosos, meus colegas de turma traziam os avós, idosos de jeito meigo com uma massa de cabelo branco sedoso ou grisalho, os rostos curtidos pelo tempo e marcados por rugas suaves, olhos cintilantes e sorrisos benevolentes.

Eu estava sentada a minha carteira, vendo-os entrar. Eles cumprimentaram o professor e, um após o outro, se encaminharam para a carteira ao lado de cada criança. Um de cada vez, meus amigos, empolgados, levaram os avós à frente da sala e os mostraram com orgulho, apresentando-os por nomes como Nana, Poppa, Mimi — que eram tão estranhos quanto inebriantes para mim — à medida que os avós permaneciam ali, com um sorriso radiante e amoroso para eles. Fiquei em transe com tudo aquilo. De súbito me senti sozinha e excluída. Olhei para eles, depois me virei para a cadeira vazia ao lado da minha carteira, o que me fez perguntar: onde estavam os *meus* avós?

Naquele dia, cheguei da escola querendo respostas. Saltei pela porta de entrada, encontrei minha mãe na cozinha e, sem nenhum cumprimento, exigi saber:

— Onde estão os meus avós?

Naquela noite, depois do jantar, meus pais me fizeram sentar e me contaram por que nunca conheci nenhum parente. Falando em um tom gentil, mas sério, meu pai, que era de origem germano-judaica, explicou que toda a família dele tinha "morrido na guerra". Em minha ingenuidade, não me deixei afetar e me virei para minha mãe, esperando ficar decepcionada também com ela, mas me deliciei ao saber que seus pais e outros familiares estavam vivos. Ela pegou uma fotografia da mãe e disse: "Esta é sua Oma".

Oma. Ela era perfeita. Era igualzinha às outras avós, só que melhor. Irradiava serenidade e calma, um sorriso cativante e sábio embelezava seu rosto. Embora na época eu não tenha conseguido pôr em palavras, fui atraída por sua elegância pastoril, a humildade, a sabedoria, a atitude confiante de Oma sentada confortavelmente em uma convidativa poltrona estofada de bolinhas, com o corpo meio virado, olhando para o lado.

Olhei fixamente a foto por um bom tempo, examinei-a da testa aos dedos dos pés, até virei a fotografia um pouco, assim parecia que ela sorria diretamente para mim. Apesar de eu agora saber que a foto era em preto e branco, talvez por um desejo subconsciente de trazê-la instantaneamente à vida, vi Oma em cores, olhos azul-claros por baixo das pálpebras pesadas e macias, e o que me pareceram faces rosadas e coradas. Oma tinha um coque simples, castanho como meu cabelo, e usava duas joias, um broche grande no formato de uma rosa, provavelmente de ouro, pensei, e um pequeno prendedor que enfeitava a base da gola V do antiquado vestido preto. Imaginei-me aninhada em seu colo roliço e confortável, apanhada em um abraço intenso e caloroso enquanto ela me olhava de cima, como os avós dos meus colegas de turma olharam os netos.

— Oma — falei em voz alta, encantada com o tom cantarolado de seu nome. Inteiramente satisfeita, voltei-me para minha mãe e perguntei: — Quando ela vem visitar a gente?

Infelizmente, disse minha mãe, de súbito perturbada ao se levantar para retornar à cozinha, Oma não podia nos visitar. Nem nós podíamos visitá-la. Ela estava em um lugar chamado Alemanha Oriental, com os demais familiares da minha mãe, suas irmãs, irmãos e todos os outros. Não entendi, então minha mãe parou, colocou-me em uma banqueta na cozinha, agachou-se para me olhar nos olhos e explicou.

Quando terminou, eu a encarei, inexpressiva. Embora agora eu entenda que ela deve ter usado a expressão *Cortina de Ferro*, a única parte da explicação que compreendi naquele momento foi que eles estavam em um lugar muito distante, presos atrás de "uma cortina". Mas aquilo não fez sentido para mim. Tentei entender por que minha mãe deixava que um simples pano de algodão, como o que eu tinha na janela do quarto, ou até pesadas cortinas, como as que ficavam em nossa sala de estar, se metessem entre ela e sua família. Alguém, pensei, precisa simplesmente puxar o tecido e soltar os coitados. Um dia, ela me garantiu, talvez pudéssemos nos encontrar com eles. Um dia... Pelo amor de Deus, pensei. É só uma cortina.

Voltei à escola no dia seguinte e contei à professora e aos colegas que eu também tinha avós, que minha Oma era linda e, além disso, eu até tinha pessoas chamadas tias, tios, primos e primas. Minha professora ficou encantada. Quando perguntou onde eles moravam, eu disse que era na Alemanha Oriental, "atrás de uma cortina". Só quando vi seu rosto alegre cair em uma expressão sombria e solidária percebi que a cortina talvez fosse maior do que eu imaginava.

Vários anos se passariam até eu descobrir que a Cortina de Ferro não era um simples tecido que pudesse ser puxado com facilidade por quem estivesse de qualquer lado dele, mas um símbolo de algo muito maior e mais sinistro que qualquer coisa que pudesse conceber a inocência infantil. Eu viria a saber que toda a família da minha mãe estava de fato presa na Alemanha Oriental e que minha mãe tinha fugido.

1985 | BERLIM ORIENTAL

No bolorento velódromo de Berlim Oriental, com o cronômetro na mão, o treinador soou o apito e a seleção nacional de ciclismo da Alemanha Oriental largou na pista. Pedalando as bicicletas de corrida de uma só marcha, elas se deslocavam com facilidade, acelerando à medida que percorriam os 250 metros da pista de pinho.

Em uma volta pelo oval numa cadência graciosa e moderada, elas deslizavam perfeitamente em uma formação compacta, as bicicletas a centímetros de distância, os pneus finos agarrando o acabamento laqueado e brilhante da pista.

Sincronizando técnica com velocidade, eles se colocaram em posição, em velocidade crescente nas retas, freando nas curvas. Depois, quando os treinadores pediam aos gritos melhor formação e mais esforço, as melhores ciclistas da Alemanha Oriental rompiam a formação compacta e arrancavam à toda.

Na volta seguinte, estavam em plena força, disputando o controle da pista, dando tudo de si, os pneus aparentemente desafiando a gravidade, presos às inclinações e à pista escorregadia pela força centrífuga. Elas dispararam para a reta, passando em um silvo pelos treinadores, que gritavam: "*Weiter! Schneller!*" (Mais rápido!), e as atletas reagiam, intensamente dedicadas a cada pedalada.

Pressionando, esticando-se e pedalando com a maior velocidade possível, elas disparavam em blocos enquanto respiravam pela boca. Ficando alguns centímetros para trás, depois avançando e levantando-se do selim, elas forçavam o ritmo, tentando controlar as bicicletas. Por fim, explodiam em uma última descarga de velocidade, até que os treinadores travavam os cronômetros e as atletas cruzavam, uma a uma, a linha de chegada.

A poucos quilômetros, acreditando que não tínhamos sido seguidos, nossa equipe de inteligência saiu da rodovia no Ford verde-oliva e tomou o caminho da floresta alemã oriental por uma estrada de terra cuidadosamente escolhida para esconder nossos movimentos, a fim de chegarmos despercebidos ao alvo. Entrávamos cada vez mais fundo na mata silenciosa, tentando evitar os buracos ao dirigirmos com cuidado pela estrada acidentada, correndo os olhos pela margem da floresta em busca de algum sinal de perigo.

E então, quando começávamos a entrar em posição, um único soldado soviético, de arma erguida, colocou-se bem no caminho do nosso carro. Outros soldados apareceram do nada, de imediato assumindo posições em torno do veículo, eliminando qualquer possibilidade de escapar.

Com os soldados agora bloqueando a estrada à frente e atrás, um oficial soviético foi até o lado do passageiro do carro, já engatilhando a pistola que empunhava.

O cano da pistola carregada bateu algumas vezes no vidro. Ele ordenou: "*Atkroy okno*" (Abra a janela).

Como não houve resposta, o cano da arma agora colado no vidro, ele vociferou: "*Seychass!*" (Agora!)

PARTE UM

1

A RENDIÇÃO

FIM DA GUERRA
(1945)

> O amor materno desconhece limites.
> — *Autoria desconhecida*

Nossa história começou quando uma guerra terminou e outra teve início.

No dia em que a Segunda Guerra Mundial acabou, minha avó, Oma, foi uma das primeiras no vilarejo a sair do porão subterrâneo para a paisagem desolada da Schwaneberg rural. Aos 40 anos, grávida do sétimo filho, ela abriu a pesada porta de madeira e subiu ao patamar seco e empoeirado, seguida pelos filhos, de olhos estreitos ao encontrar a luz do dia.

Outras mulheres e crianças do vilarejo saíram dos porões de suas casas, vagando e despertando para o que prometia ser um novo dia na Alemanha. Sem homens fisicamente capazes por perto para auxiliá-la, Oma pediu às crianças que a ajudassem a subir os colchões do porão, onde moraram nos últimos dois meses da guerra, e transferi-los para o espaço habitável acima, na ala da família na escola. Não haveria mais bombardeiros

Aliados a caminho de seus alvos na cidade industrial próxima de Magdeburgo. A Alemanha tinha sido derrotada, a Europa fora libertada e os céus enfim estavam em silêncio.

Não demorou muito para que as mulheres do vilarejo se encontrassem por cima das cercas de madeira para especular quando maridos e filhos estariam de volta. Elas se perguntavam sobre o que esperar da Alemanha e, o mais importante para essas mulheres, o que estava reservado para seu vilarejo de cerca de novecentos habitantes.

Oma não viu serventia nenhuma em remoer preocupações e, em vez disso, preparou-se para recolocar a casa em ordem. Embora a escola estivesse fechada há meses, insistiu que as crianças voltassem aos estudos e retomassem os deveres, limpando a escola e as carteiras em preparação para um novo ano letivo. Com o estoque de comida quase todo esgotado e a terra sem cultivo, os canteiros de batatas, antes verdejantes, agora vazios e ressecados na terra dura e rachada, ela orientou as crianças mais novas a colher dente-de-leão e urtiga verde nas campinas e procurar quaisquer frutas que restassem nos arbustos silvestres, enquanto as mais velhas a ajudavam a preparar a terra para todo o plantio que deixaram de fazer naquela primavera.

Após várias semanas, quando a maioria dos homens ainda não tinha voltado, caiu uma mortalha sobre o vilarejo. Depois de apenas alguns homens retornarem, Oma começou a se perguntar quando o marido e o filho chegariam em casa, ou mesmo se um dia voltariam. Opa, meu avô, um professor e diretor de escola de 45 anos, e o filho mais velho deles, Roland, que ainda não tinha nem 18 anos, foram pressionados ao serviço militar nos dias de declínio da guerra, quando o Terceiro Reich ordenou que cada homem capaz que restasse, com mais de 15 anos, se juntasse à luta pela Alemanha até o fim.

Esperando seus homens retornarem da frente de batalha, as mulheres ficavam alarmadas com histórias que invadiam o vilarejo contando que os soviéticos, ao entrar em solo alemão, estupravam e matavam as mulheres alemãs. Espalhou-se rapidamente que Stálin estimulava abertamente o estupro e saques como espólio de guerra, uma recompensa aos soldados do Exército Vermelho pelos sacrifícios e as lutas que travaram contra o exército alemão, o Wehrmacht. Refugiados de passagem por Schwaneberg a caminho do Oeste confirmavam os relatos, narrando as próprias histórias horrendas de ataques selvagens ou de pessoas assassinadas depois de um estupro ou quando lutavam com os agressores. Uma família contou uma história terrível da filha adolescente que fora estuprada e baleada na cabeça em plena luz do dia.

Agora as mulheres por toda a Alemanha temiam pela própria vida. Em Schwaneberg, elas tinham esperança de que os homens voltassem para casa a tempo de protegê-las se os soviéticos entrassem no vilarejo. Oma ficou especialmente preocupada pela filha mais velha, uma linda morena de olhos grandes de 17 anos — minha mãe, Hanna.

Na primavera, unidades americanas, britânicas e soviéticas entravam nas cidades grandes e pequenas e nos vilarejos por toda a Alemanha para estabelecer o controle e a ordem. Oma, como a maioria das mulheres em Schwaneberg, acreditando na difamação de Hitler de que os russos eram bárbaros, rezou para que os americanos ou os britânicos tomassem o vilarejo. O comandante americano, o general Dwight D. Eisenhower, notaram alguns, tinha até nome alemão, o que reforçava a esperança de que os americanos fossem mais parecidos com eles do que os russos.

E então, numa tarde tranquila em meados de maio, a espera chegou ao fim.

Todos na casa e até nas residências vizinhas ouviram o pequeno Kai gritar do segundo andar. Com o corpo redondo de gestante que a deixava mais lenta, Oma subiu a escada da ala leste da escola enquanto os outros filhos, Manni, Klemens, Tiele e Hanna, passavam às pressas por ela. No patamar, ela encontrou o pequeno Kai cercado pelos irmãos e irmãs, apontando pela janelinha oval alguns caminhões ao longe. A família se amontoou na janela em silêncio, esperando ansiosamente ter um vislumbre de qual exército entrava ali. O pequeno comboio de três caminhões se aproximou lentamente e parou quando chegou ao limite do vilarejo. Oma observava, com os nervos em frangalhos, preparando-se para um sinal. Na janela, o major abriu um lenço branco. As mães do vilarejo se apressaram a seguir seu exemplo, todas elas, inclusive Oma, estendendo lençóis brancos nas janelas.

Os caminhões se aproximaram com cautela e, por fim, ficaram à plena vista. As crianças estavam petrificadas e Oma encarava incrédula, até que os meninos mais velhos romperam o silêncio com um grito de êxtase. O primeiro veículo, trazendo uma estrela branca, liderou lentamente o comboio ao passar pela Adolph-Hitler-Strasse e entrar na praça calçada de pedras. Mais adiante, o prefeito saiu de sua casa e rapidamente mancou pela rua para receber os americanos. Hanna olhou para Oma, que sorriu e assentiu para ela, dando-lhe permissão para pegar os irmãos e se juntarem rapidamente à reunião do lado de fora.

Os americanos pararam os caminhões. Do alto, jogaram chocolates Hershey's e chicletes às crianças do vilarejo, que rapidamente foram desarmadas pelas expressões alegres e pela atitude animada dos soldados. Ao entregarem as guloseimas, os soldados falavam em um tom amistoso com palavras que pareciam felizes, mas nenhum dos moradores conseguia entender. Um soldado tirou o capacete e puxou Manni para o jipe, enquanto outros meninos pequenos olhavam com inveja. Do alto das janelas e pela rua, as mães do vilarejo observavam a cena, trocando acenos e erguendo as mãos aos céus em gratidão.

Nos dias que se seguiram, quase todos tinham se enamorado dos soldados americanos, seu jeito tranquilo e receptivo, o humor infantil e as palhaçadas joviais. Pela primeira vez em muitos meses, as mulheres sorriram, divertindo-se particularmente quando os soldados provocavam ataques de riso em seus filhos ao errar frases em alemão, dizendo coisas como "Oi, *frowline*. *Itch leeba ditch*", ou chamando todos de *Schatzi*, um termo afetuoso reservado aos pais ou aos apaixonados.

Nas semanas seguintes, os americanos estabeleceram a calma e o controle. Faziam muita troça, riam, tiravam fotos deles mesmos com crianças do vilarejo, até se reuniram para uma foto coletiva em frente à placa da Adolph-Hitler-Strasse, que um deles arrancou depois para levar como suvenir.

Embora a maioria tenha se encantado com a comunidade, alguns davam vazão à fúria contra os nazistas descontando nos moradores, saqueando e destruindo propriedades privadas. Oma um dia chegou em casa e descobriu que a tranca da mesa de Opa tinha sido arrombada, o conteúdo — um abridor de cartas de prata e uma caixa que era relíquia de família — roubado e uma suástica entalhada em sua grande cadeira de couro. No assento, como um cartão de visita, estava uma moeda americana. De modo geral, porém, as preocupações dos moradores começaram a diminuir, a maioria acreditando que, com os americanos, a vida melhoraria.

Mas o alívio não durou muito. Um dia, os americanos chocaram os moradores com o anúncio de que iriam partir.

— A Alemanha foi dividida em duas áreas de governo separadas — disse o primeiro-sargento. Americanos e britânicos assumiriam o comando da parte ocidental da Alemanha, e os soviéticos, o lado oriental. Olhando a multidão, ele disse simplesmente: — Schwaneberg ficará sob controle russo.

Os moradores ficaram perplexos. Foi como se a bomba que temeram durante a guerra finalmente tivesse explodido no vilarejo.

— Não há nada a temer — o sargento tentou tranquilizar a todos. — A guerra acabou e os russos virão não como tropas de combate, mas como uma força de ocupação pacífica.

A multidão ficou agitada. Alguém resmungou algo sobre fugir antes da chegada dos soviéticos. Hanna se virou para Oma e sugeriu que a família fizesse as malas e partisse, mas Oma desprezou a ideia. Fugir não era um plano racional nos primeiros dias depois de uma guerra para uma gestante com filhos pequenos, sem comida nem abrigo, sem a proteção dos homens, enfrentando o caos e a incerteza na estrada, com milhares de outros refugiados sumindo em lugares desconhecidos.

— E além de tudo — disse ela —, seria terrível se papai e Roland chegassem em casa e descobrissem que nós os abandonamos.

A atenção de Oma foi atraída de novo ao sargento, que concluía com um último anúncio.

— Se alguém tiver um motivo convincente para partir — disse ele —, estamos autorizados a levar alguns moradores conosco para o Ocidente.

— Agora as mulheres se entreolharam. Algumas se remexeram, outras recuaram um passo, a maioria meneou a cabeça, sem querer considerar o rompimento de suas famílias. Voltaram a seus lares tentando se consolar sobre o que o futuro lhes reservava sob a ocupação soviética.

Aquela noite marcou uma das decisões mais difíceis que Oma teria de tomar. Em algum momento depois da meia-noite, ela foi ao quarto de Hanna e sentou em silêncio na beira da cama. Olhando a filha adormecida, examinou o rosto de Hanna e se recordou da infância da menina, fez um balanço da vida dela, a começar pela noite do nascimento.

Hanna chegou ao mundo em uma noite gelada e escura de inverno em Trabitz, um povoado mínimo à margem do rio Saale. Do lado de fora da escola naquela noite, os ventos traziam imensos flocos de neve que voavam loucamente a noite toda, dando a impressão de que nunca assentariam. Os telhados e as árvores tinham sido cobertos por um grosso manto branco de neve, e os cômodos no interior estavam frios como gelo. No sótão de ripas de madeira da escola de uma sala só, Oma, não muito mais velha do que a filha era agora, preparava-se para dar à luz sozinha. Opa, um professor em meados de seus 20 anos, tinha saído às pressas à procura do médico. O primogênito, Roland, dormia profundamente em um berço de madeira. E então, na quietude da noite, a bebê veio ao mundo, seu choro ecoando pelo cômodo vazio. Oma a limpou com o cobertor e viu que tinha dado à luz uma menina. Segurando a recém-nascida junto de si, ela a acalmou e a criança se acomodou tranquilamente nas dobras macias de seu corpo exausto.

Quando garotinha, Hanna queria crescer rapidamente. Enquanto Roland floresceu em uma criança ideal, a precoce irmã mais nova passava por dificuldades. Roland era o sonho de qualquer pai ou mãe: obediente, inteligente, um líder nato. Hanna, porém, a pequena espoleta de cabelos encaracolados, com olhos azuis de aço que constantemente percorriam o ambiente em busca de algum sinal de aventura e travessuras, era brincalhona e endiabrada, uma baderneira com energia infinita que fazia as próprias regras, obedecendo à disciplina do pai somente quando lhe convinha.

Quando Hanna tinha 4 anos, Opa se perguntou por que, ao contrário das outras crianças, ela não conseguia ficar quieta. Nova demais para a escola, Oma lhe dava uma pequena enxada e a colocava para ajudar no jardim. Quando Hanna ficava entediada, Oma a encarregava de dar capim e feno aos coelhos, o que frequentemente terminava com Hanna fechando mal os portões de propósito, depois perseguindo alegremente os coelhos até que fossem apanhados e contados. Em uma tentativa de acalmar seu espírito indócil, Oma ensinou Hanna a tricotar, mas ela logo perdeu o interesse e pediu a Opa que a ensinasse a ler. Aos 5 anos, ela sabia ler o jornal. De vez em quando Opa a levava aos jogos de cartas das noites de sábado no bar e a fazia ler palavras em voz alta, como *Nationalsozialistische Bewegung* (movimento nacional-socialista) e *Demokratisierung* (democratização), divertindo-se quando os amigos riam, incrédulos. Desesperada para começar na escola, todo dia ela se sentava diante da janela da sala de aula de Opa, choramingando, depois aos prantos, até que ele saía da escola e a afugentava, ordenando que fosse para casa. Em casa, ela chorava um pouco mais, porém sempre voltava à janela na manhã seguinte para repetir a cena. Em desespero, Oma pediu a Opa que levasse Hanna à sala de aula e a deixasse sentada no fundo. Incapaz de enxergar o pai da última fila, onde se sentava com as crianças mais velhas e mais altas na escola de sala única, ela ficava em silêncio como um camundongo, lançando olhares furtivos aos vizinhos mais velhos e infinitamente fascinantes. Depois disso, Oma lhe comprou um quadro de ardósia e amarrou uma esponja e um pano seco no buraco da moldura de madeira, e Hanna carregava o quadro aonde quer que fosse, feliz, praticando as letras e escrevendo palavras sempre que as via.

Quando Opa foi promovido a diretor de uma escola maior, a família se mudou para o vilarejo de Schwaneberg (Vilarejo do Cisne), no distrito de Schönebeck, na Saxônia-Anhalt.

Um vilarejo rural típico de contos de fadas, com construções de pedra e casas com vigas de madeira e telhados de barro vermelho, cercado por terras cultivadas, Schwaneberg tinha uma padaria, uma pequena leiteria, duas igrejas, uma escola, barbearia e estábulos, que contornavam a praça pavimentada de pedra e pontilhavam a rua principal. Em grande parte autossuficiente, o vilarejo era abastecido com vegetais e laticínios frescos das fazendas locais, queijo do vendedor judeu de porta em porta e panelas, frigideiras e quinquilharias cintilantes vendidas por ciganos coloridos e exóticos que viajavam ao local duas vezes por ano.

Depois de a família se mudar para os aposentos do professor, na ala leste da escola, esta de dois andares, Oma concluiu que Hanna precisava estar preparada para a vida e lhe ensinou o que as meninas do vilarejo precisavam saber: plantar e colher uma horta, costurar, ajudar nas tarefas domésticas e cuidar dos irmãos mais novos. Mas Hanna detestava o trabalho doméstico e costumava desaparecer no meio de uma tarefa; mais tarde seria encontrada escondida embaixo de uma mesa, com um livro, ou apostando corrida com os meninos na rua, ou escalando o imenso muro de pedra que separava os campos cultivados dos fundos da escola.

Oma vinha de uma longa linhagem de agricultores, gente humilde e orgulhosa que só conhecia o trabalho na terra. Opa, por outro lado, vinha de uma família acadêmica e era o homem mais instruído do vilarejo. Tocava violino, gaita e órgão, mas o que mais amava tocar era seu piano Schimmel, herança de família que ganhara dos pais depois de se formar no magistério. Ele insistia que cada um dos filhos tocasse um instrumento, se não o piano, então flauta doce, flauta transversal, acordeão ou bandolim, todos guardados em seu escritório, encostados nos livros nas estantes. Ele também ensinou os filhos a cantar em harmonia e exibia sua trupe de cantores a qualquer um que quisesse ouvir.

Com o passar dos anos, Opa amealhou uma grande coleção de livros. Dezenas de volumes sobre arte, história, geografia, astronomia, vida selvagem, religião, ciências, terras e culturas estrangeiras, alguns em francês e em latim, ladeavam as paredes da casa da família. Inspirados por seu interesse pelo mundo além do vilarejo, os filhos e os alunos aprendiam sobre o Louvre, em Paris, o Prado, em Madri, a Pinakothek, em Munique, e o Hermitage, em Leningrado. Hanna leu livros sobre a América e ficou especialmente fascinada com os nativos americanos.

Um dia, quando tinha uns 11 anos, ela descobriu um livro no escritório de Opa sobre uma famosa fortaleza no oeste da Alemanha. O magnífico Castelo de Heidelberg, aninhado na serra de Oden, bem acima do verdejante vale do Neckar, foi um dos palácios mais opulentos da Renascença europeia. Construído no século XIII, o grandioso castelo fora lar de reis poderosos e de outros membros importantes da realeza alemã da época. Hanna e os irmãos de pronto se apaixonaram pela fortaleza, imaginando muitos detalhes empolgantes sobre o que escondiam suas muralhas enormes e intermináveis e os calabouços escuros, devaneando histórias de cavaleiros corajosos armados de espadas que resgatavam princesas de dragões alados cuspidores de fogo, fantasias mágicas às quais nenhuma criança conseguia resistir.

Pouco depois, as crianças ficaram emocionadas quando o pai levou para casa um modelo do Castelo de Heidelberg. Opa e os filhos passaram cada tarde nos meses seguintes montando meticulosamente as peças de papelão corrugado, o castelo cada vez maior e mais alto enquanto eles cuidavam de cada detalhe da ornamentação complexa, a localização exata das colunas de pedra e dos pórticos, posicionando adequadamente ameias e torreões, a ponte levadiça e até a aldrava de ferro da porta, enquanto o pai os regalava com uma história cativante sobre a cidade de Heidelberg. Quando o modelo enfim ficou pronto, Opa elogiou os filhos, depois se afastou um pouco e o chamou de "obra-prima". Algumas das crianças mais novas, ainda acreditando que o castelo era só uma fantasia de faz de conta, ficaram surpresas quando Opa lhes garantiu que não era um conto de fadas, que o castelo de fato existia e que havia muitas dessas maravilhas pelo mundo.

— O mundo é de uma vastidão infinita e cheio de maravilhas — dissera ele. Depois, parafraseando Mark Twain, seu escritor americano preferido, ele lhes disse para "träumen, entdecken, erforschen": explorar, sonhar e descobrir. Naquele dia, Hanna passou a ver o Castelo de Heidelberg como um símbolo do mundo extraordinário que ficava além do vilarejo adorável, mas comum e provinciano, de Schwaneberg.

Oma olhou para Hanna, que ainda dormia profundamente, e saiu do quarto.

Antes de o sol nascer, Oma se levantou, foi à cozinha e colocou em um pequeno saco de estopa um suéter, meias e algumas batatas. Depois, sentou-se e esperou.

Pouco antes do romper do dia, quando ouviu os americanos darem partida nos caminhões, ela acordou Hanna, disse para a menina se vestir e a levou para fora, no escuro, até a praça calçada de pedras. Algumas moradoras já haviam se reunido para se despedir dos americanos. Depois, em um instante, antes que Hanna sequer entendesse o que estava acontecendo, Oma colocou o saco em seus braços e, com um empurrão, virou-a e a apresentou ao sargento americano no comando. Acordada no susto, Hanna percebeu o que acontecia e tentou se soltar, mas Oma a apanhou e a empurrou, decidida, para os braços do sargento. Perplexa, Hanna tentou voltar para Oma, mas esta se afastou alguns passos e permaneceu resoluta.

Os soldados no alto do caminhão rapidamente puxaram Hanna para cima e a meteram entre outras duas que estavam sentadas na carroceria. Ela ficou petrificada, em silêncio, encarando Oma, mas, quando os caminhões começaram a se mover, ela gritou. Oma não reagiu nem disse nada, sustentando o olhar da filha, tentando parecer forte.

Os americanos dirigiram lentamente, os pneus levantando poeira e cascalho. Sacolejando com o movimento, Hanna olhou para o turbilhão empoeirado da mãe, que estava no mesmo lugar, na frente dos outros moradores. O comboio saía aos roncos do vilarejo e as lágrimas escorriam pelo rosto de Hanna ao ver Oma, sua figura diminuindo com a distância crescente. Os outros moradores continuaram ali, atônitos com o que tinham acabado de testemunhar.

Enquanto o sol nascia naquela manhã, lançando um tom âmbar em Schwaneberg, Oma via Hanna desaparecer. Ela rezou para ter tomado a decisão certa e pediu a Deus que lhe desse forças. Depois virou e voltou para casa, sem olhar para trás.

O comboio continuou em seu caminho, chegando ao vilarejo seguinte e alcançando outros veículos militares para se juntar à retirada para o Oeste. Na carroceria, os soldados tentavam consolar Hanna, dizendo-lhe que tudo ficaria bem, mas a menina, desanimada, ficou sentada em silêncio, por fim enterrando a cabeça no saco de estopa.

Sua mente vagou até parar na primeira vez que ela quase perdera Oma. Hanna tinha 6 anos. Oma estava no último mês de gravidez do quinto filho. Ela e os irmãos chegaram da escola e encontraram Oma desmaiada no chão da cozinha. Opa entrou às pressas com o médico, enxotou as crianças e a pegou no colo, levando-a para a cama. Minutos depois o médico saiu, dizendo às crianças que fossem para o quarto e se despedissem da mãe moribunda. Ela estava pálida e mal parecia viva. O bebê não sobreviveu, mas Oma, felizmente, sim.

Vários quilômetros de estrada depois, os pensamentos de Hanna começaram a disparar. Oma lhe dera um presente, uma chance que não voltaria a surgir, de escapar com segurança da vida sob os soviéticos. Hanna visualizou o rosto de Oma. De súbito, entrou em pânico. Sem aviso, se jogou pela lateral do caminhão em movimento e bateu no chão com um baque. Os soldados se atrapalharam, gritando ao motorista para parar o caminhão, mas, quando o veículo estacou, Hanna já havia se levantado e corrido para seu lar. Várias horas depois, ela entrou pela porta de casa.

2
DESCE UMA CORTINA DE FERRO
COMEÇA A GUERRA FRIA
(1945-1946)

> De Estetino, no Báltico, a Trieste, no Adriático, uma cortina de ferro desceu pelo continente.
>
> — *Winston Churchill, primeiro-ministro britânico*

Quando cheguei a Berlim para trabalhar para a inteligência do Exército dos EUA na década de 1980, a Alemanha Oriental estava bem estabelecida como um Estado comunista linha-dura. Devido à sua localização na fronteira mais a oeste do Pacto de Varsóvia, os soviéticos reuniram uma força de cerca de vinte divisões dentro do país, fazendo dele um dos lugares mais militarizados do planeta. O Exército Vermelho enviou as forças mais letais para a Alemanha Oriental para fazer frente aos inimigos da Organização do Tratado do Atlântico Norte (Otan), os Estados Unidos e seus aliados ocidentais, localizados pouco depois da fronteira, na Alemanha Ocidental.

Porém, em 1945, a Alemanha Oriental estava em sua infância. Conhecida nos primeiros anos como Zona Soviética, o Estado nascente ainda precisava ser definido e, assim, o Exército Vermelho desceu no território oriental com um plano para remodelar a face do Leste. O primeiro desafio enfrentado pelos soviéticos foi mudar a mentalidade de quase 19 milhões de cidadãos alemães que foram levados a acreditar, muito antes da Segunda Guerra Mundial, que o comunismo era a maior ameaça ao mundo ocidental. Stálin exigiu que a transição fosse rápida e a abordagem, inflexível.

As primeiras horas de ocupação determinariam o tom para o nascimento de uma nova nação.

Nas primeiras horas da madrugada, antes do amanhecer, no dia 2 de julho, os soviéticos anunciaram sua chegada por um megafone, em um eco agudo que acordou os moradores aos sobressaltos. Em um alemão com forte sotaque russo, uma voz ribombava sem parar: "*Achtung, achtung, achtung...* O exército soviético vem em paz".

Soldados russos com fardas de campanha desceram dos veículos e passaram a trabalhar na criação de um pequeno posto de comando na praça do vilarejo.

Ao raiar do dia, muitos moradores espiavam pelas janelas, observando, nervosos e da segurança de seus lares, os russos. Curiosamente, o prefeito não foi visto em lugar nenhum, mas desta vez os moradores não precisavam que o prefeito lhes dissesse o que fazer. Já compreendiam, por instinto, que deveriam ficar dentro de casa até que fossem instruídos a fazer o contrário.

Várias horas depois, outro guincho do megafone soou e a voz continuou: "O exército soviético vem como amigo e irmão, para ajudar a construir uma nova Alemanha".

Ele informou aos moradores que haveria muitas leis novas e mudanças importantes nos dias que se seguiriam. Impôs o toque de recolher, exigindo que os habitantes estivessem em casa das nove horas da noite às seis da manhã seguinte. Seguiu-se uma saraivada de diretivas assustadoras:

> Toda comida deve ser entregue ao comando soviético imediatamente.

Qualquer um encontrado escondendo comida para si ou sua família será baleado.

Qualquer um que ataque um soldado soviético será baleado.

Qualquer um que resistir ou desobedecer a alguma lei, ordem ou regulamento em vigor a partir deste dia será severamente punido.

"Por ordem de Stálin", disse a voz, "qualquer soldado soviético que praticar violência contra mulheres alemãs enfrentará graves acusações. Assim", concluiu, "não há motivo para que tenham medo de nós." Foi, em essência, a promessa de que as mulheres de Schwaneberg seriam deixadas em paz para que os soviéticos pudessem prosseguir com a tomada do controle e os moradores se concentrassem na adaptação às mudanças.

A maioria dos habitantes não se arriscou para fora de casa naqueles primeiros dias, mas em meados de julho começaram a aceitar o destino e saíram para enfrentar a nova vida. Começaram a cuidar de seus negócios, cautelosamente evitando ao máximo os soviéticos. Os soviéticos mantiveram-se reservados, sem se misturar com os alemães, a não ser para dar ordens. Orientavam as pessoas a verificar o quadro de avisos na *Gasthaus* (taberna) local, para se manterem a par de todas as novas ordens.

A mudança no vilarejo foi um choque. Toda a localidade esvaziou o que restava de seus depósitos dos tempos da guerra, levando a comida ao ponto de entrega, composto de guardas armados: Oma enviou os filhos para o porão a fim de recolher e entregar seus últimos estoques de batatas e vidros de picles, víveres que sustentaram a família pelos últimos dias da guerra. No entreposto, os soviéticos prometeram redistribuir a comida igualmente com os moradores, coisa que fizeram com lentidão ou simplesmente deixaram de fazer.

Depois os soviéticos empossaram um novo prefeito. Foi afastado o homem que estivera no cargo desde que todos se entendiam por gente. Herr

Boch, o barbeiro de 70 anos, um homem que escondeu suas inclinações comunistas por toda a guerra, tornou-se o prefeito e porta-voz dos soviéticos. Pavoneava-se pelo vilarejo exibindo seu novo status, vestindo com orgulho uma camisa vermelha que a esposa tinha costurado de uma antiga bandeira nazista.

Naquelas primeiras semanas sob ocupação soviética, houve uma rápida transformação ideológica na Zona Oriental. Em Schwaneberg, o zelo do prefeito Boch pelo comunismo surpreendeu os moradores. Ele aparecia em toda parte, exaltando as virtudes de Marx e Engels, tentando dinamizar a comunidade a se unir "pelo bem maior comum" e prometendo um novo futuro depois de Hitler ter falhado miseravelmente com eles.

Em Washington, os Estados Unidos começavam a desenvolver planos para melhorar as condições na Zona Ocidental. No Leste, como reparação aos vitoriosos, os soviéticos despojaram a terra de tudo que pudessem carregar e mandaram para a União Soviética. Cidades grandes e pequenas, inteiras, foram destituídas de tudo de valor, inclusive equipamento industrial, maquinário agrícola, ferramentas, material de construção, móveis, banheiras, até privadas, e ferragens também, como instalações elétricas e maçanetas. Trilhos ferroviários e fábricas inteiras foram desmontados e transportados para o Oriente, a fim de serem remontados na União Soviética. Enquanto o Leste tinha seus recursos saqueados, as pessoas começaram a migrar para o Oeste.

Mão de obra forçada ucraniana e polonesa, que trabalhou nas fazendas para os alemães durante a guerra, foi libertada, e as mulheres e crianças de Schwaneberg foram colocadas em seu lugar. Com outras moradoras, Hanna foi posta para trabalhar nos campos.

Certa tarde, após um longo dia de trabalho no campo de cenouras, depois de passar vários dias com pouca comida, Hanna teve uma vertigem. Tentada a comer uma única cenoura, ela olhou em volta e, vendo apenas outros trabalhadores do vilarejo, decidiu não comer, por medo de que as autoridades de alguma forma descobrissem e ela fosse baleada. Apesar das garantias do prefeito Boch aos habitantes de que as coisas melhorariam em breve, as mulheres do vilarejo, quando os filhos começaram a desmaiar de fome, passaram a embolsar, escondido, pequenos nacos de comida e vegetais dos campos, arriscando-se a ser mortas a tiros.

No fim do verão, quando ainda não havia sinal de Opa nem de Roland, Oma, agora no sétimo mês de gestação, entendeu que precisava encontrar um jeito de conseguir comida para si e os filhos. Deixou Hanna encarregada de vigiar os irmãos e viajou de trem até a fazenda dos pais em Seebenau, uma pequena comunidade rural na beira da fronteira Leste-Oeste.

Ali, Oma encontrou os pais, Kallehn e Ama Marit, lutando para se adaptar às novas mudanças que o regime impunha aos agricultores e suas safras. Enquanto Oma se preocupava com o preço que as novas leis severas teriam para seus pais envelhecidos, Kallehn preocupava-se com a filha e seus muitos filhos.

Depois da chegada de Oma, ele a consolou com um sorriso e um brilho nos olhos, mostrando-lhe o "estoque proibido" que escondia embaixo do piso de madeira da câmara frigorífica no depósito. Logo Oma estava a caminho de casa com um pacote de tesouros que incluía um bloco de manteiga, um ganso, açúcar e farinha de trigo, pensando no assado suntuoso com molho que prepararia, deliciando e revigorando a família. Mas sua sorte não durou tanto. Na estação ferroviária em Salzwedel, um guarda a confrontou. Sem remorsos, mesmo depois de notar a gravidez, ele simplesmente confiscou os pacotes, meneando a cabeça enquanto a condenava por "privar camaradas cidadãos de alimento essencial". Por fim ela foi solta e chegou em casa de mãos abanando.

A essa altura, Oma tinha formado seu conceito dos soviéticos. Ela observava, disfarçando as preocupações enquanto eles despojavam todos das coisas que possuíam, inclusive a dignidade. Ficou alarmada quando viu serem levados aqueles que resistiam à autoridade soviética. Apesar de temer o novo regime, ela sabia que todos teriam de se adaptar.

A filha adolescente, porém, ingenuamente destemida e incapaz de aquietar a tempestade que fervia em seu íntimo, enfureceu-se e sua cólera entrou em ebulição quando a mãe chegou em casa sem comida. Sob o olhar das outras crianças, pálidas e enfraquecidas, Hanna entrou intempestivamente na cozinha, queixando-se de como alguém podia tirar comida de uma grávida com tantos filhos famintos ou atirar em alguém por comer uma cenoura. Oma a fez se calar, disse-lhe que controlasse as emoções, alertou-a de que o comportamento rebelde colocaria todos em problemas e levaria graves consequências para toda a família.

— Não precisamos atrair nenhuma atenção negativa — ela lembrou aos filhos. — Não há nada que possamos fazer, então chega de reclamações e de toda essa falação.

Apesar do apelo da mãe para que se acalmasse, já começara a criar raiz na mente de Hanna a ideia de que o novo sistema comunista não era algo de que ela pretendesse participar.

As palavras de cautela de Oma aos filhos para não atrair atenção eram sensatas. Apenas dias depois, em um vilarejo vizinho, uma adolescente e sua prima foram apanhadas pelos soldados soviéticos quando estavam sentadas à beira da estrada em um estupor letárgico, perto da entrada do vilarejo, pedindo comida. Fracas de fome, seguravam um cartaz caseiro, feito de um pedaço amassado de papelão, que dizia: "Prezado Partido Comunista da Alemanha, por favor nos dê comida". Esta claramente não era a imagem que as novas autoridades queriam projetar, e os soviéticos retiraram as meninas da rua e as levaram para a prisão.

Por toda a Zona Oriental, das grandes cidades aos povoados rurais, os soviéticos assumiam o controle recrutando cidadãos alemães para ajudar na administração da nova ordem. À medida que a quase inanição se espalhava na Zona Oriental, os soviéticos e seus novos ajudantes alemães estabeleciam um firme controle e impunham um novo governo autoritário.

Enquanto os estupros continuavam em outras partes da Zona Soviética, acreditava-se que nenhuma das mulheres em Schwaneberg tinha sido estuprada, devido às ordens estritas do comandante soviético em Magdeburgo. Na verdade, os soviéticos guardavam distância da população de Schwaneberg, estabelecendo uma relação claramente definida entre força de ocupação e território ocupado, portando-se de maneira severa e pragmática.

Na maioria, os soviéticos semeavam o medo entre os moradores, mas havia exceções. O tenente Ivanov, comandante local, sempre se comportava com honra, até como um cavalheiro, com os alemães com quem encontrava, de vez em quando dando-lhes carona em seu coche puxado a cavalos e às vezes até lhes dando comida, tudo sem esperar favores em troca. Mas o custo da verdadeira confraternização era alto para as duas partes envolvidas, como no caso de uma menina de 16 anos que foi presa com a mãe. As duas foram sentenciadas a 25 anos de trabalhos forçados depois de a menina engravidar de um soldado soviético. O soldado foi executado e a criança tirada da mãe, que foi presa.

Em setembro, Roland voltou ao vilarejo.

Sua unidade fora cercada pelo Exército Vermelho e ele passou quase um mês em um campo de prisioneiros soviético. Ali, o comandante ordenou que os prisioneiros alemães fossem separados em grupos de dez. Um de cada grupo foi libertado para voltar para casa e ajudar a reconstruir a Zona Oriental; os outros noventa por cento, postos no longo caminho para se reunir aos milhares de alemães prisioneiros de guerra que já tomavam o rumo da União Soviética para cumprir trabalhos forçados.

Oma viu que os horrores da guerra tinham transformado Roland, mas ele amadureceu e ela acreditava que se tornaria o novo homem da casa.

Uma semana mais tarde, porém, apenas dias após Oma dar à luz, Opa também chegou em casa, depois de ser libertado de Bad Kreuznach, um campo de prisioneiros americano notoriamente severo onde, em vista da falta de comida e da exposição às intempéries, morreram centenas, se não milhares de prisioneiros alemães. Ele chegou a Schwaneberg abatido e atordoado. Tendo ouvido a propaganda nazista demonizar os soviéticos por mais de uma década, ficou transtornado ao encontrar a família vivendo sob o controle do Exército Vermelho.

Apesar da apreensão que se arraigara em Schwaneberg, Oma ficou aliviada por ter o marido e o filho em casa. A família era afortunada: setenta dos homens e rapazes do vilarejo nunca voltaram. Com a família mais uma vez inteira, Oma assumiu a tarefa de guiá-los a levar a vida mais normal possível. Com a assistência da parteira do vilarejo, deu à luz seu sétimo filho em casa, uma menininha, Helga. Embora Opa não conseguisse deixar de pensar que o momento para outro filho era inoportuno, o nascimento trouxe um novo otimismo e ele pegou a criança para mostrar aos outros filhos, que babaram pela nova irmãzinha.

Logo a família começou os preparativos para um batizado tradicional, que aconteceria em um domingo na igreja do vilarejo, como a comunidade sempre celebrava cada nascimento. Mas a ideia foi frustrada quando o prefeito Boch apareceu para informar a Opa que o prédio onde antes era a igreja não estava mais disponível para cerimônias como esta, acrescentando: "Agora o comunismo é a nossa religião".

Foi um choque para a família, mas, ainda com esperanças de conseguir reaver o emprego de professor, Opa aceitou o decreto em silêncio. Oma deu um beijo na pequena testa de Helga e rezou em silêncio pela bebê, a primeira dos filhos a ter negado um batizado na igreja.

Em todos os vilarejos alemães dessa época, além do prefeito, os professores eram as figuras mais reverenciadas, um status de que Opa se orgulhava e levava muito a sério. Com um e noventa e dois de altura e uma constituição larga com a postura ereta e olhos cinza penetrantes, Opa era uma figura imponente. Sua presença majestosa, combinada com a capacidade de organizar e unir os habitantes, fazia dele um líder natural. Dez anos depois de ter chegado pela primeira vez a Schwaneberg, os moradores o consideravam seu líder *de facto*. Uma das pessoas mais influentes do vilarejo, ele também era o mais alto, característica que não passou despercebida dos soviéticos.

Opa se definia por sua profissão. Levava o papel de professor com muita seriedade, acreditando ser um chamado sagrado moldar a juventude do vilarejo em cidadãos esclarecidos do mundo. Também era um rigoroso disciplinador que mantinha a si mesmo, a família e os alunos em um elevado código moral. Desprezava mentiras e traições e castigava com severidade os alunos e os filhos por tais lapsos. A população o respeitava imensamente, até o procurava por questões além da educação, pedindo sua ajuda na comunidade ou mesmo em problemas pessoais, para resolver disputas no vilarejo.

Ávidos para moldar a comunidade, os comunistas erradicaram professores que consideravam "destruídos pelo pensamento nazista". Os demais foram postos em um processo de "desnazificação" para livrá-los de qualquer pensamento fascista que perdurasse, colocando-os em um novo curso para espalhar a palavra do comunismo. Outros professores foram reprovados no teste, mas Opa foi aprovado e pediu para voltar a ser diretor da escola local. Com os soviéticos esperando grandes coisas dele, Opa voltou à sua escola sozinho.

O regime, na época, tinha de recrutar novos professores "sem máculas". Roland, calmo e equilibrado como a mãe, venerava imensamente o pai e aspirava seguir seus passos. Decidindo enxergar além da severidade dos soviéticos e acreditando na promessa de um futuro na Alemanha pós-nazismo, ele se inscreveu para treinamento no magistério.

Quando a escola foi reaberta em Schwaneberg, os soviéticos orientaram que a ideologia comunista fosse ensinada desde o começo. Opa foi instruído a retratar os anos de guerra da Alemanha como o resultado desastroso de um culto fracassado à liderança de Hitler, instigado pela ganância capitalista, que enganou os cidadãos e levou a Alemanha à ruína. Os alunos de Opa, cuja maioria tinha sido da Juventude Hitlerista, agora ouviam a ordem de mudar radicalmente seu sistema de crenças e adotar o comunismo. *(Ver imagem 1.)*

Pressionado a aprender muito em um período curto de tempo, toda noite depois do jantar, quando teria preferido ler poesia ou tocar piano,

Opa esforçava-se para aprender a doutrina soviética, a teoria marxista-leninista e a história da União Soviética. Dessa forma, poderia ensinar os conceitos no dia seguinte, sabendo que haveria um monitor russo sentado no fundo da sala de aula para garantir que ele tivesse entendido direito. Responsável pelo ensino também da língua russa, Opa costumava ser encontrado no escritório, aprendendo os fundamentos do russo com um dos filhos sentado no colo, repetindo cada palavra que ele dizia: "*Okno, stol, pozhaluysta...*"

A batida constante da propaganda aclamava o potencial do novo regime, mas a perspectiva sob o comunismo era sombria. Assim, não surpreendia que as pessoas ainda migrassem aos montes para o lado Ocidental.

Em meados de 1946, os soviéticos foram obrigados a tomar medidas para controlar formalmente o êxodo, posicionando tropas soviéticas ao longo da fronteira e erigindo torres de vigia, em particular nas áreas de tráfego pesado pelo perímetro. Sem se deixarem abater, as pessoas simplesmente encontravam formas de contornar os pontos de controle, em geral atravessando facilmente florestas e campos abertos. Os soviéticos reagiram com a construção de áreas de fronteira, depois instituíram um sistema de passagem interzonas que exigia que as pessoas requisitassem uma viagem à Zona Ocidental. Agora, segundo a lei soviética, o único meio legítimo de sair era um processo de requisição longo e arrastado, com a intenção de enrolar as pessoas decididas a partir. Poucas requisições foram aprovadas para adultos saudáveis, jovens e capazes que o regime temia quererem uma passagem só de ida, mas as autoridades prontamente concediam passagens só de ida a idosos, incapacitados e enfermos que, para eles, não passavam de um sorvedouro financeiro na sociedade.

Depois de Opa passar quase um ano como professor sob os novos senhores soviéticos, as autoridades em Schwaneberg pareciam satisfeitas com ele. Todo dia, na aparência e nas palavras, ele entrava mais no papel de educador modelo do comunismo. Logo, porém, o homem que Hanna sempre conheceu pelo orgulho e pela confiança ficava nervoso. Oma o via lutar ao tentar se refazer e parecer leal à causa soviética em nome do bem-estar da família. Apesar das preocupações com a integridade de seus novos ensinamentos, Opa prometeu a Oma que faria o que fosse necessário para manter íntegros e em segurança a esposa e agora oito filhos, depois do nascimento de outra garotinha, Tutti.

Certa noite, Hanna procurou Opa no escritório e disse que eles deviam tentar partir.
— É tarde demais — respondeu ele, colocando o livro no colo. — De todo modo, como partiríamos? Para onde você sugeriria irmos... uma família grande como a nossa?
Hanna o olhou fixamente.
— Vai ficar tudo bem, você vai ver. — Ele pegou o livro para voltar aos estudos, suas palavras acompanhadas de um sorriso forçado e nada convincente. Decepcionada por não ver um aliado no pai, Hanna continuou onde estava, sem ter mais nada a dizer.
Logo ao lado de Opa, em sua escrivaninha, estava o modelo de papelão do Castelo de Heidelberg que, anos antes, ele tinha construído amorosamente com os filhos, com a promessa de que um dia poderiam vê-lo pessoalmente. O castelo, que agora ficava na Zona Americana, nunca parecera tão distante. O modelo, construído como um projeto da família para ser um portal a um mundo maior, agora representava um lembrete de seu aprisionamento. Frustrada, Hanna ficou cabisbaixa.

Em todo o Leste, alemães tornavam-se líderes de suas comunidades e no governo local como prefeitos, professores, guardas de fronteira, agentes de segurança ou como policiais na força recém-organizada, a Volkspolizei, ou VoPo, a Polícia Popular. Inscreviam-se para servir ao Partido da Unidade Socialista, um partido político comunista com ideologia marxista-leninista. Uma ditadura de partido único ao estilo stalinista, assemelhava-se muito com o Partido Comunista da União Soviética.

Desde o começo, o regime deixou claro que a oposição ao Partido Comunista era ilegal e seria julgada em tribunal. Assim, como muitos outros, inclusive a maioria dos homens do vilarejo que tinham voltado recentemente da guerra, Opa ingressou no Partido Comunista.

Em Schwaneberg, a situação da família se deteriorava. Enquanto as crianças mais velhas de algum modo conseguiam se virar, com muita frequência, quando o jantar tinha terminado, as mais novas, inclusive Kai, de 4 anos, costumavam se demorar à mesa, querendo mais. Kai sentia falta particularmente do gosto do leite, cujo racionamento agora era tão rigoroso que havia o suficiente para alimentar apenas os bebês do vilarejo, e assim Oma dividia a ração de Helga e Tutti com Kai.

Com tantas bocas para alimentar, em uma tentativa de aliviar as dificuldades, Oma e Opa mandaram vários filhos para morar temporariamente com outros parentes. Hanna, agora com 18 anos, foi enviada à casa dos avós, Kallehn e Ama Marit, em Seebenau, no distrito Altmark, na Saxônia-Anhalt, à beira da fronteira Leste-Oeste e a um pulo de distância da Zona Britânica.

3

"SE QUER SAIR, SAIA LOGO"
ESCAPADAS POR UM TRIZ E FUGAS
(1946-1948)

> Julgue cada dia não pela colheita que obtém,
> mas pelas sementes que planta.
> — *Robert Louis Stevenson*

Kallehn estava sentado, esperando na estação de trem, no alto de sua carroça vacilante e velha puxada por dois cavalos. Um idoso sereno com uma cabeleira branca e o rosto desgastado e de bigodes, seus olhos se iluminaram e ele sorriu quando viu a neta. Deliciado por ela ter chegado a salvo, ele a segurou pela mão e a ajudou a subir e tomar seu lugar ao lado dele. Enquanto os dois rodavam, ele não falou muito, mas de vez em quando virava-se para ela, os olhos se abrandando em fendas, todo o rosto transformado em um grande sorriso.

Hanna se instalou com Kallehn que, por algum motivo, ninguém sabia qual, todos tratavam apenas pelo sobrenome. Ele e Ama Marit, a avó de Hanna, preferiam usar a denominação dos ancestrais nórdicos dela e ficaram felizes por ter a companhia de Hanna. Hanna frequentou a escola local e ajudava Ama Marit nas tarefas domésticas e Kallehn nos campos, nos fins de semana.

A fazenda de Kallehn era da família havia quase duzentos anos. Um homem orgulhoso e fazendeiro dedicado como o pai, o avô e o bisavô antes dele, Kallehn passou toda a vida cultivando as terras a fim de proporcionar a colheita que ajudaria a sustentar sua comunidade. Ele era um homem profundamente feliz, cuja maior paixão era afundar as mãos na terra fértil e cultivar o que a natureza produzira para fornecer a nutrição vital. Trabalhava arduamente e nunca reclamava. Mas agora enfrentava a realidade de que um dia, em breve, o regime tomaria as terras, despojando-o de seu meio de vida, sua herança e tudo que sempre importou para ele.

Um dia, enquanto ajudava Kallehn e os lavradores na colheita, Hanna descobriu que a obrigação de entregar as safras já começara a afetá-lo. Embora ele escondesse o desânimo nas rugas do rosto desgastado pelo tempo, Hanna via que ele se aborrecia por não poder mais tomar as próprias decisões a respeito da fazenda.

O sol baixava naquele longo dia de trabalho árduo, e Kallehn recostou-se em um fardo recém-formado de palha e suspirou.

— Hoje fizemos nossa parte pelo "Povo". — Com um sorriso e uma piscadela, entregando a Hanna um pequeno saco de estopa vazio, ele disse: — O resto é para nós. — Depois se colocou de quatro e, com os dedos cortados e nodosos, penteou os caules, procurando as cascas mínimas de aveia que restavam. Ao ver o avô recurvado, vasculhando os pedacinhos no chão, Hanna se perguntou por quanto tempo ele conseguiria manter aquele brilho nos olhos.

Nas tardes de sábado, Hanna ia à *Gasthaus* local. Não era muito mais que uma construção antiga convertida em um lugar onde os jovens podiam socializar antes do toque de recolher, atraindo colegas de turma, lavradores, vizinhos e até guardas de fronteira alemães recém-arregimentados.

Na *Gasthaus*, Hanna conheceu Sabine. Antes, Sabine havia morado e frequentado o colégio no que atualmente era a Zona Oriental, mas, com as mudanças de zoneamento pós-guerra, sua casa agora ficava na Zona Britânica. Sempre armada com a documentação correta para garantir a volta para casa, Sabine de vez em quando atravessava do Oeste para o Leste só para socializar com os antigos amigos da escola. Sorte dela, pensou Hanna, poder ir e voltar livremente. As duas rapidamente ficaram amigas e logo Sabine passou a contrabandear pequenos presentes para Hanna, entregando-os quando ninguém estava olhando: um pedaço de chocolate, uma caixa de açúcar, leggings, nada que estivesse disponível no Leste e tudo prontamente disponível no mercado clandestino florescente no lado ocidental.

A essa altura, em todos os pontos do perímetro da Zona Oriental, haviam sido instaladas cercas de arame farpado e postos de guarda, e despachadas patrulhas itinerantes. Com os guardas de fronteira agora disparando à vontade se suspeitassem de uma possível brecha na fronteira e sentenças de prisão severas impostas por tentar sair sem a documentação adequada, diminuíram as oportunidades de cruzar para o Oeste. Na fronteira de Seebenau, à luz do número crescente de pessoas em fuga, a presença policial aumentou e a segurança foi reforçada. Um número cada vez maior de alemães se apresentava para aumentar a força de segurança de fronteira soviética.

Em Seebenau, as autoridades davam especial atenção aos jovens. Instituíram toques de recolher, que começavam bem antes do pôr do sol e terminavam depois do amanhecer. As punições agora eram aplicadas não só àqueles que tentavam fugir, mas também aos que eram suspeitos de ter conhecimento de uma fuga e não denunciar. Bastava falar contra o regime para que alguém fosse escoltado até a Commandatura da cidade, o quartel-general improvisado dos soviéticos, um estábulo convertido onde as pessoas eram interrogadas e, depois disso, em geral conduzidas à prisão.

Alguns demoraram mais do que os outros para entender o recado.

Um dia, na escola, enquanto os estudantes estavam reunidos no fundo da sala de Hanna durante um intervalo, Dieter, um garoto agradável, mas às vezes travesso, que tinha a tendência ocasional de falar muito, foi longe demais.

— Como eles podem nos ensinar essa porcaria — zombou Dieter. — Dá para acreditar nisso, nos ensinar que Stálin é "o Grande Líder"? Dois anos atrás, o mesmo professor nos ensinava que Stálin era "o Grande Demônio" — disse ele, levando os dedos à cabeça e botando a língua para fora em uma imitação boba do diabo. Enquanto os outros meninos riam, Dieter viu que o inspetor do Partido Comunista da escola o encarava com um olhar penetrante. Ele se aproximou do garoto, apanhou-o pelo cangote e o retirou da sala. Dieter nunca mais foi visto.

No dia em que Dieter desapareceu, algo em Hanna mudou. Ela ficou alarmada ao perceber que as pessoas estavam dispostas a aceitar as mudanças sem reagir. Naquele mesmo dia, a pé no caminho que levava à casa de fazenda dos avós, pela primeira vez ela olhou atentamente a fronteira. Correndo os olhos pelo horizonte, localizou um único guarda soviético fardado, armado com um fuzil, parado a certa distância, fumando um cigarro e observando-a. Sem querer atrair atenção indesejada, ela virou a cara e continuou pelo caminho de cerca de um quilômetro e meio até a fazenda de Kallehn.

Na cozinha, Kallehn e Ama Marit ouviram Hanna contar sobre o garoto que fora retirado à força da sala.

— Para onde vocês acham que o levaram? — perguntou ela.

— Talvez para a prisão — disse Kallehn.

— O que o senhor pensa disso?

— O que eu penso? — repetiu ele. — Creio que os tempos estão mudando.

Com isso, ele simplesmente voltou a beber seu arremedo de café de aveia e centeio catado, as mãos rachadas de sol enroscadas na caneca fumegante e cheia da mistura que ele preparara com seus restos.

Agora, em seu íntimo, Hanna começava a pensar mais no que Sabine chamara de "a vida do outro lado". Sem contar a ninguém, nas semanas seguintes, Hanna sondou a fronteira, passou a observar as trocas de guardas, as práticas de patrulha, tentando detectar as diferenças entre os procedimentos das polícias de fronteira alemã oriental e soviética. Com o cuidado de não ser notada, fez um levantamento de caminhos, ferrovias, postos de guarda, dando atenção particular a áreas onde ela sabia que alguém tentara fugir.

No Leste, os alemães ascendiam e assumiam posições no governo, apresentando-se nas forças de segurança, equipando os jornais e administrando escolas, fábricas e grupos da juventude e do Partido Comunista. Em seus esforços para mostrar alinhamento à nova ideologia e se tornar catalisadores da mudança para um regime linha-dura, muitos abordavam as tarefas com uma ferocidade ainda maior que a dos soviéticos, reprimindo impiedosamente o próprio povo. Um grande número de cidadãos requisitava a partida. Todo mundo sabia que o passe interzonas era o bilhete para a liberdade, mas também sabia que era fraca a probabilidade de receber aprovação para transitar. Por conseguinte, centenas de milhares corriam o risco de tentar fugir do jeito que pudessem.

Com a exceção de Berlim, onde viajar entre as zonas ainda era relativamente livre, essencialmente sem controle, como resultado do acordo entre as Quatro Potências — Estados Unidos, Grã-Bretanha, França e União Soviética — para administrar a cidade juntas, foi reforçada a segurança por toda a extensão da fronteira que separava as Zonas Oriental e Ocidental. Em Seebenau, as autoridades de fronteira instalaram arame farpado, ergueram mais placas de alerta e aumentaram a presença de guardas de fronteira. Só dois anos depois de a Zona Soviética ter sido estabelecida, os centros de detenção e prisões já processavam prisioneiros por fuga, acusados do que o regime chamava de "tentativa de privar o Estado de sua força de trabalho".

Certa noite, à mesa do jantar, Kallehn parecia perturbado. Esfregou as têmporas e disse a Hanna que alguém tinha sido assassinado na fronteira do lado sul de Seebenau.

— Ela tentou sair com um guia que disse que podia fazê-la atravessar — Kallehn suspirou —, mas o suposto guia pegou o dinheiro dela, os pertences e depois a matou. São tempos loucos, Hanna — ele alertou. — Não chegue perto da fronteira. Isto não é brincadeira.

Como uma folha soprada por uma tempestade feroz, Hanna passou angustiada as semanas que se seguiram, sem saber se deveria sucumbir a uma vida sufocante no Leste ou fugir dela. No dia em que Kallehn lhe mostrou onde os soviéticos tinham desmontado trilhos ferroviários que antes eram conectados com a ferrovia que ia para o Oeste, ela decidiu que tinha chegado a hora.

Ela partiu em uma tarde de segunda-feira, depois da escola. Um dos lavradores de Kallehn lhe contara de uma área da fronteira, um pouco a sudoeste dos campos de centeio, em que os guardas prestavam pouca atenção e, disse ele, até dormiam na maior parte do tempo. Um pouco ao norte daquele posto, explicou ele, era possível atravessar facilmente.

Ela deixou a estrada de terra e tomou o rumo da fronteira. Depois do pasto relvado, ela se agachou, à procura de algum sinal de atividade. A fronteira estava em silêncio. Com a barra limpa, Hanna largou a bolsa dos livros e avançou para a margem da floresta, posicionando-se atrás de um grupo de pinheiros. Correu os olhos pelo perímetro pela última vez e, sem ver ninguém, avançou lentamente. Com o cuidado de não estalar um graveto ou fazer farfalhar as folhas sob seus pés, manteve-se vigilante, os sentidos atentos a qualquer movimento e ruído possível à sua volta.

De súbito, um grito firme e autoritário cortou o ar:

— *Stoi! Strelyat' budu!* (Pare ou eu atiro!)

Mas ela não parou. Disparou como um cervo que sabe que é uma presa à vista de um caçador determinado e firme. Atentamente, ele acompanhou seu alvo, uma adolescente de tranças longas e escuras que batiam loucamente nas costas do vestido florido azul e branco, correndo para a mata. Correndo em ziguezague como um coelho para evitar a mira da sentinela, de respiração curta, o coração aos saltos, ela empurrava galhos nodosos e atravessou arbustos e sarças que cortaram seus braços e arranharam as pernas.

— *Soi!* — gritou ele novamente, mais alto, enfático.

Movida pelo medo e impelida pela simples crença de que sabia que podia conseguir, Hanna atravessou a mata.

E, então, um estampido. Uma bala zumbiu por sua cabeça e ela caiu de cara em um barranco. Segundos depois, um guarda de fronteira soviético estava parado acima dela, com as botas a centímetros de seu rosto, o fuzil apontado para baixo, dirigido para sua cabeça.

Kallehn foi convocado e, depois de pedir profusas desculpas, o guarda liberou Hanna para a custódia do avô com um único aviso severo.

Agora Kallehn se preocupava constantemente com a neta. Não estava mais disposto a assumir a responsabilidade por ela ser morta na fronteira ou presa enquanto estivesse sob seus cuidados e pensou em mandá-la para o interior, de volta para casa em Schwaneberg. Hanna implorou que Kallehn não contasse a Oma e Opa de sua fuga, e ele aquiesceu.

E então, em uma noite no início do inverno, enquanto Hanna o ajudava a aquecer tijolos no forno para esquentar as camas, ele perguntou o que ela queria para o futuro.

Ela parou e o encarou.

— Eu quero ser livre, Kallehn — disse ela.

Ele a olhou com solidariedade.

— O que *você* faria? — perguntou ela. — O que faria se estivesse no meu lugar?

Kallehn baixou os olhos. Ele sabia o que faria. Se fosse mais jovem, de pés mais rápidos, e não tivesse de cuidar da fazenda e de Ama Marit, a essa altura teria fugido.

Erguendo a cabeça, ele disse, resoluto:

— Se quiser sair, saia logo. — Depois, pegando outro tijolo, continuou:

— Em menos de um ano, este lugar será uma grande prisão.

O inverno chegou, uma época do ano fria demais até para se pensar numa fuga. Hanna foi passar o mês de dezembro com a família em Schwaneberg. Sem serviços religiosos para marcar as festas de Natal, Oma estava decidida a celebrar de qualquer jeito, e ela e as meninas decoraram a casa com palha entrelaçada com fitas vermelhas e enfeites de madeira e encheram o consolo da lareira de pinho fresco. Ela estimulou Opa a reger os filhos em cantos natalinos, como faziam em todo Natal, mas desta vez cantaram mais baixo, caso alguém estivesse ouvindo. Com as reservas muito reduzidas de farinha de trigo, ovos e açúcar, ela preparou uma versão modesta de seus biscoitos Pfeffernüsse de canela, cravo e mel, conseguindo fazer os ingredientes renderem o bastante para que todos desfrutassem.

Apesar do inverno amargamente frio e da escassez de quase tudo de que a família precisava, inclusive carvão para aquecer a casa, os risos encheram a ala familiar da escola e depois de um tempo ninguém sequer parecia mais perceber que o Natal na Alemanha Oriental não era mais bem-vindo. Enquanto flocos de neve suaves e cristalinos caíam no ambiente gelado que tinha se tornado a Zona Oriental, Oma, desligada do mundo, olhava com um sorriso, reconfortando-se na crença de que a família sempre ficaria bem, independentemente do que o futuro lhes trouxesse.

Nas aparências, Opa continuou a se adaptar a seu papel, entendendo bem o que as autoridades esperavam dele, ensinando adequadamente a teoria comunista, dando aulas sobre os perigos do imperialismo americano e que o comunismo era o verdadeiro destino da Alemanha soviética e a única salvação. Trabalhava muito para posar como o comunista ideal, assim os chefes soviéticos e alemães orientais o recompensaram por sua conformidade e o domínio dos ensinamentos soviéticos com um reconhecimento por seus esforços na reunião do Partido no vilarejo. Mas em casa Opa era outra pessoa. Dormia mal e Oma começou a suportar o grosso de seu mau humor.

Sem querer, Hanna só punha lenha na fogueira. Uma tarde, ela o confrontou.

— Papa, o senhor realmente acredita no que está ensinando? — perguntou ela. — Acredita que existe verdade na teoria marxista e nos ensinamentos comunistas? E o…

— Você é nova demais para entender — ele a interrompeu.

— Não sou nova demais para entender. Já sou quase adulta.

Não houve resposta.

— Então, por favor, me explique — ela o pressionou.

Ele suspirou, mas não respondeu.

— Eles não se importam com o povo — continuou ela. — Só querem controlar tudo.

Ele permaneceu em silêncio, mas ela viu a pulsação em suas têmporas, um sinal claro de que ele estava nervoso, à beira da ebulição. Ela localizou o modelo do Castelo de Heidelberg e tentou de novo, desta vez com mais gentileza e com uma abordagem diferente.

— Papa — disse ela, colocando-se aos pés dele. Olhando-o de baixo, apelou à sensibilidade do pai. — Foi o senhor quem disse que devíamos ver o Castelo de Heidelberg — disse ela com brandura. — Sair pelo mundo, o senhor disse. Explorar, sonhar, descobrir.

— Os tempos mudaram — ele retrucou, a voz ficando mais alta, depois explodiu: — O Castelo de Heidelberg agora fica no *Oeste*!

Ao ouvir a voz elevada de Opa, Oma veio apressada, enxotou Hanna e cuidou calorosamente do marido, acariciando suas costas, tentando acalmá-lo.

Muita coisa mudou, pensou Hanna ao observar o pai, desde os tempos nazistas, quando ela teve o primeiro namoradinho, aos 9 anos, e o pai a proibira de se associar a ele porque suspeitava de que o pai do menino fosse comunista.

Depois do Ano-Novo, Hanna voltou à fazenda de Kallehn em Seebenau para terminar o último semestre do ensino médio. Opa a informara de que ela começaria, depois da formatura, o treinamento em uma profissão para o futuro. Essa ideia a assustou, e Hanna ficou alarmada com a perspectiva de ficar presa pelo resto da vida na Zona Soviética.

Certa tarde, enquanto ela e Kallehn removiam com pás a neve da calçada, ela parou e falou:

— Pensei bem, Kallehn. Eu quero ir.

Kallehn também parou o trabalho com a pá. Apoiando o braço no alto da ferramenta, ele a olhou por um bom tempo. E sorriu, um sorriso meigo e triste, pensou ela. Então baixou a cabeça e suspirou. Depois olhou para ela e disse:

— Vou ajudar você.

Alguns dias depois, a outra filha de Kallehn, Frieda, irmã de Oma e tia de Hanna, chegou de visita. Naquela noite, enquanto Hanna dormia, Kallehn discutiu o assunto com Frieda.

— Ela é jovem. — Frieda suspirou. — Tem o direito de escolher o próprio destino. Se eu não fosse tão velha, teria ido embora há muito tempo.

Depois disso, Kallehn e Frieda elaboraram um plano para a fuga de Hanna.

No início da primavera, Hanna pôs Sabine a par do plano. E então, em uma noite cálida e sem lua de maio, a dias da formatura de Hanna no ensino médio, quando ninguém desconfiaria de que os estudantes que se formavam tentariam fugir, Kallehn levou Hanna para a escuridão. Na carroça puxada a cavalos, foram à fazenda de Frieda em Hestedt, nos limites de Seebenau, perto de um trecho da fronteira que em geral só era guardado por patrulhas itinerantes. Ali, em um cômodo mal iluminado no meio da noite, um jovem entrou na casa pela porta dos fundos. Frieda pagou ao rapaz, Kallehn e ela apressaram as despedidas, contendo o choro, e o jovem levou Hanna para a floresta.

Em silêncio, sob o manto da completa escuridão, eles correram, esgueirando-se rapidamente pela fronteira e entrando no lado ocidental. Depois de estarem a salvo do outro lado, o jovem depositou Hanna na casa de Sabine, onde toda a família esperava por ela de braços abertos.

No dia seguinte Kallehn, preparando-se para uma reação furiosa, mandou uma mensagem a Oma e Opa contando que Hanna havia fugido, mas não mencionou o papel que ele e Frieda tiveram na fuga. Opa ficou irado e com medo do impacto que acreditava que a fuga teria em seu emprego e na capacidade de cuidar da família. Oma se preocupou somente com o que poderia acontecer com Hanna.

No Oeste, Hanna sentia apenas alívio. Emocionada por ter conseguido sair incólume, ela agradecia em silêncio a Kallehn e Frieda pela ajuda que deram promovendo sua fuga.

Várias semanas depois da escapada de Hanna, no Oeste, houve uma batida na porta. A mãe de Sabine a abriu e se assustou ao encontrar um mensageiro da Zona Oriental com uma carta.

Ele perguntou por Hanna e disse a ela:

— Você deve voltar imediatamente. Seu pai está doente.

A mãe de Sabine avançou e puxou a carta da mão do homem, resmungando que aquilo era um estratagema para atrair Hanna de volta. Ela xingou, depois o enxotou como a uma mosca e começou a fechar a porta. O mensageiro suplicou, pedindo a Hanna que lesse a carta que ele dizia ser da mãe dela.

Na letra de Oma, Hanna leu: "Minha querida Hanna. Você cometeu um crime ao privar a nova Alemanha livre da sua muito necessária mão de obra. Se voltar para casa voluntariamente, não haverá nada a temer". Não era o discurso característico de Oma. Hanna detectou a fraude e meneou a cabeça, incrédula. O jovem ficou parado ali até a mãe de Sabine o empurrar da soleira e bater a porta.

Naquela noite, apareceu a polícia da Alemanha Ocidental. A polícia na Zona Soviética tinha uma ordem de prisão para Hanna. Naqueles primeiros anos, surpreendentemente, em vista de suas grandes diferenças de ideologia, um acordo recém-assinado exigia que as forças policiais das duas zonas trabalhassem juntas, auxiliando-se mutuamente para garantir o cumprimento das leis de seus respectivos territórios. Aos 20 anos, Hanna ainda era menor e, portanto, estava ilegalmente no Ocidente. Embora não fosse uma tarefa de que gostassem particularmente, parecia que a polícia da Alemanha Ocidental fora obrigada por lei a prendê-la e devolvê-la aos pais no Leste. Hanna se recusou a ir. O pai de Sabine, respeitada autoridade do governo local na Zona Ocidental, abriu caminho até a porta.

— Rapazes — disse ele, sorrindo —, tudo isso foi um grande mal-entendido. Eu cuidarei disto a partir daqui. — E conduziu os policiais porta afora. Embora a polícia soubesse que o pai de Sabine não tinha autoridade legal na questão, todos torciam para que o problema simplesmente sumisse.

Mas, com a polícia soviética ameaçando Opa de perder o cargo de diretor da escola como uma primeira represália, o problema não sumiu. Algumas noites depois, outra batida na porta da casa de Sabine. A garota abriu a porta.

— *Mutti?* (Mamãe?) — disse Hanna, sem acreditar, ao se levantar lentamente do sofá.

Falando num tom pouco mais alto que um sussurro, Oma disse a Hanna que pegasse suas coisas e fosse para casa.

— Papai está muito zangado — disse ela. Ele a alertara para não voltar sem Hanna. Oma agradeceu aos pais de Sabine por cuidarem da filha e declinou a oferta de uma xícara de chá. Aturdida e em conflito, mas incapaz de dizer não à mãe e sentindo-se envergonhada por tê-la colocado em posição tão delicada, Hanna fez a mala e elas seguiram seu caminho.

Na estrada, as duas se encontraram com Frieda, que confessara seu papel na fuga e agora ajudava a resgatar Hanna para acertar as coisas com a irmã e o cunhado enfurecido. Oma e Frieda escapuliram do Leste sem alertar a polícia de fronteira e agora as três precisavam voltar sem ser detectadas.

Com Frieda à frente, uma Hanna ainda perplexa no meio e Oma na retaguarda, elas partiram para a fronteira. Tropeçando no escuro, por fim chegaram ao perímetro com arame farpado. Hanna encontrou uma abertura e a alargou para que as duas mulheres passassem engatinhando. Elas se espremeram por ali, as farpas beliscando e arranhando, rasgando o vestido de Oma. Depois de estarem do lado oriental, Frieda manteve a cerca aberta para a passagem de Hanna. Com as duas mulheres mais velhas agora firmemente no Leste e Hanna ainda parada no Oeste, as três se entreolharam. Depois, para grande alívio de Oma, Hanna passou.

Agora cercada por pequenos grupos de árvores, elas teriam de atravessar uma grande clareira a certa distância de um posto da guarda soviética para chegar à floresta do outro lado do campo, antes de por fim chegarem à fazenda de Frieda. Frieda esperou que uma nuvem grande cobrisse a lua crescente e prosseguiu, com as outras seguindo-a de perto. Quando a nuvem passou, lançando alguma luz no campo, elas se jogaram, desajeitadas, deitando-se no chão. Mais uma vez esperaram por uma nuvem, então se levantaram e correram. Com exceção do esmagar dos arbustos sob seus pés, a floresta de pinheiros estava silenciosa.

De repente, do outro lado do campo, elas ouviram vozes masculinas: russos que conversavam e riam, enquanto elas andavam junto do caminho da fronteira. Depois gritos:

— *Stoi!!* (Parem!)

As mulheres se atrapalharam, levantando os braços. Os guardas se aproximaram, notando que elas eram *zhenshini*, mulheres, e baixaram as armas.

Em um russo capenga, Frieda explicou que estavam voltando de uma visita a um parente doente. Um dos guardas as olhou de cima a baixo e disse a Oma e Frieda que continuassem no caminho para o Leste, mas que Hanna teria de ficar com os soldados. Oma enganchou o braço no de Hanna e declarou:

— Eu vou aonde minha filha for.

O soldado avançou para separar as duas, mas Oma resistiu. Ele bateu nas costas dela com a coronha do fuzil e ela caiu no chão com um baque, mas não soltou a filha. Ele a chutou, tentando obrigá-la a soltar, mas ela se agarrou à perna de Hanna e segurou com força. Então Oma deu um grito horripilante. Os soldados pararam de súbito, olharam-se, por fim soltaram uns palavrões e gesticularam para que as mulheres fossem para casa.

Em Schwaneberg, Opa recebeu Hanna com um silêncio pétreo. Várias horas depois, ele a convocou, chamando-a de ovelha negra que trouxera vergonha e constrangimento para toda a família e também a pusera em perigo. Ele a proibiu de manter qualquer contato com Kallehn e Frieda, em quem tinha perdido inteiramente a confiança. Ordenou aos irmãos e irmãs de Hanna que mantivessem distância dela, em parte para castigá-la, mas também para impedir que ela os contagiasse com suas ideias perigosas. A irmã mais velha de oito filhos, que eles viam como uma segunda mãe, de repente se tornou uma pária na própria família.

Opa recusava-se a deixar que Hanna fosse a qualquer lugar sozinha. Organizou as coisas de modo que ela fosse vigiada 24 horas por dia. Enfurecia-o que sua fuga imprudente poucos dias antes da formatura a tivesse deixado sem o diploma do ensino médio. Oma e Opa tiveram de pensar em como salvar o futuro de Hanna. Talvez Opa pudesse mexer uns pauzinhos, disse ele, e ela ainda poderia vir a ser professora. Nesse meio-tempo, ele a colocou para trabalhar nos campos de um fazendeiro local, que tinha a tarefa, com outros moradores, de vigiar cada movimento e contar a ele se Hanna saísse da linha em alguma ocasião.

Em casa, Hanna ajudava Oma nas tarefas e com as crianças mais novas. Oma tinha dificuldade para sentir raiva dela, mas Opa permanecia frio. Sem querer despertar a ansiedade sempre crescente dele, as crianças não falavam com Hanna em sua presença, nem mesmo na hora do jantar. Hanna fervilhava, decepcionada porque Opa nem mesmo tentava entender as coisas da perspectiva dela, como Kallehn fizera com tanta facilidade.

Depois de vários meses sob o olhar sempre vigilante dele, Opa permitiu que Hanna voltasse a se relacionar com os irmãos. Rapidamente ela reatou com os irmãos e irmãs — disputando corridas nos longos campos gramados da escola com Klemens e Manni; tendo conversas intermináveis com Tiele sobre livros e meninos, enquanto elas faziam coroas de margaridas e centáureas na campina. Ela tentou ensinar o pequeno Kai a tocar piano e o levou nos ombros até o lago, onde o ensinou a fazer as pedras pularem pela superfície da água. Ajudou Oma com os bebês, dando-lhes banhos, vestindo-os e colocando laços nos cabelos. Todos sentiam uma falta terrível da irmã mais velha e ficaram felizes por finalmente tê-la de volta.

Levou quase um ano para que a raiva de Opa finalmente cedesse, e nesse período Hanna continuou praticamente em prisão domiciliar. Na primavera, ele achou melhor recolocar Hanna nos trilhos e a chamou a seu escritório para discutir o futuro.

Ele disse que ela daria uma professora excepcional. Ela ouvia enquanto ele falava de um jeito convincente sobre o trabalho de sua vida, sua profissão recompensadora, que ele desfrutava os desafios intelectuais de ser um educador e também o status elevado na comunidade que acompanhava a profissão. Roland se juntou à conversa, contando efusivamente do orgulho que tinha de ser um educador em uma nova era para a Alemanha, ajudando a criar uma nova geração de cidadãos alemães pós-guerra.

Enquanto ele falava, Hanna notou que muita coisa mudara. Roland adaptava-se bem ao novo sistema, enquanto ela, não. Durante os anos da guerra, eles eram amigos muito próximos, atreviam-se a sonhar grande quando o futuro parecia tão incerto. Ele queria ser veterinário. Ela queria ser advogada. De algum modo, eles decidiram, encontrariam um jeito de viver e trabalhar juntos. Tinham feito um pacto de união, viesse o que viesse, acreditando que, juntos, poderiam dominar o mundo.

Mas tudo tinha mudado. Apesar de amar e respeitar Roland, ela simplesmente não conseguia entender como ele podia se render aos soviéticos, como conseguia encontrar prazer em ensinar o comunismo e uma teoria deturpada, fazendo lavagem cerebral em crianças incautas, levando-as a acreditar em mentiras e promovendo uma sociedade opressora que funcionava na base do medo e da intimidação. Mas naturalmente Opa e Roland não enxergavam desse jeito. Como muitos outros no Leste, estavam esperançosos, acreditavam que o sistema podia dar certo e que, com a família unida, ficaria tudo bem. Ela ouviu, mas não falou nada.

— Hanna — disse Roland, os olhos brilhando com um entusiasmo sonhador. — Este é um novo começo para a Alemanha, não entende? Temos uma chance de realmente fazer nosso país ser grande de novo. É assim que eu vou fazer a diferença. Você deveria fazer também.

Hanna ouviu tudo isso e assentiu, mas saiu da sala quando a conversa terminou, deixando Opa e Oma se olhando, pensativos.

Desde o início, os Estados Unidos e os soviéticos tinham planos radicalmente diferentes para a Alemanha. Para ajudar o país a se reerguer, os Aliados ocidentais, liderados pelos Estados Unidos, começaram a introduzir reformas. Os Estados Unidos deram início ao Plano Marshall, despejando bilhões de dólares na Europa Ocidental, em auxílio à sua recuperação. Para conseguir que a economia avançasse, os Aliados ajudaram a Alemanha a emitir uma moeda pós-guerra. Os soviéticos ficaram furiosos. Queriam manter a Alemanha fraturada e fraca e viam como uma ameaça o plano liderado pelos EUA. Ordenaram que a Zona Soviética continuasse a usar a moeda pré-guerra, que praticamente tinha perdido todo o valor

Por conseguinte, um muro econômico desceu entre Leste e Oeste. Embora colaboradores contra um inimigo mútuo na guerra, os soviéticos agora deixavam claro que não tinham nenhuma intenção de cooperar mais com os Estados Unidos ou seus Aliados.

E então, em junho de 1948, na primeira grande crise da Guerra Fria, os soviéticos testaram a firmeza dos Aliados cortando várias rotas de abastecimento para a cidade insular de Berlim Ocidental. Acreditando que era fundamental manter o território soberano definido por uma democracia ocidental situado bem no fundo do território comunista, os Aliados enfrentaram os soviéticos lançando um esforço de reabastecimento aéreo maciço.

Durante quase um ano, em uma proeza quase impossível, cerca de 200 mil voos forneceram alimentos, combustível, remédios e necessidades básicas aos 2 milhões de cidadãos de Berlim Ocidental. No fim, a ponte aérea de Berlim se provaria uma vitória para a democracia, um marco fundamental no palco central em uma batalha que colocaria o autoritarismo soviético contra a liberdade ocidental pelos quarenta anos seguintes e, em termos nada duvidosos, definiria Berlim como a linha de frente definitiva das tensões Leste-Oeste na Guerra Fria.

Para Hanna, o Bloqueio de Berlim, a divisão da moeda e a interrupção das ferrovias eram sinais importantes de que os soviéticos estavam comprometidos em se distanciar permanentemente do Ocidente e isolar a Zona Oriental do restante da Europa. Essa evolução nos acontecimentos significava apenas uma coisa: Hanna precisava fugir para sempre, ou ficaria aprisionada no Leste pelo resto da vida.

Assim, em julho de 1948, Hanna procurou Opa e disse que queria se tornar professora, pedindo-lhe que a preparasse assim que possível. Opa ficou extasiado. Sorriu, fez-lhe um carinho nas costas e disse que ela tomara a decisão certa e não se arrependeria. Hanna olhou para Opa, imaginando Kallehn em seu lugar, ouvindo as palavras proféticas dele: *Em menos de um ano, este lugar será uma grande prisão.*

4

ESCAPADA

UMA MALA PEQUENA E A FUGA DEFINITIVA
(11 de agosto de 1948)

> Quem sempre foi livre não consegue entender o poder terrível e fascinante da esperança de liberdade para os que não são livres.
>
> — *Pearl S. Buck*

No verão, Opa conseguiu que Hanna comparecesse a uma sessão de registro de um dia inteiro em Magdeburgo, cerca de trinta quilômetros ao norte, antes do início da escola normal naquele outono. Naquele dia, estava marcado para ela partir pela manhã e voltar à noite.

Na véspera da partida para Magdeburgo, como fazia toda noite, Hanna ajudou Oma a preparar o jantar, cortando cenouras e batatas e colocando-as na água fervente. Ao contrário das outras noites, porém, ela não se envolveu na conversa habitual sobre os acontecimentos do dia. Em vez disso, examinava Oma, que se movimentava pela cozinha: sua forma pequena, mas robusta, enrolada em seu avental azul desbotado preferido; as faces rosadas de filha de agricultor que lhe conferiam um brilho perpétuo; o coque de matrona no alto da cabeça. Tinha movimentos decididos na cozinha, jogando ervas aromáticas na panela, contornando os pequenos que clamavam por uma prova do que ela preparava. De súbito, ela levantou a cabeça, percebendo o olhar demorado de Hanna, e lhe disse que era hora do jantar. Hanna tirou o avental, pegou a bebê e chamou a família, que veio correndo para a sala de jantar.

Ela colocou Tutti na cadeirinha alta à mesa antes de se sentar em seu lugar designado como filha mais velha, ao lado de Opa, à esquerda.

Enquanto eles chegavam sozinhos ou aos pares, ela passou a olhar todos e absorver o máximo de detalhes que podia. As outras crianças, pensando que era um jantar comum em uma noite comum de terça-feira, reuniram-se em volta da mesa longa de pinho, brigando e trocando provocações, como fazem as crianças, e cuidando de suas tarefas da hora do jantar: Tiele e Manni arrumando pratos e copos, Kai dispondo os talheres, Klemens ajudando a pequena Helga a se sentar na cadeira e todos eles, com exceção de Hanna, conversavam, riam e brincavam, como sempre faziam.

Roland chegou apressado em casa e foi à cozinha dar um beijo no rosto de Oma antes de se sentar. Opa entrou, cumprimentando a todos, sua compleição larga dirigindo-se à sua cadeira à cabeceira da mesa.

Da cozinha, Oma saiu com um largo sorriso, carregando uma terrina de faiança com uma sopa fumegante. Todos reagiram com alegria, respirando o aroma do caldo, olhando avidamente para os pratos, na expectativa de consumi-lo. Enquanto Oma servia a sopa, Roland disse algo que fez Klemens rir, Opa repreendeu Kai por chegar à mesa com as unhas sujas de terra e, com Opa distraído, Manni tentou alcançar os pés de Tiele com os seus próprios por baixo da mesa, sem que o pai percebesse. Era disso que Hanna queria se lembrar: os cheiros, o barulho, a atividade, os risos, o caos familiar, a família unida.

Enquanto o jantar começava, Hanna olhou pela mesa de um irmão para o outro, um por vez, tentando gravar na mente os detalhes de cada rosto e personalidade.

Roland, alto e bonito, com a testa larga e a beleza de um astro de cinema — ele brilhava quando sorria, o que afetava todos ao redor. Agora um homem, ele era professor e morava sozinho, ia em casa só de vez em quando para uma refeição caseira. De caráter forte, com uma reserva interminável de energia positiva, era um autêntico idealista, sempre em busca da verdade, e um líder dinâmico que via o melhor em todos. Hanna sabia que sentiria uma falta terrível dele, seu irmão mais próximo, mas precisava acreditar que ele acabaria encontrando seu caminho com os comunistas.

Klemens, magro e atlético, de olhos tristes, tinha um jeito amistoso e gentil. O irmão calado e introspectivo que nunca desejava os holofotes. Klemens ficara alto como Opa, mas não se sentava reto como uma vara, apesar do estímulo constante do pai, e era muito mais reservado.

O meigo e doce Kai, com carinha de bebê. Agora aos 6 anos, o cabelo louro e sedoso e o narizinho de botão, ele constantemente divertia os irmãos, mesmo agora, ao imitar cada ato de Klemens, quando ele colocava os cotovelos na mesa, quando os tirava, como gesticulava quando falava.

Tiele, quase adolescente, a pequena ajudante da mãe, adorava costurar, cozinhar e cuidar dos pequenos. Com um laço de retalho nos cachos castanhos, estava vestida com um suéter de algodão com apliques de borboletas que tinha tricotado praticamente sozinha. Ela podia passar dias sem fim brincando nos campos, fazendo coisas com flores para os pequenos e para Oma.

Embora mal tivesse 2 anos, a bebê, Tutti, com os grandes olhos castanhos e bem separados e as mechas louras, encaracoladas e rebeldes, já era uma força, turbulenta e insolente, e não conseguia ficar parada. Agitava-se na cadeirinha até que lhe dessem uma fatia de pão para mantê-la quieta. Aos 3 anos, Helga era calada, observadora e sensível. E Manni, bem-humorado e jovial, achava graça em tudo, mesmo agora, quando fazia caretas para conseguir que os outros rissem, até Opa lhe mandar parar.

Opa pediu a atenção da sala, dizendo com um sorriso:

— Então, Hanna terá um grande dia amanhã.

Do outro lado da mesa, Roland opinou:

— Hanna, *certamente* você terá um grande dia amanhã. Estamos muito orgulhosos. Este será um grande salto para você e seu futuro.

Ao pôr do sol daquela tarde cálida de agosto, Hanna deu um beijo de boa noite nos pais, como sempre fazia, e retirou-se para o quarto.

No escuro, fechou os olhos e tentou dormir, mas o sono não vinha. Ela abriu os olhos. Acendendo o abajur da mesa de cabeceira, saiu da cama cautelosamente e pegou a maleta marrom ali embaixo, colocando-a na cama. Abriu-a para verificar, pela última vez, se tinha guardado tudo.

Bem dobrados dentro da mala estavam um vestido leve de algodão azul-claro, um par de meias e um grosso suéter de lã, tricotado a mão por Oma, que ela deduziu que poderia precisar quando as noites de outono esfriassem. Por cima das roupas estava uma fotografia da família, uma velha cédula de dez marcos e um maço de cigarros Lucky Strike que Kallehn lhe dera, caso ela tivesse a necessidade de "subornar alguém".

De súbito, a porta se abriu lentamente, dando um susto em Hanna. Oma entrou em silêncio. Parou de repente e ficou imóvel quando viu a mala, em vez de uma simples bolsa, só o necessário para uma excursão de um dia. As duas ficaram paradas ali, Hanna olhando para Oma, que tinha os olhos fixos na mala. Depois, com a mesma rapidez com que entrou, Oma se virou e saiu do quarto, fechando a porta.

Na manhã seguinte, pouco antes do nascer do sol e com os ventos frios do leste, despedindo-se do que fora um ano longo e doloroso, Hanna pegou a mala e saiu de casa antes que alguém acordasse, segundo pensava. Oma, porém, se levantara e estava junto da janela no segundo andar, observando a filha se afastar com um andar decidido, as tranças escuras e longas caindo às costas, mais parecendo uma estudante que uma mulher. Ela se perguntou se um dia voltaria a ver a filha.

Virando a esquina perto da igreja, Hanna foi para a estação de trem. Depois de chegar, para não despertar suspeitas caso seus pais aparecessem para verificar, comprou uma passagem de ida e volta a Magdeburgo. Olhou para trás, de certo modo esperando ver os pais, mas ficou aliviada ao constatar apenas outros passageiros. Embarcou no vagão e encontrou seu assento, e o trem saiu ribombando da estação.

Ela se acomodou e olhou pela janela a paisagem que passava, as colinas relvadas, a colcha de retalhos da sálvia queimada de fim de verão e os campos cor de trigo. Sem mapa e nenhum plano do que fazer ao chegar à fronteira, que corria em paralelo com os trilhos a cerca de quarenta quilômetros dali, o foco de Hanna estava no melhor lugar para pular do trem e correr para o Oeste. O trem acelerou. Balançando suavemente, ele seguiu pelos trilhos, as rodas estalando ritmadas abaixo dela como o ponteiro menor de um relógio barulhento.

O trem percorria os trilhos e a mente de Hanna vagava. Estava morta de medo de cair no mesmo barranco e que Opa aparecesse. Tinha visto como ele estava constantemente tenso na época dos nazistas, tentando agradar as autoridades só para conservar o emprego e alimentar a família. Agora o mesmo ciclo se repetia. Por que, então, perguntou-se ela, ele ficou tão ansioso para empurrá-la ao mesmo destino? Este simplesmente não era o destino dela, decidira Hanna. Ela era jovem e merecia um futuro. Opa não a inspirou sempre a ter grandes sonhos e procurar aventuras? E Oma instilou em todos os filhos um claro senso de certo e errado, ensinou-lhes a ser fiéis a si mesmos e viver à altura de seu potencial. E, assim, ela tomou a decisão. Sem ter como saber que impacto a fuga teria na família e acreditando que de algum modo a separação seria apenas temporária, como centenas de milhares de outras pessoas que tomaram a mesma decisão por motivos parecidos, ela escolhera fugir.

Arrancada dos pensamentos quando o trem reduziu em uma área rural remota aparentemente no meio do nada, ela pegou a mala com a intenção de partir para a porta, mas notou um círculo de outros passageiros que se levantavam lentamente e pegavam seus pertences. Embora carregassem um cesto com comida, também levavam várias valises e bolsas, e o instinto de Hanna lhe disse que aquele grupo não saía para um piquenique vespertino.

Hanna se levantou e sussurrou à mulher de pé mais perto dela:

— Vai para o Oeste?

A mulher olhou para Hanna, depois a ignorou. Quando o grupo saiu na parada seguinte, Hanna foi com eles. Rápida e silenciosamente, eles embarcaram em um trem de dois vagões que estava em trilhos adjacentes no pequeno cruzamento ferroviário. Usado principalmente por fazendeiros para o transporte de suprimentos e safras agrícolas, nesse dia o grupo fazia uso dele para se transportar até a fronteira.

Ninguém dizia uma palavra. Os agricultores ajeitaram os sacos e fardos para dar espaço ao grupo. Sabendo exatamente o que o grupo pretendia fazer, olhavam os estranhos e esperançosos fugitivos, tentando não encarar, baixando os olhos para o chão ou olhando pela janela enquanto o trem dava um solavanco e começava o avanço para o Oeste. De seu lugar no banco de madeira do outro lado do corredor, a mulher olhou para Hanna. Depois de alguns minutos, levantou-se, aproximou-se dela e se meteu no banco ao seu lado.

— O que você quer? — perguntou diretamente.

— Quero ir com vocês — disse Hanna aos sussurros.

— Quanto dinheiro você tem?

Hanna tentou lhe entregar seus dez reichsmarks.

— Isto não tem valor nenhum — ela escarneceu. Depois chegou mais perto. — Estou arriscando minha vida para fazer isso. Os outros pagaram muito para sair — disse ela, meneando a cabeça.

Hanna suplicou.

— Escute — a mulher a interrompeu, sentindo em Hanna uma encrenqueira que poderia estragar o disfarce de todos. Para impedi-la de criar cena, ela sussurrou: — Quando sairmos da estação, espere por mim no banco. Eu voltarei a você.

Hanna não acreditou que a mulher voltaria e temeu ser deixada para trás tão perto da fronteira, mas assentiu e agradeceu. A mulher se retirou para seu lugar. Além de agricultores e trabalhadores que se cumprimentavam no embarque e se despediam ao desembarcarem em vários pontos pelo caminho, ninguém falou nada por mais de uma hora ao passarem por vários campos e vilarejos agrícolas. Em algum lugar perto de Völpke, o grupo desembarcou.

A mulher apontou o banco, em silêncio. Obediente, Hanna foi se sentar ali e observou o grupo desaparecer na floresta. Assim que o último integrante estava fora de vista, levantou-se e os seguiu, guardando distância, escondida atrás das árvores, sem perdê-los de vista.

Mais à frente, eles andavam em silêncio e rapidamente, em fila única pela mata densa e os arbustos emaranhados, parando na floresta quando a guia parava, andando quando ela andava. Por fim, deram em uma estrada de terra e seguiram até os fundos de um celeiro. Assim que viraram pelo canto, contornando o celeiro, de longe vieram gritos altos em russo ordenando ao grupo que parasse.

Tiros soaram e alguém gritou de dor. Hanna se espremeu atrás de uma árvore e ficou petrificada. O ar se encheu de uma rajada explosiva de mais disparos, outro grito, caos, pandemônio e o cheiro de enxofre dos tiros. No meio disso tudo, Hanna, ainda fora de vista, correu para o outro lado do celeiro e tentou freneticamente abrir a pesada porta de madeira. A porta estava bem fechada, assim ela correu a um velho celeiro vizinho, o coração batendo furiosamente.

Depois de entrar, ela fechou a porta, em seguida virou-se e se viu cara a cara com uma mulher baixinha, frágil e de olhos de corça, sentada em uma pilha de lenha, alarmada com o tumulto e a invasão. Segundos depois, um soldado soviético abriu de supetão a porta, gritando algo em russo, pronto para usar a coronha do fuzil. Hanna cambaleou para trás.

A mulher se protegeu, preparando-se para levar os golpes, suplicando em um russo mal pronunciado:

— Tenha piedade de uma pobre velha e sua sobrinha.

Ele parou. Olhando o celeiro, notou os pertences da mulher espalhados em montes de palha, as roupas penduradas em vigas de madeira e por cima de um fardo de palha, o paletó de um homem aqui, uma panela ali, roupa de cama, malas. Ele olhou para a mulher, depois para Hanna.

— Por favor — continuou ela. — Não queremos fazer mal. Estou doente e minha sobrinha faz a gentileza de cuidar de mim.

Ele parou, olhou o casebre e baixou o fuzil. Aparentemente convencido daquela história, o homem foi embora.

Arriando na pilha de lenha, a mulher suspirou. Era uma refugiada que tinha perdido o marido na guerra e morava no celeiro com o filho. Por enquanto, ele conseguira conservar o emprego em uma fábrica de açúcar, do outro lado da fronteira, no Oeste, por isso tinha permissão especial para ir e voltar. Enquanto a mulher explicava, Hanna espiou, nervosa, por uma fresta na porta de madeira, vendo os soldados levarem os sobreviventes do grupo.

O filho da mulher, um jovem em seus 20 anos, chegou em casa naquela tarde com um pedaço de pão e uma garrafa de leite, que entregou à mãe. Concordou em ajudar Hanna a fugir pelo ponto da fronteira que atravessava todo dia. Perguntou a Hanna quanto dinheiro tinha. Ela lhe deu seus reichsmarks e o maço de cigarros Lucky Strike. Ele então lhe deu dez marcos ocidentais em troca e disse:

— Lembre-se: você é minha prima e tenho permissão para atravessar. Então não fique nervosa. Conheço essa gente. Mantenha a calma, aja com naturalidade. Vamos.

A mulher lhe desejou sorte e os dois partiram para a travessia.

Com a aproximação da dupla, dois guardas soviéticos, ambos com cigarros enrolados à mão pendurados na boca, cumprimentaram o jovem como a um velho amigo.

— *Vanja*, meu irmãozinho! — exclamou um guarda russo em um alemão ruim, com um largo sorriso, dando-lhe um tapa nas costas. — Ei, quem é sua linda namorada?

Ele disse ao guarda que Hanna era sua prima e que ela queria visitar a avó deles no lado ocidental por alguns dias. Enquanto falava, pegava os cigarros, o que deliciou os guardas, que se animaram enquanto um pegava o maço e o passava embaixo do nariz, sentindo comicamente o aroma. Os dois "primos" se despediram dos guardas e, com um aceno amistoso, foram para a floresta.

Ao chegarem à trilha de terra na floresta, ele a puxou, dizendo-lhe para andar diretamente pela trilha que por fim ela chegaria ao Oeste, depois a deixou e voltou para conversar com os guardas. No início Hanna andou lentamente, nervosa, querendo correr, mas decidida a não chamar atenção. Depois que entrou em uma mata mais densa, porém, o medo e a adrenalina assumiram e ela partiu, disparando cada vez mais fundo na floresta. Só parou de correr quando viu a parte de trás de uma placa branca. Quando a alcançou, deu a volta para ver o que estava escrito ali.

Com as costas voltadas momentaneamente para o Oeste, ela olhou pela última vez o Leste e a placa que dizia: "Atenção: Você está entrando na Zona de Ocupação Soviética". Virando-se para o Oeste, caminhou para seu novo mundo.

Em Schwaneberg, quando Hanna não apareceu no último trem para casa, Opa explodiu. Oma ficou calada. Em Seebenau, Kallehn sorriu ao receber a notícia.

PARTE DOIS

5

DOIS CASTELOS
FORA DO TURBILHÃO
(1948-1949)

A alma tem ilusões como os pássaros têm asas.

— *Victor Hugo*

Hanna saiu cansada e trêmula da floresta de pinheiros na Zona Ocidental. Sem nenhum sinal de vida dos dois lados da estrada rural deserta que se estendia pela frente, ela escolheu um caminho e, de mala na mão, começou a caminhada.

Depois de certa distância, localizou uma carroça puxada a cavalo. Ao se aproximar, fez sinal e pediu carona a um agricultor, que a reconheceu como uma *Flüchtling*, uma refugiada. Ela subiu, se sentou ao lado dele e só então sentiu alívio. Respirou fundo o ar fresco há muito esperado. Ele sorriu e lhe deu um tapinha nas costas, parabenizando-a com gentileza. Depois virou para a estrada e sacudiu as rédeas.

Enquanto rodava na carroça, ela jurou que não olharia para trás. Mas então, inexplicavelmente, visões de Oma e do restante da família surgiram em sua mente, e de repente ela ficou zonza. Começou a transpirar, o coração martelava conforme as primeiras farpas de pânico se esgueiravam pescoço acima. O agricultor notou. Em seguida, como que num pesadelo, ela pôde sentir a família, a infância e tudo que já conheceu sendo engolido e, por fim, desaparecendo em um buraco negro.

Hanna tentou se livrar da sensação sufocante. O instinto de sobrevivência assumiu e ela se obrigou a se concentrar no que faria. Precisava encontrar um lugar em que pudesse se entocar e continuar anônima até completar 21 anos, dali a alguns meses. Depois poderia se registrar como cidadã legalizada do Ocidente e enfim se livrar do longo braço da lei. Até lá, precisava se esconder.

Antes que o agricultor saísse da estrada principal, ela agradeceu a ele, desceu e continuou seu caminho, intermitentemente pegando carona e andando pelas várias horas que se seguiram. Ao cair da noite, com apenas o fiapo de luz de um quarto crescente de lua para lhe servir de guia, alcançou o vilarejo adormecido de Dettum, onde passou a noite, dormindo no chão, no canto de uma construção vazia.

No dia seguinte, uma senhora roliça de avental a viu andando pelo vilarejo. Quando soube que Hanna era do lado oriental, a tomou sob sua asa, levando-a primeiro à *Gasthaus*, onde a alimentou com uma tigela de sopa de carne e legumes e perguntou sobre seus planos. Ao saber que Hanna estava sozinha e precisava ganhar dinheiro, pegou-a pelo braço e a levou aos limites do vilarejo para conhecer os Schneider, uma família de jovens agricultores que precisava de uma doméstica e babá e estava disposta a fazer vista grossa para o status ilegal de Hanna.

Em Schwaneberg, não demorou muito para que integrantes da recém-formada polícia da Alemanha Oriental, a VoPo, fizessem uma visita a Opa.

— Se ela não morreu — disse-lhe o policial —, entrará em contato com você. E, quando fizer isso, você deve nos procurar.

Opa compreendeu. Seu emprego e o bem-estar da família estavam em risco porque a filha tinha cometido o pior de todos os crimes contra o Estado, privando a Zona Soviética de uma cidadã saudável e capaz, necessária para ajudar na reconstrução do país.

Mas Hanna não fez contato com a família e, na realidade, tinha esperanças de desaparecer na completa obscuridade. A cada dia que passava, Oma e Opa se perguntavam o que teria acontecido com a filha. Será que foi baleada na fronteira? Ela conseguiu sair? Estaria morta? Definhava em uma prisão de algum lugar?

Estimulados pela ideia de que a janela para a fuga se fechava lentamente, milhares foram para o Ocidente, arriscando-se a serem apanhados. Embora ainda fosse relativamente fácil atravessar em algumas áreas remotas, a segurança na fronteira aumentava a cada dia. Hanna foi uma das pessoas sortudas que conseguiram sair. Muitos não foram tão afortunados, e a essa altura jovens e velhos, homens e mulheres, famílias com filhos eram mortos ou enviados a prisões que rapidamente surgiam por toda a Zona Oriental.

Agora as prisões viam um influxo constante daqueles que tentavam fugir, aqueles que desafiavam o sistema e muitos que eram arrastados arbitrariamente e acusados de algum delito. Dentro dos famosos presídios de Hohenschönhausen e Bautzen, e até de Buchenwald e Sachsenhausen, antigos campos de concentração nazistas convertidos em prisões da Alemanha Oriental, os soviéticos e os alemães comunistas não perdiam tempo para arrancar confissões, em geral baseadas em invenções, deturpações da verdade e mentiras cabais.

"Traidores" de todo tipo eram levados diante dos pseudotribunais soviéticos, em que os réus eram presumidos culpados e sentenciados a trabalhos forçados ou à morte. Nos primeiros anos, os soviéticos executariam centenas de cidadãos da Zona Oriental.

Hanna trabalhava para os Schneider havia quase três meses, limpando, cozinhando e cuidando do filho do casal. Tudo ia bem, até que um lavrador que teve um desentendimento com o sr. Schneider deu à polícia a dica de que uma ilegal trabalhava para a família. Coagido a investigar, mas amaldiçoando seu papel de devolver fugitivos ao lado oriental, o policial da Zona Ocidental fez uma visita relutante aos Schneider. Tomou nota das informações de identificação de Hanna.

— Por favor — ela lhe suplicou —, daqui a duas semanas terei 21 anos e então estarei legalizada.

O policial sustentou o olhar de Hanna. Depois assentiu, entrou comicamente em posição de sentido e sorriu para ela, como quem está prestes a fazer uma declaração profunda.

— *Fraunlein!* — anunciou ele com um ar paródico e exagerado de autoridade. — Você é menor de idade e está ilegalmente na Zona Ocidental. Por lei, sou obrigado a levá-la em custódia e devolvê-la aos seus guardiães do Leste. Voltarei daqui a *duas semanas* para buscá-la. — Então ele sorriu, desejou um bom dia e foi embora.

Duas semanas depois, a polícia da Zona Oriental e meus avós receberam um telegrama oficial anunciando que a filha tinha se tornado residente legalizada e decidira permanecer no Oeste.

O comandante local da VoPo convocou Opa e Oma a seu novo quartel-general, a construção que antes abrigava o gabinete local da Gestapo. Com decepção palpável, encarou com frieza Opa do outro lado da mesa, tentando intimidá-lo. Disse pouca coisa além de "Que infelicidade que sua filha tenha decidido fugir", depois meneou a cabeça em negativa e os mandou embora.

Estava claro que agora os riscos eram mais elevados. Temendo o impacto que teria para a família a fuga de Hanna e sua recusa em voltar, Opa se atirou no trabalho, na esperança de reconquistar as autoridades. Oma começou a se preocupar com a capacidade de Opa de lidar com o fardo que agora carregava, o estresse de procurar se retratar como um bom comunista, tentar sustentar a família, mas agora com um rótulo a mais, o de "pai de uma criminosa".

O restante de dezembro passou e, sabendo que eram vigiados pelas autoridades, Opa alertou Oma e os filhos para não chamarem atenção. Naquele ano, Oma pensou que era melhor serem discretos e absterem-se de qualquer celebração do Natal.

No Ocidente, na véspera de Natal, Hanna sentia uma saudade imensa de casa. Foi à igreja com os Schneider e, quando o organista tocou "Stille Nacht", "Noite feliz", chorou incontrolavelmente no meio da cerimônia, para completo constrangimento dos Schneider e os olhares irritados do restante da congregação. Incapaz de controlar o pranto, ela saiu às pressas da igreja e voltou correndo para casa.

Depois do Ano-Novo, Hanna pegou seu salário e pertences, cortou as tranças com uma tesoura de costura da sra. Schneider, despediu-se da família e partiu em um trem mais para o oeste, rumo à cidade-castelo que apelava a ela. Em Heidelberg, tinha esperanças de desaparecer na multidão de uma cidade maior.

Ela chegou a Heidelberg ao pôr do sol e passou a primeira noite dormindo no chão gelado da estação de trem, sem ter como se aquecer bem, apenas com um casaco de lã usado que a sra. Schneider lhe dera na partida. Na manhã seguinte, acordou ao ser empurrada por um policial. Levantou-se e foi procurar o Castelo de Heidelberg.

Com os ventos gelados da Guerra Fria, os Estados Unidos, o Reino Unido, o Canadá e outros países ocidentais começaram a perceber a necessidade de uma aliança militar coesa contra os soviéticos. Na esperança de desestimular atos de agressão por parte da União Soviética, a Organização do Tratado do Atlântico Norte (Otan) foi criada, com todas as partes concordando na defesa mútua de cada país-membro em resposta ao ataque de uma força externa.

Nesse meio-tempo, enquanto rebentos de democracia criavam raiz no Oeste, o regime da Alemanha Oriental assumia o controle da mídia e censurava todas as notícias e informações que chegavam aos olhos e ouvidos dos cidadãos da Zona Oriental. Em meio à propaganda política crescente e a uma campanha de desinformação, e com consequências severas para quem sintonizasse o rádio em estações ocidentais, Oma, Opa e o restante da família não sabiam o que acontecia fora da Zona Oriental. Poucos habitantes, se é que existia algum, tinham ouvido falar da criação da Otan ou de qualquer outra coisa que acontecia no Ocidente. Como todos os outros no Leste, porém, sentiam que os soviéticos pretendiam cortar os laços com o Ocidente e levar a Zona Oriental para o isolamento.

Firmemente convencidos de que o sucesso do comunismo na Alemanha estava nas mãos da próxima geração, os soviéticos lançaram um movimento juvenil. Foi escolhido para liderar o movimento linha-dura Erich Honecker, de 33 anos.

Leal ao Partido desde os 8 anos, Honecker ingressou no movimento comunista alemão aos 14. Durante os anos nazistas, foi sentenciado a dez anos de trabalhos forçados por participar de atividades comunistas e por se recusar a repudiar suas convicções ideológicas. Libertado pelo Exército Vermelho em 1945, tornou-se um dos primeiros membros do Partido Comunista germânico na Alemanha ocupada pelos soviéticos.

Visto como um desbravador e um visionário, fisicamente o baixinho Honecker não era a imagem do poder soviético, e seu jeito austero não inspirava simpatia, mas o que lhe faltava em carisma ele compensava com ambição ideológica. Impelido ferrenhamente a remodelar a Zona Soviética, estipulou a transformação da juventude do país. Cerca de vinte anos depois, Honecker seria recompensado por suas contribuições ao país tornando-se o líder da Alemanha Oriental.

Rapidamente Honecker dedicou-se a criar a JLA, ou Juventude Livre Alemã, e os Jovens Pioneiros. Muito semelhante ao Komsomol soviético, os programas eram baseados em propaganda e retratavam a sociedade comunista como uma utopia rica e satisfatória que beneficiava a todos, e seus jovens como ícones do patriotismo. O escotismo e as atividades esportivas tinham como objetivo conquistar o coração e a mente das crianças e remodelá-las como futuros líderes revolucionários do país. Professores como Opa foram obrigados a promover vigorosamente o programa e encorajar as crianças a participar das reuniões. Os pais logo perceberam que a participação no sistema tinha seus benefícios. Levaria seus filhos à oportunidade e ao progresso na educação, enquanto a falta de participação simplesmente não resultaria nisso.

Em Schwaneberg, a primeira reunião da JLA e dos Jovens Pioneiros foi um espetáculo. Como um pregador recebendo os paroquianos de domingo, o prefeito Boch se colocou na frente da casa comunitária, recebendo as crianças com sorrisos e apertos de mão calorosos, tomando nota mentalmente de quem foi e quem não apareceu. Todos os irmãos de Hanna compareceram, Oma e Opa os haviam instruído a ir, sabendo que era do interesse da família.

No início, Klemens relutou em participar, mas Tiele ficou intrigada, tendo decidido que a palavra "livre" em uma organização chamada Juventude Livre da Alemanha poderia significar que o grupo teria algo de valor a oferecer. As atividades logo lhe dariam uma oportunidade de socializar com mais frequência com amigos e colegas de turma que, na rigidez que assumira o ambiente escolar, ela desejava ter. Com apenas 13 anos, Manni ainda era novo demais para a JLA, mas ficou louco para ingressar nos Jovens Pioneiros. Para ele, tudo parecia uma grande diversão, em particular depois dos longos e difíceis anos da guerra. Com o filho mais velho professor e três das filhas ingressando no movimento comunista juvenil, Oma ficou em casa com os filhos menores, Kai, Helga e Tutti.

Situado na serra de Oden, o Castelo de Heidelberg dá para a antiga cidade romântica de Heidelberg, que se esparrama no verdejante vale do Neckar abaixo. Com a neve suave caindo em um dia gelado de janeiro, Hanna saiu da estação de trem e andou pelas ruas pavimentadas de pedra do centro da cidade. O aroma de pão fresco a levou a uma padaria, onde comprou um pãozinho *brötchen*, depois voltou à rua para a multidão matinal atarefada, que, ao tilintar de um bonde, se dividiu para sua passagem. Andando com as massas, ela parou de súbito quando, ao longe, viu o castelo. Consumidores e trabalhadores passavam por ela aos empurrões, esbarrando e acotovelando Hanna, que ficou parada ali, de olhos fixos na fortaleza, hipnotizada por sua presença majestosa, que passara a simbolizar a busca pela liberdade.

Ela respirou fundo, depois atravessou a antiga ponte de pedra que se abria sobre o rio Neckar e, devagar, subiu a encosta da colina.

Pelo modelo do castelo que ajudara a montar quando criança, Hanna conhecia de cor grande parte da arquitetura, inclusive as configurações das variadas estruturas, torres, torreões e pináculos, a localização de arcadas e nichos e, em seu interior, os corredores e escadarias. Seu trabalho fora unir as torres sul com Manni, que ficara particularmente fascinado com a minúscula ponte levadiça que abria e fechava de verdade.

Agora ela estava diante do verdadeiro castelo, desconcertada com a imensidão do prédio. Seus olhos percorreram a extensão da grandiosa estrutura de arenito vermelho. Antes apenas o fascínio quimérico de uma criança, era muito maior do que ela havia imaginado.

Ela andou pelo terreno, pensando na família e na jornada que a levara àquele ponto. Um dilúvio de emoções a consumiu, seu coração doía para que eles estivessem ali com ela.

Da encosta, Hanna se virou e olhou a cidade. Para além do vale, o céu azul infinito se estendia até onde a vista alcançava. Ao percorrer o horizonte, uma sensação de paz a dominou. Um capítulo de sua vida tinha se encerrado e outro acabara de começar. Em uma lojinha próxima, Hanna comprou um postal do castelo e guardou.

Bem imerso na Zona Oriental, outro castelo, quase tão grandioso e imponente quanto o de Heidelberg, recebia muita atenção por motivos inteiramente diferentes e muito sinistros.

O Castelo Hoheneck também ficava no alto de um morro, mas nas montanhas Erzgebirge, dominando Stollberg, uma adorável e pitoresca cidade alemã no vale verdejante e exuberante abaixo dele. As duas fortalezas foram construídas no século XIII e foram lar da realeza e de um leque eclético de renomados dignitários europeus e luminares ilustres. Porém, ao contrário do Castelo de Heidelberg, que era aberto a turistas de todo o mundo para aprender a rica história da Alemanha por meio de sua renomada arquitetura gótica e renascentista, o Castelo Hoheneck era fechado a visitantes e estava em vias de se tornar um presídio feminino.

Mulheres de todas as idades — adolescentes, jovens mães, algumas com os filhos, mulheres mais velhas e de meia-idade, até gestantes — foram depositadas ali. Algumas não sabiam por que tinham sido presas. Outras foram acusadas de diversas infrações e crimes: tentar fugir da Zona Soviética, incitar a dissensão, participar de organizações secretas e clandestinas que conspiravam para realizar atividades subversivas contra o regime. Muitas eram inocentes das acusações, mas o regime não podia se arriscar.

Mulheres e meninas apavoradas andavam pelos pesados portões de ferro para o castelo arrepiante, uma atrás da outra, onde eram recebidas por guardas brutais, depois despojadas e jogadas, em grupos de trinta, nas celas de concreto pretas como breu, feitas para abrigar quatro pessoas. Ali, pele com pele, na completa escuridão, sem espaço para se sentar, elas eram obrigadas a permanecer de pé na água enregelante até os joelhos por dias sem fim, em câmaras úmidas e mal ventiladas, até que simplesmente desmaiavam de exaustão e desespero. Dali, eram liberadas a celas de prisão superlotadas, onde esperavam a convocação para comparecer perante um tribunal soviético. Durante o interrogatório, eram espancadas.

Algumas receberam a oportunidade de se redimir trabalhando para a polícia, espionando e extraindo informações das colegas prisioneiras que podiam ser usadas para incriminar as próprias e outras. Quem se recusava a espionar em geral era prontamente executada. Outras foram mandadas a trabalhos forçados ou a mais torturas no calabouço do castelo, seus gritos no alto da montanha abafados para os habitantes da pitoresca Stollberg, situada no vale.

6
UMA IRMÃ NASCE NO LESTE
A STASI ASSUME O CONTROLE
(1949-1952)

> Tem que parecer democrático, mas nós precisamos ter o controle.
>
> — Walter Ulbricht, líder alemão oriental

Por todo o Leste, de modo geral, as pessoas não tinham compreensão real do que acontecia no sistema carcerário. Em Schwaneberg, Oma e Opa vigiavam atentamente os filhos. Sabendo que não podiam correr o risco de ter outro filho desafiando o regime, davam um bom exemplo de conformidade, cumprindo a lei e seguindo as regras, e instruíram os filhos a se manter longe de problemas. Na tentativa de prevenir quaisquer ideias que as crianças tivessem a respeito de uma fuga, Opa dava alertas claros.

— É extremamente perigoso e, de todo modo, a vida de vocês é aqui com a família. — Só por precaução, ele acrescentava: — Ninguém vai a lugar nenhum.

Com os riscos mais elevados, precisavam se certificar de que os filhos continuassem dóceis e obedientes.

Sem o conhecimento de Opa e Oma, porém, alguns meses antes, Klemens, de 19 anos, tentou seguir os passos da irmã. No verão antes de começar a escola normal, ele se ofereceu para ir a Seebenau ajudar Kallehn na fazenda. Um dia, correu à fronteira, mas foi apanhado e levado à Commandatura soviética para ser processado no sistema carcerário. Alguém correu à fazenda para contar a Kallehn, que fazia sua refeição do meio-dia na cozinha. Ele se levantou da mesa, partiu para a porta, voou até a Commandatura e exigiu ver o neto.

Um soldado russo trouxe Klemens, e Kallehn lhe deu um forte tapa na cara e gritou, colérico:

— O que está fazendo? Você vem para casa comigo. Preciso de você no campo! — Depois disso, arrastou Klemens para fora do prédio, deixando os soldados chocados e mudos, mas sem dúvida salvando Klemens de uma sentença de prisão.

Hanna não tinha um senso real da sorte que teve em fugir. Completamente desligada do terror que jovens iguais a ela enfrentavam no Castelo Hoheneck, passou os dias que se seguiram explorando Heidelberg.

Empolgada com a ideia de ter instrução ocidental, ela foi à Universidade de Heidelberg e estendeu com orgulho seus novos documentos de cidadania da Alemanha Ocidental ao funcionário das matrículas. Mas havia um problema. Como Hanna não completara o ensino médio, estava impedida de se matricular em cursos universitários. Perplexa, ela suplicou, explicando que era refugiada do Leste e estava a uma semana de obter o diploma do ensino médio quando fugiu. Certamente o funcionário seria solidário. Regras são regras, retorquiu ele, dispensando-a com um gesto e chamando o próximo da fila.

Decepcionada, mas sem se deixar abalar, ela foi a pé ao colégio comunitário local e se matriculou no curso de inglês. Depois de pagar as taxas para um mês, procurou um apartamento. Só pôde arcar com um quarto de dois metros por dois e meio, com um sofá velho e sujo. Com o dinheiro que lhe restava, garantiu um teto por um mês.

Com o gasto de seus últimos fundos, Hanna precisava encontrar um jeito de ganhar dinheiro, mas, sem credenciais oficiais de trabalho nem diploma de ensino médio, estava limitada a empregos de remuneração mais baixa. Durante o ano seguinte, ela trabalhou como pianista em um bar no centro da cidade, atendente de chapelaria, doméstica, babá e até vendedora de roupas íntimas porta a porta. Em geral saía sem comer, economizando para o aluguel e a mensalidade do colégio.

Um dia, enquanto estava diante da turma de inglês fazendo uma apresentação, tendo comido pouco nos três dias anteriores, ela desmaiou. Uma colega de turma se ofereceu para levá-la ao médico, mas Hanna, ao voltar a si, recusou, ciente de que não poderia pagar pela assistência médica. Os colegas de turma sabiam que a magra e baixinha refugiada da Alemanha Oriental era orgulhosa demais para aceitar doações e tentava se virar sozinha. Assim, ela começou a encontrar salsichas, pão com manteiga e outros presentes deixados por doadores anônimos em sua mochila.

No pouco tempo que tinha de folga, ela aprendia datilografia em uma máquina de escrever de uma colega de turma e estudava inglês e taquigrafia. Depois de alguns meses, conseguiu dar entrada em sua própria máquina de escrever. Porém no início de cada mês, quando tinha de pagar o aluguel, sempre levava a máquina ao penhor, mas dizia ao penhorista para não vender, porque voltaria depois do dia 1º para resgatá-la.

Em Schwaneberg, Oma e Opa ainda não tinham notícias de Hanna. Passaram-se seis meses desde sua fuga. Para Oma, o tempo foi marcado por dias vazios, e ela estava angustiada por não saber o que fora feito da filha. Por algum tempo, o clima na casa era reservado e silencioso, a não ser pelas explosões de Opa, que ficavam mais frequentes. Não havia conversas sobre a fuga de Hanna para o Oeste; era um assunto doloroso e proibido. As crianças sabiam que não deviam falar na irmã fugitiva, entretanto sentiam terrivelmente a falta dela, e as mais novas, especialmente, nem sequer entendiam por que ela fora embora; achavam que ela simplesmente tinha desaparecido de sua vida. Embora Roland tivesse escolhido outro caminho e fosse doloroso suportar a separação da amada irmã, agora se dedicava à carreira e a construir um futuro dentro do sistema.

Cerca de oito meses depois da fuga de Hanna e para grande alívio de Oma, a família no Leste enfim recebeu notícias de seu paradeiro, na forma de um cartão-postal vindo de Heidelberg.

Oma o segurou como se fosse um bilhete premiado de loteria. As crianças se reuniram em volta. De um lado havia uma bela foto colorida do Castelo de Heidelberg; do outro, Hanna escrevera que estava bem, trabalhava muito e estudava, tinha seu próprio apartamento e se alimentava bem. Terminando o bilhete, disse: "Papai, o Castelo de Heidelberg é tão maravilhoso como você disse que seria".

Opa leu o postal, notando que não havia endereço de remetente.

Kai, de 7 anos, perguntou:

— Hanna vai voltar para casa um dia?

— Ela voltará — respondeu Opa.

As outras crianças se empertigaram, olhando para ele com olhos arregalados e inquisitivos.

— Não é assim tão fácil lá fora — disse ele, olhando cada um deles separadamente, bem nos olhos. — Ficar por conta própria, tão jovem e completamente só, sem ninguém para ajudar. Aqui em casa vocês têm tudo de que precisam, uma família que os ama. Lá fora, só Deus sabe como Hanna ganha a vida. E existem muitos perigos. Ela certamente passa por dificuldades. Tenho certeza de que se arrepende da decisão que tomou.

Oma sabia que Hanna passava por dificuldades, mas também sabia que ela não ia voltar, e assim, sem o conhecimento de Opa, entrou com uma requisição para viajar e encontrar Hanna em Heidelberg. Dois meses mais tarde, as autoridades lhe deram uma resposta: NEGADA.

Pouco depois disso, a dor de Oma pela filha mais velha diminuiu temporariamente quando ela soube que, mais uma vez, estava grávida. Aos 44 anos, ela se preparava para dar à luz seu nono filho.

Bem no fundo da Zona Oriental, a ponte aérea de Berlim chegava ao fim. Em abril de 1949, centenas de voos diários dos Aliados conseguiram abastecer os berlinenses ocidentais com toda sorte de provisões vitais, inclusive farinha de trigo, café, leite, queijo, até carvão e gasolina. Depois de quase um ano, a ponte aérea tinha entregado mais cargas do que chegara antes à cidade por trem. Os soviéticos, que repetidamente alegaram que o esforço de reabastecimento jamais daria certo, ficaram humilhados. Stálin enfim admitiu a derrota e suspendeu o bloqueio, e o acesso por terra, ferrovias e ar foi reaberto para os negócios costumeiros.

A vitória das potências ocidentais sobre o bloqueio soviético tranquilizou o povo de Berlim Ocidental, dando-lhes a segurança de que os Estados Unidos, o Reino Unido, a França e, por fim, toda a Otan não os abandonariam e cumpririam a promessa de defender a cidade contra os soviéticos.

Enquanto isso, os Estados Unidos e a União Soviética trabalhavam para construir suas capacidades bélicas nucleares. No início, o programa norte-americano estava em vantagem, já tendo desenvolvido armas nucleares detonadas no Japão para dar um fim à Segunda Guerra Mundial. Os soviéticos apressaram o começo de seu próprio programa, roubando segredos dos Estados Unidos. E então, em agosto de 1949, os soviéticos surpreenderam o mundo ocidental, que acreditava que eles ainda não tinham poderio nuclear, quando detonaram uma bomba atômica nas estepes remotas do Cazaquistão.

Começara a competição pela supremacia mundial. Deixando de ser uma arma com o intuito de pôr fim a uma guerra, as armas nucleares de súbito se tornaram um instrumento de contenção, um mecanismo que os dois lados podiam usar para manter o outro ao largo, alimentando uma rivalidade transformada em competição pelo domínio como superpotência.

A corrida armamentista nuclear, que seria o cerne da Guerra Fria pelos quarenta anos seguintes, começara.

Em 7 de outubro de 1949, a Alemanha Oriental estabeleceu-se oficialmente como Estado satélite da União Soviética, com Berlim Oriental escolhida como sua capital. Alguns meses antes, a Alemanha Ocidental tinha se estabelecido, sendo Bonn, localizada a oeste de Berlim, a sede do governo.

Os soviéticos empossaram líderes alemães orientais, mas conservaram o controle *de facto*. Walter Ulbricht tornou-se o primeiro líder da Alemanha Oriental. Ulbricht preferia um título à altura de seu colega soviético, Josef Stálin, e tornou-se oficialmente o secretário-geral do Comitê Central do Partido Socialista Unificado da Alemanha e líder do Partido Comunista.

Então, uma polícia secreta foi formada. Treinado pela KGB soviética e seguindo seu exemplo, os alemães orientais criaram o Ministério para a Segurança do Estado, o MfS, ou Stasi, para abreviar. A Stasi era encarregada de preservar a segurança do regime e realizar espionagem no país e no exterior. Sua tarefa mais sinistra, porém, seria enfim manipular e controlar inteiramente os cidadãos da Alemanha Oriental.

Erich Mielke, ex-integrante da brutal polícia secreta soviética, tornou-se chefe da Stasi. Em apenas alguns anos, Mielke viria a ser o homem mais temido e mais odiado do país, equipando os agentes com toda uma gama de táticas de tortura física e psicológica, exortando os agentes da Stasi à execução, se necessário, mesmo sem um julgamento em tribunal. Impiedosa e impune, desde o início a Stasi agia acima da lei, dependendo de operações clandestinas e usando táticas de medo e intimidação para atingir seus objetivos.

Embora os soviéticos conservassem a autoridade máxima na tomada de decisões, no início de 1950 os alemães orientais tinham ocupado todos os principais cargos administrativos e de funcionalismo no governo, como autoridades e chefes de fábricas e escolas e como guardas de fronteira. Muitos cidadãos alemães orientais foram recrutados para se tornar agentes da Stasi.

Recrutados de todas as partes da sociedade, inclusive da JLA e da força policial, os novos agentes e funcionários da Stasi eram os líderes importantes do Partido, os jovens comunistas mais promissores na sociedade, bem como comerciantes e técnicos. Muitos foram retirados de segmentos desprivilegiados ou proletários da sociedade. Depois de terem a lealdade política e a capacidade intelectual examinadas, compareciam a programas de treinamento intensivo em que aprendiam a teoria marxista e também como pressionar, fazer lavagem cerebral e manipular seus alvos, o povo da Alemanha Oriental.

Os objetivos da Stasi cresceram rapidamente. Agentes da Stasi operavam amplamente e sem limites. Infiltraram-se na Alemanha Ocidental e em outras atividades de inteligência no exterior. Dentro das fronteiras da Alemanha Oriental, tinham como alvo qualquer um que acreditassem representar uma ameaça. Logo havia departamentos separados para vigilância, chantagem, prisões e tortura. Além de monitorar "os inimigos de classe", qualquer um que se opusesse ao regime, também passaram a vigiar aqueles que podiam ser um perigo e os que eles conseguiam manipular para ser de utilidade futura. Com efetivo inicial limitado para a vigilância de todos que queriam monitorar, lançaram uma campanha para que os cidadãos da Alemanha Oriental espionassem uns aos outros.

Embora a Stasi ainda não tivesse estabelecido presença em Schwaneberg, as autoridades locais e a polícia VoPo continuavam de olho na família, à luz da fuga de sua filha, e as autoridades e o prefeito Boch começaram a se aproveitar da vulnerabilidade de Opa, manipulando sua influência com os habitantes e alavancando o que chamavam de suas "manchas negras" para obrigá-lo a fazer exatamente o que eles queriam para o regime.

Mas as autoridades de Schwaneberg perceberam que tinham um problema no dia em que Opa se manifestou como representante dos fazendeiros locais, que, no início dos anos 1950, foram obrigados a renunciar às suas terras em prol do Estado.

A ordem foi um golpe arrasador para os fazendeiros. Muitos, como Kallehn, cujas terras estavam com a família havia gerações, agora eram orientados a entregá-las para que fossem desenvolvidas em coletivos agrícolas controlados pelo Estado. Alguns fazendeiros se rebelaram, levando à promulgação de outra lei que obrigava aqueles que não cooperavam a abrir mão de seu sustento e depois, se insistissem, de tudo que tivessem de valor, inclusive as posses pessoais mais valorizadas. Quem insistia em resistir era detido e preso. Em Seebenau, Kallehn aprendeu a ficar de cabeça baixa e evitar as autoridades, mas era só uma questão de tempo até que ele também fosse confrontado e a ideia de entregar suas terras ainda doía profundamente nele.

Um dia, os fazendeiros de Schwaneberg e arredores se reuniram para expressar sua indignação em uma reunião da prefeitura. Os líderes comunitários, inclusive Opa e o prefeito Boch, compareceram à reunião, assim como muitos agricultores. Desde bem antes da chegada dos soviéticos, era papel e dever cívico de Opa, como um dos líderes do vilarejo, ouvir as preocupações das pessoas e representar seus interesses junto ao governo local, o que Opa fazia com muito orgulho e preocupação genuína. Se alguém podia causar algum impacto, acreditavam os fazendeiros, seria Opa, que tinha um excelente histórico de ação e de fazer as coisas acontecerem pela comunidade. Confiante de que seu recente ingresso no Partido Comunista era prova de apoio ao governo, Opa esperava que os encarregados respeitassem e levassem em consideração o que ele tinha a dizer. Porém, quando confrontou o Estado em nome dos fazendeiros sobre o confisco das terras e em nome dos habitantes do vilarejo em relação às suas propriedades privadas, as autoridades simplesmente o ignoraram. Opa ficou perplexo. Depois tomou uma atitude que faria dele um homem marcado.

Um dos primeiros discursos de Walter Ulbricht ao povo como novo líder da Alemanha Oriental os encorajava a acreditar que seu governo pretendia usar princípios democráticos para estabelecer o Estado comunista.

"A natureza de uma democracia", disse ele, "consiste, em alto grau, no direito do povo de criticar os problemas e erros. Peço a vocês", continuou, "que informem imediatamente o governo quando virem problemas ou erros sérios que atrapalhem o esforço de nossa grande comunidade."

Talvez ingenuamente, Opa decidiu tirar proveito dessa suposta política de portas abertas, esperançoso ou de fato acreditando que o governo de Ulbricht sinceramente buscava a opinião popular, em particular a de líderes comunitários, para ajudá-los a dar forma à nova sociedade. Furioso com o que via como um desrespeito para com os líderes do vilarejo e descaso pelos interesses dos fazendeiros, a espinha dorsal do país, e tomando tudo como uma afronta pessoal à sua posição, Opa decidiu, sem o conhecimento de Oma, apelar diretamente ao líder da Alemanha Oriental, Walter Ulbricht em pessoa, escrevendo-lhe uma carta em que apresentava uma solução conciliatória entre o plano do governo de impor os coletivos agrícolas e o interesse dos fazendeiros de conservar suas terras. Afinal o próprio Ulbricht não havia estimulado as pessoas a se manifestarem quando encontrassem problemas? Vários dias depois, as autoridades apareceram.

Eles alertaram Oma e Opa de que os dois estavam brincando com fogo. Oma, chocada com o que Opa fizera, ouviu a repreensão estoicamente, mas Opa não conseguiu. Respondeu de um salto, erguendo o tom de voz e apontando a hipocrisia deles. As autoridades ficaram pasmas com sua audácia e o chamaram de agitador.

Depois disso, Opa foi marginalizado por alguns habitantes que, mesmo acreditando que ele teve razão em se manifestar, também sabiam que a associação contínua com ele representava um risco. Enquanto observavam as dificuldades de Opa, muitos moradores se sentiam em conflito entre o antigo respeito por ele e a aparente necessidade dele de enfrentar as autoridades, mas quase todos começaram a vê-lo como exemplo de como não se comportar. Alguns, que sempre tiveram em alta conta seu diretor de escola e professor, começaram a se perguntar por que ele insistia em enfrentar o sistema e acreditavam que os dias de Opa como líder do vilarejo estavam contados.

Em casa, Oma suplicava a Opa que controlasse o mau gênio e guardasse para si as explosões e críticas ao governo.

Em 1950, a família no Leste enfim recebeu uma carta de Hanna que continha um endereço de remetente. Em Heidelberg, Hanna ficou felicíssima ao receber as primeiras notícias da família. A carta de Oma foi breve e sem detalhes; claramente ela guardara para si seus verdadeiros pensamentos, para não chamar a atenção das autoridades, que provavelmente liam a correspondência contínua da família. Havia uma grande notícia que chegou como uma completa surpresa. Oma tinha dado à luz mais uma vez.

Um ano depois da fuga de Hanna, em julho de 1949, o ano em que a Alemanha Oriental foi oficialmente criada como um Estado novo e separado, Oma escreveu que Hanna tinha uma nova irmãzinha.

Desde o começo, a recém-nascida minúscula, com uma cabeleira preta e olhos faiscantes e rebeldes, tinha um choro extraordinariamente forte. Era um bebê animado e alerta. Os irmãos e as irmãs a adoravam. Oma foi revigorada por um novo senso de propósito. Deu ao bebê o nome de Heidelore e a chamava de Heidi.

Os novos líderes da Alemanha Oriental tentavam conquistar um apoio maior apelando à psique dos alemães e tentando ganhar o povo. Agora os habitantes do vilarejo tinham permissão para manter os trabalhos em suas pequenas hortas e podiam comemorar o Natal, desde que não tivesse ligações religiosas. Aqueles que insistiam em manter os laços com a Igreja podiam fazê-lo, embora mais tarde fossem marginalizados por essa associação. E foi dada mais ênfase ao envolvimento da juventude.

Oficialmente, a associação à JLA e aos Jovens Pioneiros era voluntária, mas na realidade era exigida quando alguém considerava as consequências de não participar, pois o regime deixara claro, desde o início, que não havia alternativa para aqueles que se importavam com o futuro. Com funcionamento no contexto do dia letivo, era difícil evitar a associação no programa juvenil. Não ingressar atrairia atenção indesejada, porque a direção das escolas era instruída a denunciar às autoridades as recusas e os jovens desinteressados.

Embora tenham sido projetados como uma diversão, os programas juvenis na realidade foram pensados para inserir a doutrina comunista ortodoxa. Os ensinamentos do socialismo com inclinação revolucionária infundiam mensagens de propaganda subliminar e patente que pretendiam implantar uma nova mentalidade. O envolvimento nas atividades e o aparente aprendizado de lições sobre tornarem-se membros felizes e realizados da sociedade, com o tempo, assim esperava o regime, formariam toda uma geração que veria o regime comunista da Alemanha Oriental atingir seus objetivos. Nas escolas e encontros da juventude, as crianças aprendiam a celebrar o comunismo e a denunciar os outros por seus pensamentos, comentários e piadas antigoverno que estivessem desalinhadas com o pensamento do regime.

As crianças eram estimuladas a denunciar infrações a regras em casa, por exemplo, se os pais ouviam a proibida rádio alemã ocidental ou faziam observações depreciativas sobre o sistema. A vigilância e a denúncia de outros por seus erros tinham suas recompensas: elogios públicos, tratamento especial, promoções no grupo juvenil, as autoridades o tempo todo anotando atentamente quem estava ou não investigando plenamente. Com o tempo, muitas crianças e adultos passaram a ver esses comportamentos invasivos como um aspecto normal e necessário da vida, de fazer sua parte para contribuir para o desenvolvimento comunista do país.

Em Schwaneberg, o programa juvenil cresceu como um jardim que trazia novas flores. Usando o lema "Liberdade e Amizade", o prefeito Boch se aproximou das crianças. Manni foi promovido à JLA e Kai, aos 7 anos, foi convocado ao seu primeiro encontro dos Jovens Pioneiros. Como todas as outras crianças no Leste, foi instruído a aprender o novo hino da Alemanha Oriental e outras músicas que elogiavam o socialismo no Leste.

Ele chegou em casa tropeçando nas palavras, tentando recitar o juramento dos Pioneiros:

— *Amamos nossa pátria socialista. Somos amigos da União Soviética e... nos opomos às mentiras do imperial...* Hoje eu me diverti — ele se interrompeu. — Apostamos corrida e eu venci Markus. — Entregando a Oma um papel com o credo, Kai disse: — Tivemos de aprender isto, e você precisa me arrumar um cachecol. — Depois correu para brincar do lado de fora.

Doía em Oma ver os filhos entrarem no movimento da juventude. Nada de bom, pensava ela, poderia vir do regime da Alemanha Oriental que manipulava a mente dos jovens vulneráveis do país. Ela via como esses juramentos cheios de propaganda política tinham tomado o lugar dos hinos e orações pelo jeito como convidavam à veneração de um poder desprezível e sinistro. Sobretudo, incomodava Oma saber que as crianças, em particular as *dela*, recebiam promessas de recompensas por se voltarem contra os professores, os vizinhos e, pior ainda, seus próprios irmãos e pais.

Que será de um país, perguntava-se Oma, quando uma mãe não pode confiar nem nos próprios filhos, e eles, por sua vez, não podem confiar em suas famílias?

Apesar de Oma já ter tentado antecipar a questão, dizendo aos filhos que "Denunciar os pais e uns aos outros simplesmente não vai acontecer nesta família", havia uma preocupação real em toda família de que ocorresse tal ato de traição. Infelizmente, em alguns casos, aconteceu; pais recebiam sentenças de prisão depois se serem entregues pela própria prole, que o regime então elogiava publicamente e promovia por sua lealdade e compromisso com a causa.

Em casa, as crianças só precisavam olhar a mãe para entender que a lealdade à família significava tudo para ela.

— Somos uma família e acabou-se — disse-lhes ela. — Não importa o que qualquer outra pessoa diga, vocês sabem agir corretamente. Não façam nada que sabem ser errado porque alguém os intimidou. O jeito certo está no seu coração e na sua alma. E isso é o mais importante.

Nos cinco primeiros anos de existência da Alemanha Oriental, mais de um milhão de alemães fugiram para o lado ocidental. Além de uma imensa perda de agricultores e trabalhadores, o Estado sofreu uma "fuga de cérebros" significativa, de especialistas qualificados e instruídos, deixando, por exemplo, cidades sem médicos, institutos de pesquisa sem cientistas, universidades sem professores. As deserções em massa vinham de todas as comunidades e incluíam até membros do Partido Comunista, guardas de fronteira e a JLA. O próprio chefe da segurança soviética, Lavrenti Beria, observou que o aumento no número de deserções ao Oeste se devia em parte à crescente propaganda hostil dirigida aos alemães orientais por subversivos da Alemanha Ocidental. Também era atribuída, disse ele, a camponeses que evitavam se comprometer com os coletivos agrícolas e aos jovens que fugiam do serviço nas forças armadas alemãs orientais. Devido às deficiências do próprio regime, ele reconhecia um problema com o abastecimento de comida e bens de consumo para a população.

Quaisquer que fossem as razões para isso, uma coisa estava clara: a Alemanha Oriental sofria um êxodo das forças de trabalho e intelectuais de que muito precisava.

Em 1952, o regime enfim reagiu ao problema de êxodo incontrolável construindo uma barreira para impedi-lo. No que logo viria a se tornar a fronteira mais fortificada do mundo, toda a extensão do limite Leste-Oeste da Alemanha, agora conhecida como a fronteira interna alemã, a *Aktion Ungeziefer* (Operação Infestação) obrigou dezenas de milhares a se mudarem para o interior, depois demoliu as casas e eliminou árvores e arbustos das terras para abrir caminho à construção do que um dia passaria a ser uma fortificação de arame farpado e concreto de quatro metros de altura por todos os 1.400 quilômetros de fronteira que separavam a Alemanha Oriental da Ocidental, do mar Báltico, no norte, à Tchecoslováquia, no sul.

Antes protegida apenas por rolos de arame farpado e patrulhas itinerantes, a fronteira foi modernizada com a instalação de uma cerca de tela encimada por arame farpado, cães de guarda e torres de vigia feitas de madeira, que permitiam a observação de uma faixa de nove metros de largura de areia cuidadosamente varrida com ancinhos para detectar passos junto à fronteira.

De súbito, os fazendeiros próximos da fronteira tiveram permissão de trabalhar somente à luz do dia, depois apenas sob a vigilância de guardas armados. Embora os obstáculos que proibiam a fuga estivessem voltados para dentro, projetados para impedir que alemães orientais escapassem, o governo anunciou ao povo que as fortificações eram necessárias para impedir o fluxo de "inimigos e espiões imperialistas" que entravam furtivamente no Leste. Antes, os guardas tinham poder discricionário para disparar tiros de alerta, mas agora eram instruídos a usar a força letal para impedir as fugas.

Aqueles que ainda tinham esperanças de escapar teriam uma sorte melhor fugindo para Berlim Ocidental, onde a cidade não era tão firmemente controlada devido aos tratados pós-guerra de manter o acesso aberto pela cidade. E assim eles fizeram, fugindo para Berlim Ocidental a pé, de carro, de metrô, pelos esgotos, do jeito que pudessem.

A nova e decisiva fronteira interna entre as Alemanhas Oriental e Ocidental marcou em termos inequívocos a divisão da Europa em dois campos políticos rivais e se tornou a principal fronteira em que a democracia liberal capitalista ficava cara a cara com sua nêmese comunista. A referência de Winston Churchill a uma Cortina de Ferro descendo pelo continente simbolizou uma separação ideológica do Leste e do Oeste, mas agora uma barreira física marcava a paisagem, perversamente separando os dois lados em uma manifestação concreta do que se tornaria o símbolo definitivo da Guerra Fria.

Oma tentava ignorar toda a conversa sobre o fechamento da fronteira. Estava consumida pelo bem-estar dos filhos e da bebê Heidi. De vez em quando, antes de ir dormir, ela se permitia pensar na filha mais velha, mas pela manhã deixava a melancolia de lado para enfrentar o novo dia com vigor renovado, pelo restante da família, em particular a neném. Recusava-se a desistir da esperança até de rever Hanna e assim, no final de 1952, depois de meus avós não atraírem nenhuma atenção negativa por mais de um ano, ela requisitou novamente uma viagem ao Oeste.

No lado ocidental, o inglês de Hanna tinha melhorado e ela foi contratada como secretária bilíngue do quartel-general do exército americano em Heidelberg. Escreveu uma carta em que contava à família que tinha conseguido um emprego dos sonhos com os americanos.

Agora facilmente capaz de pagar as contas, Hanna encontrou um apartamento em um bairro melhor, do outro lado do rio Neckar, e até começou a viajar um pouco. Em uma carta aos pais que escreveu de Londres, contou que viu o rio Tâmisa e o Big Ben, os guardas ingleses e o Castelo de Windsor, recordando-se das fotografias nos livros de Opa.

No Leste, Oma recebeu a carta, mas notou que tinha sido aberta antes de chegar à família. Ainda assim, ficou em paz sabendo que Hanna estava bem firme nos próprios pés e encontrava seu caminho.

As autoridades policiais ainda vigiavam atentamente a família, em parte esquadrinhando as cartas que chegavam ou partiam, abrindo-as e lendo, sem se dar o trabalho de fechá-las, ou simplesmente impedindo que o serviço postal chegasse à família. Opa se dedicava no trabalho, tentando compensar as decepções que criara para o Estado, mas agora tinha pelo menos dois grandes golpes contra ele. Além da culpa por associação com uma foragida e inimiga do Estado, ele sabia que tinha enfurecido o regime com o apoio ardoroso que dera aos fazendeiros.

Enquanto a família enfrentava um futuro incerto no Leste, a casa se acendia com um espírito luminoso e radiante.

Heidi era uma criança excepcionalmente feliz. Tinha um riso contagiante, era incrivelmente inquisitiva e espirituosa, e todos mimavam a caçula, a queridinha da família.

Heidi crescia e soube, pelos irmãos, da irmã mais velha. Aos 4 anos, conseguia reconhecer em fotografias a irmã que nunca vira e passou a chamá-la de Hanna-que-foi-para-o-Oeste, como os irmãos e irmãs a identificaram nas fotos quando Heidi perguntou: "Quem é essa?"

De vez em quando, Oma observava Heidi, contemplando sua pureza e inocência enquanto ela se demorava em uma imagem da irmã mais velha ou passava o dedo na foto.

7

"QUEREMOS SER LIVRES"
UMA REVOLTA DOS TRABALHADORES
(1953)

> Quando a injustiça se torna lei,
> a resistência se torna um dever.
>
> — *Thomas Jefferson, presidente dos Estados Unidos*

Em março de 1953, Stálin morreu na União Soviética. Em junho, houve uma revolta na Alemanha Oriental.

A propaganda exaltando as virtudes da vida comunista ainda penetrava em cada aspecto da sociedade. Embora as condições continuassem desesperadas no Leste, o realismo socialista retratava a vida diária na Alemanha Oriental como o sonho dos trabalhadores em um país que florescia e prosperava. Cartazes e estátuas romantizavam o comunismo, exibiam esculturas de camponeses brandindo ferramentas e robustos operários de fábrica com músculos tesos e olhares decididos de águia, irradiando confiança ao olharem altivamente o sol, incitando os conterrâneos a se juntarem à revolução. Estudantes enfeitados com cachecóis e uniformes com distintivos saudavam ou carregavam flores, sorrindo de cartazes coloridos, convidando os colegas a acompanhá-los e se unirem a suas fileiras. A imprensa e os filmes de produção estatal retratavam os alemães orientais como pessoas profundamente dedicadas e altamente motivadas a contribuir com a sociedade comunista e servir ao regime. Pela aparência do material de propaganda, a Alemanha Oriental era o paraíso dos trabalhadores. Mas esse retrato estava longe da verdade e, na realidade, as coisas estavam prestes a piorar.

Em 1953, mais agentes da Stasi foram despachados para cidades grandes e pequenas por toda a Alemanha Oriental para ampliar a rede e aumentar o monitoramento da população. Ao mesmo tempo, o regime orientava os cidadãos alemães orientais a "agitar" nas comunidades. Para onde quer que as pessoas se virassem, proclamações apelavam a se comprometer plenamente com a luta pelo comunismo e incitar os outros a fazerem o mesmo, exigir de si e dos camaradas trabalhadores mais do que nunca. Nas paredes das fábricas, em usinas, escolas e hospitais, em panfletos, jornais e pelo rádio, a liderança apelava a cada cidadão para se tornar um trabalhador modelo perfeito pelo Estado e apontar aqueles que ficavam abaixo do ideal.

Os panfletos distribuídos pelo Estado davam exemplos específicos e públicos a serem seguidos:

> *O camarada Paul Wilk é um agitador na Usina Thälmann I em Suhl. Seu trabalho anterior mostrou que ele compreende de forma simples, vigorosa e coerente como apresentar a política do partido e do governo. Ele sabe inspirar as massas e convencê-las a se unirem a nós na percepção de nosso grande objetivo de construir as fundações do socialismo. Seus colegas e companheiros de trabalho o veem como um bom trabalhador. Eles o respeitam.*
>
> *Graças a suas capacidades, o camarada Wilk foi eleito agitador pelos integrantes do partido. Ele constante e diligentemente cumpre suas atribuições no partido. Todo dia, lê os jornais do partido, "Das*

Freie Wort" e "Neues Deutschland", e estuda a tradução do Caderno para os Agitadores, bem como literatura sobre agitação.

Os líderes mobilizavam as massas a se tornarem militantes nas comunidades, e o Estado impunha regras mais rigorosas para viagens, desta vez dentro da própria Alemanha Oriental. Agora os vilarejos que ficavam perto da fronteira eram proibidos a todos, exceto os habitantes daquelas áreas. De repente, Oma não podia nem sequer viajar para ver os pais em Seebenau.

Alarmada com o número de pessoas que fugiam da Alemanha Oriental, Moscou ordenou ao líder Ulbricht que fizesse as mudanças necessárias para controlar a situação, que atenuasse as dificuldades e tornasse a vida mais fácil para o povo, de modo que os cidadãos parassem de tentar sair. Mas Ulbricht simplesmente desprezou essa diretiva e, em vez disso, as exigências à população aumentaram. Com a fronteira interna alemã Leste-Oeste fechada, o aumento da vigilância da Stasi, a pressão para que as pessoas se espionassem e as maiores restrições às viagens, agora até dentro do país, o ânimo da população despencou.

Surdo às preocupações dos cidadãos, Ulbricht aumentou a infelicidade lançando um plano para restaurar a indústria pesada do país. Como a Alemanha Oriental perdera centenas de milhares de trabalhadores para o Oeste, a liderança agora impunha um fardo maior aos trabalhadores que ficaram. Ulbricht exigiu que os trabalhadores dessem tudo que tinham e lhes prometeu que os esforços para atingir cotas de produção resultariam em melhorias substanciais para o país. Se os trabalhadores atingissem o prazo exigido, em 1954, disse ele, o racionamento seria abolido e todas os alimentos e bens de consumo passariam a ser abundantes e acessíveis. Em 1955, ele lhes garantiu, a Alemanha Oriental seria bem alimentada e teria mais carne, açúcar, leite e outras necessidades básicas do que sua contraparte ocidental.

Logo as engrenagens de máquinas pesadas estavam em movimento, enquanto o país concentrava a máxima atenção em produção de aço, construção de ferramentas e mineração. Desde o início, os trabalhadores foram pressionados a produzir bem além de sua capacidade, em vista da força de trabalho limitada e da falta de recursos e tecnologia, e dos prazos inflexíveis do Estado. Também foram obrigados a produzir muito mais pelo mesmo salário de fome.

Enquanto o regime aumentava as exigências, os trabalhadores ficavam cada vez mais frustrados com as expectativas irreais de Ulbricht. Logo ficou claro que era simplesmente impossível cumprir a exigência de produzir em condições tão extremas e obedecer ao cronograma.

Espalharam-se boatos de insatisfação. Trabalhadores de todo o país ferviam de fúria com a exigência crescente de produção enquanto alimentos e bens de consumo básicos minguavam e as liberdades eram eliminadas. As tensões cresceram. Os trabalhadores da Alemanha Oriental estavam exaustos e coléricos.

Na primavera, percebendo que as exigências sobre os trabalhadores estavam sobrecarregando-os, a liderança prometeu uma produção industrial mais leve, mais comércio e maior disponibilidade de bens aos consumidores de todo o Leste: alimentos, vestuário, eletrodomésticos que melhorariam sua vida. Mas nada saiu daí e, em vez disso, o regime manteve a pressão sobre os trabalhadores para aumentar a produção industrial ao mesmo tempo em que continuava a baixar os salários e desprezar as necessidades básicas.

Em meados de junho, trabalhadores de toda a Alemanha Oriental ficaram fartos. Um pequeno grupo organizado para representar todos os trabalhadores confrontou corajosamente o Estado, exigindo melhores condições de trabalho e de vida, além de eleições livres. Suas exigências foram recebidas com um silêncio ensurdecedor.

Então, em 16 de junho, tudo chegou a uma parada súbita quando os trabalhadores de Berlim Oriental simplesmente baixaram as ferramentas, desceram dos andaimes, saíram das fábricas e locais de trabalho e partiram dos empregos.

A notícia se espalhou e ao amanhecer do dia seguinte, 17 de junho, cerca de 40 mil operários da construção civil e de siderúrgicas recusaram-se a voltar ao trabalho, encenando uma passeata de protesto em Berlim Oriental. Greves, paralisações e manifestações irromperam na maioria das grandes cidades industriais, centenas de milhares tomaram as ruas de localidades por toda a Alemanha Oriental. Em um curto espaço de tempo, os milhares se tornaram quase um milhão.

Trabalhadores de toda parte inundaram as ruas, reunidos em frente a gabinetes do governo, exigindo reformas, pedindo a desestalinização e o fim do regime de Ulbricht.

"Abaixo o governo!", gritavam as massas. "Morte ao comunismo!" "Não queremos mais ser escravos. Queremos ser livres!"

Decididos a tomar o controle, os manifestantes dominaram a polícia, pegaram seus megafones e atacaram verbalmente o Partido Comunista e a polícia secreta. Arrancaram das paredes anúncios e cartazes do Partido, atacaram prédios governamentais e invadiram presídios, libertando prisioneiros políticos. Embora isolados do mundo ocidental, os manifestantes tinham esperança de convencer o Ocidente, de algum modo, a vir em seu auxílio. Nos Estados Unidos, o presidente Eisenhower decidiu não tomar nenhuma medida para ajudar os trabalhadores da Alemanha Oriental, por medo de desencadear a guerra com a União Soviética.

A resistência se espalhou. Em Dresden, manifestantes tomaram uma emissora de rádio e usaram o sinal para atacar os líderes do país, chamando-os de mentirosos. Em Halle, rebeldes ocuparam os escritórios do jornal local e, em Bitterfeld, um comitê de greve mandou um telegrama ao governo de Berlim Oriental exigindo a "formação de um governo provisório composto por trabalhadores revolucionários".

Tanques do Exército Vermelho avançaram e dezenas de milhares de soldados soviéticos, da VoPo alemã oriental e da polícia secreta apareceram nas ruas, caindo sobre os manifestantes em uma repressão violenta para silenciar as massas. *(Ver imagem 2.)*

Quando terminou, centenas de pessoas jaziam mortas nas ruas. Milhares foram feridas. Cerca de 10 mil foram presas ou detidas, muitas sentenciadas a longas penas em campos de trabalhos forçados. Quase cem foram executadas por seu papel na revolta, assim como cerca de vinte soldados soviéticos, executados por se recusarem a atirar em civis desarmados.

Em 18 de junho, a liderança da Alemanha Oriental entrou no ar para fazer um pronunciamento ao povo, alegando que a rebelião fora instigada pelo Ocidente. Em uma farsa distorcida, Ulbricht louvou os trabalhadores da Alemanha Oriental como heróis que salvaram a pátria, alegando que eles lutaram valentemente contra os "manifestantes inspirados pelo imperialismo" que estavam decididos a destruir a Alemanha Oriental. Nos bastidores, o regime aumentava a autoridade da polícia secreta Stasi a fazer o que fosse necessário para garantir que uma revolta dessa jamais voltasse a acontecer no país.

O pequeno vilarejo de Schwaneberg permaneceu tranquilo durante toda a revolta. Oma ouviu o pronunciamento de Ulbricht no rádio e se virou para Opa, que se limitou a menear a cabeça.

No Ocidente, Hanna recebeu uma carta da irmã Tiele, agora com 20 anos e professora do jardim de infância. Na carta, Tiele descrevia ter visto as manifestações da janela de seu apartamento no segundo andar, em Naumburg an der Saale.

"Tinha gente para todo lado", escreveu ela. "Foi uma manifestação imensa. Só depois que acabou soubemos que o Ocidente tentou encenar algum ataque." Essa carta as autoridades permitiram que seguisse para o Oeste.

A Revolta dos Trabalhadores da Alemanha Oriental de 1953, uma rebelião da classe trabalhadora, foi esmagada de forma decisiva e impiedosa. Enquanto o regime tivesse o apoio da União Soviética, não haveria outra tentativa de rebelião em massa por parte dos alemães orientais.

∽

Um mês depois, a polícia convocou Oma. Embora seus pedidos anteriores para visitar Hanna no Oeste tivessem sido negados, chamaram-na para discutir a mais recente requisição. Agora já fazia quase seis anos que mãe e filha não se viam, a correspondência era rara, cuidadosamente filtrada pelas autoridades.

Na central de polícia, o policial estava sentado atrás de uma mesa. Ele aprovaria, segundo disse, uma visita curta, com duas condições. Alertando mais que perguntando, falou:

— A senhora não deixaria sua família no Leste e tentaria ficar no Oeste, não é mesmo?

Oma negou com a cabeça. Ela jamais abandonaria a família e, além disso, agora estava claro que todos que fugissem podiam representar consequências para os que ficassem.

A segunda condição, disse ele, era trazer Hanna de volta ou convencê-la a "fazer algumas coisas especiais por seu país" no trabalho com os americanos. Agora Oma tinha um problema, mas permaneceu calma e inabalável. A recusa ou o fracasso, se ela aceitasse os termos, também significaria mais problemas para a família. Ela pesou as opções. O desejo de ver a filha venceu.

Pensando que essa talvez fosse a única chance que as irmãs teriam de se conhecer, Oma levantou a cabeça e acrescentou, resoluta:

— Quero levar minha filha Heidi.

— Ora, então — disse ele e se recostou —, temos um acordo.

Oma assentiu. Ele carimbou alguns papéis e ela se preparou para a viagem. Convencido de que uma esposa e mãe de tantos filhos não representava risco de fuga, Oma recebeu uma permissão de viagem de dois dias com a filha a Heidelberg.

8

A VISITA
O ENCONTRO DAS IRMÃS
(1954)

> Dentro e fora da família, nossas irmãs seguram nossos espelhos: as imagens de quem somos e de quem podemos ousar ser.
>
> — *Elizabeth Fishel*

Nos dias e meses que se seguiram à Revolta dos Trabalhadores de 1953, o regime recuperou o controle distorcendo ao máximo os fatos do incidente, dizendo aos alemães orientais que, graças a seus esforços, a república permanecia intacta depois do ataque gratuito da Alemanha Ocidental. Além disso, alegaram que o governo americano tinha aprovado milhões de dólares para atividade clandestina anticomunista e que organizações subversivas da Alemanha Ocidental receberam muito dinheiro para financiar agentes na Alemanha Oriental a fim de incitar a dissensão, com fascistas e provocadores agindo em nome de monopolistas estrangeiros e alemães ocidentais. A Alemanha Ocidental reagiu à brutal repressão e às declarações de Ulbricht continuando a se recusar a reorganizar a Alemanha Oriental, oficialmente ou de outra forma.

O mundo ocidental, por sua vez, passava a ver com uma suspeita crescente a Alemanha Oriental, à medida que vazavam histórias de trás da Cortina de Ferro sobre um regime que usava de força física e coerção psicológica para manter o povo na linha, onde bastava falar contra o regime para que alguém fosse interrogado e preso.

Fugitivos, emigrados e exilados levavam histórias alarmantes de opressão, de interrogatórios brutais, sentenças de prisão severas e nenhuma oportunidade de defesa quando acusados de um crime. Revelavam histórias de tortura e manipulação psicológica que alimentavam o medo e a paranoia, de punições graves para quem tentava ir para o Ocidente e de execuções na fronteira. Publicamente, os líderes da Alemanha Oriental negavam as acusações de maus-tratos, mas privadamente percebiam que sua reputação começava a sofrer um sério golpe.

Oma chegou em casa e contou a notícia maravilhosa a Heidi: ela ia viajar ao Oeste para conhecer a irmã mais velha, Hanna. Opa perguntou quais eram os termos. Oma negou que existisse algum, escondendo a verdade.

Na véspera da viagem ao Ocidente, Heidi, com 5 anos, estava empolgada e aparentemente não conseguia se acalmar. Nem Oma, dormindo só a alguns cômodos de distância. Na manhã seguinte, a expectativa colocou as duas de pé ao nascer do sol, fazendo os últimos preparativos.

Helga ajudou Heidi a colocar o vestido, suéter e leggings tricotadas por Oma. Tutti prendeu laços na ponta das tranças de Heidi, as duas meninas mais velhas desejando em silêncio também poder ir.

Em uma fria manhã de outubro, sob o céu nublado de outono, a família foi à estação de trem para vê-las partir. Depois de se acomodarem na cabine, Heidi olhou pela janela, sorridente e acenando para os irmãos na plataforma. Animadas pelas duas, as crianças responderam vigorosamente ao aceno, Manni soprando beijos enquanto o trem partia, mas Opa já notara a polícia secreta parada ao fundo e disse às crianças que sossegassem.

A pequena Heidi se remexia e quicava pelo vagão do trem, gritando o nome de Hanna sem parar, deslizando de um lado a outro do banco de madeira, olhando pela janela as florestas e fazendas enquanto o trem avançava para o Oeste. Várias horas depois, elas chegaram à fronteira Leste-Oeste.

Oma apresentou as passagens e a papelada ao bilheteiro alemão oriental. Heidi sorriu radiante para ele e falou: "Vou ver a minha irmã!" Ele fechou a cara. Ela deu de ombros, depois olhou para Oma, estreitando os olhos, fez uma careta cômica e zombeteira e abriu um largo sorriso. Enquanto o trem avançava, Heidi ficou na janela vendo a travessia para o Ocidente. Continuou acordada pela maior parte do dia, mas, ao cair da noite, quando o trem enfim parou na estação de Heidelberg, ela dormia profundamente no colo de Oma.

Oma acordou Heidi e elas pegaram seus pertences. Ao desembarcarem, Heidi correu os olhos pelos rostos dos passageiros que passavam apressados, procurando pela face que só conhecia de fotografias. Oma, com o coração acelerado de expectativa nervosa, também procurava a filha no mar de gente. De repente, de longe, Oma e Hanna se viram e trocaram um olhar. Hanna correu para elas, acenando e costurando pela multidão.

Para Heidi, parecia que a irmã se aproximava em câmera lenta. Como uma cena de sonho, Hanna parecia um anjo gracioso flutuando para ela. Era uma visão que Heidi guardaria pelo resto da vida. Mãe e filha caíram nos braços uma da outra.

E então foi a vez de Heidi. Hanna, com o rosto molhado de lágrimas, abaixou-se e a pegou nos braços.

— Então esta é a minha irmãzinha. Me deixe ver você direito — disse ela, abrindo os braços e olhando Heidi de cima a baixo.

No início tímida, Heidi só encarava a irmã, depois perguntou:

— Por que todo mundo está chorando? Vocês não estão felizes?

As mulheres riram em meio ao choro. Hanna pegou a mala e segurou a mão de Heidi.

— Bem-vindas à famosa cidade de Heidelberg — disse ela. Depois para Heidi: — Agora vamos. Quer ver minha casa?

Em seu apartamento, Hanna serviu a Oma uma xícara de chá e as duas retomaram a relação, tentando ao máximo manter a conversa leve e afastar as emoções mais profundas. Heidi passou a explorar cada cantinho e mexer nos objetos pessoais de Hanna. Depois de mais ou menos uma hora, a senhoria bateu na porta e perguntou, furiosa, quem puxava a descarga de dois em dois minutos. Hanna encontrou Heidi no banheiro, hipnotizada com o mecanismo da descarga, algo que nunca tinha visto, só tendo conhecimento do conceito simples de uma casinha externa.

Nos dois dias que se seguiram, Heidi quase não deixava Hanna e insistiu em dormir na cama da irmã. Segurava a mão de Hanna sempre que podia, brincava com seu cabelo, carregava sua bolsa e a encarava constantemente quando elas se sentavam no bonde, andavam junto ao rio ou passeavam no parque. Heidi ficou apaixonada por Hanna, louca pelo que via como uma jovem imensamente feliz, com um sorriso confiante e um jeito caloroso, receptivo e despreocupado. Rapidamente Heidi passou a pensar na irmã mais velha como um exemplo da jovem que ela própria poderia ser um dia.

Elas fizeram uma excursão ao Castelo de Heidelberg. Nos terrenos das ruínas, viram uma produção teatral ao ar livre de *Sonho de uma noite de verão*. Heidi se perdeu nas cenas de fadas dançando e esvoaçando por florestas verdejantes. À noite elas viram, deslumbradas, fogos de artifício iluminarem o céu. No segundo dia, pegaram um barco e tomaram café no Red Ox, onde poucos anos antes Hanna tocara piano em troca de gorjetas enquanto lutava para pagar as contas.

Em sua última noite juntas, elas deram um longo passeio pelo Caminho dos Filósofos. Depois de um tempo, sentaram-se em um banco para descansar à margem do rio cintilante. Barquinhos brancos com lanternas acesas percorriam o rio Neckar, e parecia haver quilômetros de um silêncio ensurdecedor entre mãe e filha.

Na estação de trem no dia seguinte, elas se abraçaram. Hanna demorou muito para soltar Oma. Heidi enterrou o rosto no tronco de Hanna, que a abraçou firmemente, depois se abaixou para tomá-la nos braços e olhar em seus olhos. Acariciando as tranças compridas, sorriu para o rosto doce e puro que a fitava. Heidi não sorriu e virou a cara.

Depois, antes que Heidi pudesse ver as lágrimas brotando nos olhos de Hanna, ela a abraçou novamente e sussurrou em seu ouvido:

— Seja boazinha. Cuide da nossa mãe.

Oma e Heidi embarcaram lentamente no trem. Como pássaros que foram livres por um período de tempo curto e belo, era como se fossem devolvidas ao confinamento de sua fria gaiola de metal. Elas entraram na cabine, depois apareceram na janela. Hanna ficou melancólica ao vê-las no trem, mas disfarçou as emoções. Oma se colocou atrás de Heidi enquanto olhavam Hanna pela janela. Hanna tinha os olhos fixos nas duas.

O trem partiu lentamente para o Leste e Oma acenou. Heidi, desolada, colou a palma da mão no vidro em uma última tentativa de ter contato com a irmã. Hanna acenou até não poder mais enxergá-las e ficou onde estava até perder o trem de vista.

E foi assim que, no outono de 1954, as duas irmãs se conheceram, uma com 26 anos, a outra com apenas 5. Seria a única vez que se veriam durante os quarenta anos de existência da Alemanha Oriental.

Quando Heidi voltou para casa, as crianças se reuniram para ouvi-la contar sobre Hanna e o que elas viram e fizeram no Oeste. Todos queriam saber sobre o Castelo de Heidelberg. Opa ouviu tudo, mas não fez uma pergunta que fosse.

A polícia de Schwaneberg nem convocou Oma. Talvez já soubessem que ela não tivera sucesso na tarefa de convencer Hanna a voltar ou se tornar espiã. Talvez imaginassem que Oma nem sequer tentaria. Mas uma coisa era certa: registraram o fato como mais um fracasso da família no cumprimento do dever. Como Oma não cumpriu sua parte no trato com as autoridades, eles deixaram claro que as requisições de viagens subsequentes ao Oeste seriam negadas.

Heidi pediu a Oma uma fotografia de Hanna para colocar na mesa de cabeceira. Nos meses seguintes, imitou os gestos da irmã, recordando-se de seu jeito de falar, o andar elegante, seus movimentos. Ela pensava constantemente em Hanna, às vezes até fingindo ser a irmã, andando como se fosse uma moça sofisticada com uma bolsa bonita, um olhar recatado aqui e ali, indo a um castelo, andando de bonde, tomando uma xícara de café em uma cafeteria ao ar livre. Na escola, não falava da visita. Já sabia o bastante para não revelar que ficara fascinada pela irmã que fugira e tinha uma boa vida no Ocidente.

À noite, Heidi costumava dormir agarrada a Mariechen, sua boneca da Alemanha Oriental que, com os olhos grandes, o rosto meigo e as tranças pretas e longas, era parecida com ela. Acariciando o cabelo da boneca enquanto pegava no sono, Heidi sussurrava: "Mariechen, você não se pergunta o que Hanna está fazendo neste exato minuto do outro lado das estrelas?" Mariechen a encarava, o luar reluzindo em seus olhos azuis marmóreos, com sua expressão distante.

9
A VIDA SE NORMALIZA EM UM ESTADO POLICIAL
UM NAMORO
(1955-1957)

> Você é igual a cerveja choca!
> Não precisamos mais de você.
>
> — *Panfleto de propaganda da Alemanha Oriental*

Em 1955, mais ou menos na época em que a Alemanha Ocidental se tornou um Estado livre, a União Soviética permitiu que a Alemanha Oriental declarasse sua soberania.

Em sua primeira década de existência, o mundo tinha visto a Alemanha Oriental pelo prisma da dominação soviética, mas agora Moscou dera responsabilidade máxima aos líderes alemães orientais para gerir os próprios assuntos.

O regime de Ulbricht não perdeu tempo. Recursos imensos foram para a expansão da polícia secreta. As autoridades da Alemanha Oriental assumiram total controle das informações por meio da censura de praticamente todas as formas de palavra escrita ou falada, de livros didáticos a transmissões de rádio. Ulbricht e seu círculo íntimo de comunistas dogmáticos treinado pelos soviéticos se empenharam em provar a Moscou que eram tão linha-dura como as contrapartes do Kremlin, até nos mínimos detalhes.

Naquele mesmo ano, a Alemanha Ocidental ingressou na Otan e a União Soviética respondeu com a formação do Pacto de Varsóvia. Enquanto a Otan, liderada pelos EUA, era governada por um sistema de consenso em que cada nação membro, até a minúscula Islândia, tinha voz igual, os países do Pacto de Varsóvia recebiam estritamente as ordens de Moscou.

Ainda em 1955, a Alemanha Ocidental criou suas forças armadas e alguns meses depois a Alemanha Oriental formou o NVA, o Exército Nacional Popular, que seguia a linha dos outros exércitos do Leste Europeu comunista, sob o exame sempre vigilante de Moscou.

No quartel-general do exército americano em Heidelberg, Hanna estava à sua mesa na primeira vez que o novo tenente de olhos faiscantes passou por ela.

Ele sorriu e a cumprimentou, mas ela respondeu com frieza. Estava acostumada com soldados americanos tentando atrair seu olhar, mas não tinha a intenção de se envolver com nenhum soldado raso. Acabara de voltar de férias em Capri, onde se apaixonou pela Itália, e já se decidira a realizar o sonho de um dia se mudar para lá. Nas horas de folga, Hanna começara a estudar italiano.

Mas todo dia o jovem e arrojado tenente, um oficial da inteligência, cumprimentava-a educadamente. Depois de um tempo, ela percebeu que algo nele a atraía. E então, em uma manhã, ele passou e parou em sua mesa. Apontando a mochila grande que ela usava no lugar de uma bolsa de mão, ele perguntou em um alemão perfeito e coloquial:

— O que você leva nessa bolsa grande que está sempre carregando por aí?

Hanna ficou perplexa. Olhou o crachá dele.

— Tenente Willner — perguntou —, como sabe falar alemão tão bem?

Ele sorriu e respondeu, mais uma vez com fluência:

— Ah, obrigado pelo elogio. Temos escolas de línguas muito boas nos Estados Unidos.

Por trás dos olhos vivos e do domínio impecável da língua, pensou ela, havia algo claramente especial no tenente Willner.

Na Alemanha Oriental, não diminuía o número daqueles que se arriscavam a fugir, e em meados da década de 1950 milhões já tinham escapado. Apesar do fechamento da fronteira interna alemã Leste-Oeste em 1952, muitos ainda estavam decididos a sair do jeito que conseguissem, escolhendo métodos cada vez mais arriscados. Alguns até tentavam se libertar nadando os quase 65 quilômetros das águas geladas do mar Báltico, na esperança de chegar à Dinamarca. A maioria não conseguia, e muitos corpos apareciam na costa dinamarquesa. Outros tentavam fugir através de países satélites soviéticos, onde as fronteiras, segundo os boatos, eram controladas de forma menos rigorosa.

A rota que proporcionava a melhor chance de escapar era a de Berlim Oriental para a Ocidental. Ainda interconectada por ruas, metrô e sistema de esgoto e incapaz de ser completamente controlada pelas autoridades da Alemanha Oriental, Berlim permanecia uma peneira para as fugas. Mas havia a preocupação crescente de que um dia as autoridades encontrariam um jeito de fechar a cidade. Assim, em meados da década de 1950, houve um surto de fugas para Berlim Ocidental.

O povo se adaptava a um Estado policial com uma polícia secreta no leme e um pessimismo maior tomou a Alemanha Oriental. Havia uma arbitrariedade inquietante em tudo. Por todo o país, à medida que a Stasi engordava a rede de informantes usados para denunciar as atividades de colegas de trabalho, de vizinhos e até de familiares, era impossível saber quem podia estar denunciando à polícia secreta ou que pensamento aleatório dirigido a um colega, amigo ou até ente querido podia chegar ao conhecimento das autoridades.

Agora, quando Oma falava com os vizinhos ou se relacionava com pessoas variadas na comunidade, seu radar ficava ligado e ela se perguntava, como todos os outros, se aqueles que antes considerava amigos se tornaram informantes. Certa vez, quando Oma foi reclamar sua ração diária, um trabalhador, que ela conhecia há anos, estendeu a mão para lhe dar alguns ovos a mais. Ela declinou, pensando nele como um possível informante e no "presente" como algum teste ou ardil. Em seus jogos de carta semanais nas noites de sábado, Opa, supondo que alguém no grupo provavelmente denunciaria o que ele dissesse, guardava os pensamentos para si e não dava sinais de descontentamento com o regime.

A essa altura, as fontes de notícias eram simplesmente órgãos da propaganda oficial usados para distorcer a verdade. Praticamente não havia menção ao mundo, em particular ao Ocidente, a não ser que fosse negativa.

Opa ansiava por notícias sobre a Alemanha Ocidental, sentindo que era seu único meio de manter alguma ligação com Hanna. Ouvir noticiários de rádios ocidentais era passível de punição, considerado um ato de traição contra o Estado. Porém, apesar dos riscos, de vez em quando Opa ainda tentava sintonizar escondido o noticiário da BBC, sua fonte preferida de notícias desde que o regime começara a interferir no sinal. Percebendo o dano que ouvir rádios ocidentais poderia ter em sua capacidade de manter o controle da população, as autoridades vasculhavam o país, procurando para quais lados eram apontadas as antenas nos lares e locais de trabalho.

Heidi era uma criança confiante, cheia de vivacidade e autoestima. Como a maioria das crianças, também era naturalmente curiosa, o que o regime não considerava uma virtude nas crianças da Alemanha Oriental. Com as autoridades tentando instituir controles mais duros sobre a liberdade de pensamento, a professora de Heidi puxou Opa de lado duas semanas depois do início da segunda série de Heidi e lhe disse que sua filha precoce fazia perguntas demais.

A vez seguinte em que Hanna viu o tenente Willner foi no início de uma tarde, quando ambos saíam do quartel-general do exército americano em Heidelberg.

— Para onde você vai? — perguntou ele.

— Ao tribunal — disse ela —, ver o julgamento de um guarda de campo de concentração nazista. Não acredito no que dizem que os alemães fizeram com os judeus durante a guerra. Quero ver e ouvir pessoalmente... e, se for verdade, quero que a justiça seja feita.

— Que coincidência — disse ele. — Também estou indo para lá. Vamos juntos?

No tribunal de Heidelberg, o policial militar americano que montava guarda na frente do prédio pediu a identificação de Hanna.

— Sargento, ela está comigo — disse o tenente Willner, mas o guarda respondeu:

— Alemães não são permitidos, senhor.

O tenente Willner foi conduzido para o tribunal militar, deixando Hanna para voltar ao escritório.

Na manhã seguinte, quando ele passava por sua mesa, ela perguntou sobre o veredito e ele disse que o guarda foi considerado culpado de crimes de guerra.

Vários dias se passaram. Agora Hanna ansiava pelos encontros diários com o tenente. Mas ele não era visto em lugar nenhum. Depois de uma semana sem sinal dele, chegou um cartão-postal de Berlim. Ele tinha ido para lá a trabalho e escreveu que estava pensando nela. Assinou como "Eddie".

Quando ele voltou, ela notou que eles começaram a ter mais encontros ao acaso. E então ele a convidou para ver um filme no cinema da base e Hanna aceitou. Aquele encontro foi seguido por um convite para jantar, e depois disso os dois passavam cada vez mais tempo juntos. Ele lhe perguntou sobre sua vida. Ela contou que tinha fugido da Alemanha Oriental e falou da família que deixara. Ele contou pouco sobre si, falando principalmente da vida no exército e mostrando fotografias das viagens a lugares exóticos, como a Índia e o Japão.

Com o tempo Hanna pressionou, querendo saber mais da família dele, de onde era, que universidade frequentara nos Estados Unidos. Por fim, e com relutância, Eddie se abriu. Ele era um judeu alemão sobrevivente do Holocausto. Quando ela lhe perguntou sobre a família, ele contou que era sozinho, que foi o único da família que sobreviveu.

Enquanto ele falava, ela percebeu que não havia mais volta. Ela se sentia atraída por aquele homem, pela vida e a história dele. De certo modo, eles eram parecidos. Ambos perderam a família e estavam decididos a levar a maior parte da nova vida em liberdade. Dali em diante, os dois formaram um casal.

Em 1956, o movimento da juventude comunista no Leste estava a todo vapor, com milhões de crianças nascendo puramente no comunismo. Em Schwaneberg, a jovem Heidi dava os primeiros passos como comunista em potencial, ingressando nos Jovens Pioneiros. Oma amarrou um lenço vermelho na gola de Heidi e ela partiu, de mãos dadas com as irmãs Tutti, de 10 anos, e Helga, de 11, à sua primeira reunião. Rapidamente Heidi fez amizades e observou como as outras crianças se comportavam; estava empolgada para ver do que se tratava todo o rebuliço e ansiosa para seguir sua liderança.

A reunião foi iniciada e todas as crianças formaram cerimoniosamente uma roda em torno da bandeira dos Pioneiros, saudando com o polegar na testa, a palma da mão para a frente. Em um exemplo perfeito da disciplina da juventude comunista, uma jovem vários anos mais velha que Heidi corrigiu a saudação da menina, endireitando seu cotovelo, dizendo-lhe para se postar mais reta e ordenando a Heidi gritar com convicção e espírito verdadeiros o lema "Sempre prontos".

Heidi fez o juramento dos Jovens Pioneiros, prometendo usar com honra o cachecol vermelho, a bandeira do Partido Comunista, jurando respeitar a União Soviética e amar e defender a "pátria socialista". Nos meses que se seguiram, ela aprendeu canções animadas, cuidadosamente mascaradas, carregadas de propaganda política, e viu filmes sobre a feliz vida soviética.

Orgulhou-se de ser escolhida para um pequeno papel em uma peça que retratava dedicados operários de fábrica. Mas algo começou a incomodá-la. No jantar, certa noite, ela perguntou a Oma por que todo mundo odiava tanto o Ocidente. Oma olhou para Opa, esperando uma resposta.

— Precisamos nos proteger dos nossos inimigos e alguns estão no Ocidente — ele declarou com naturalidade e começou a comer, indicando que tinha encerrado o assunto. Sem se recordar de ninguém ameaçador na viagem ao Oeste quase dois anos antes, Heidi ficou confusa. Permaneceu em silêncio, pensando. Vários minutos depois, declarou que não queria mais ir às reuniões dos Jovens Pioneiros. Mas, na reunião seguinte, Opa a convenceu a voltar, garantindo que era para seu próprio bem.

Depois Heidi anunciou que queria escrever uma carta a Hanna para lhe fazer algumas perguntas. Oma a dissuadiu com delicadeza, simplesmente dizendo que não era uma boa hora para entrar em contato com Hanna. Por fim, Heidi viria a compreender que havia algumas coisas que era melhor não escrever em uma carta, em particular a alguém no lado ocidental.

Mais ou menos quando Heidi se tornava uma Jovem Pioneira, Kai fez 14 anos, então era chegada a hora de ele ingressar na JLA. A cerimônia de Jugendweihe (iniciação da juventude), uma tradição na Alemanha muito antes da tomada soviética, era semelhante a uma crisma religiosa, marcando a entrada do jovem na idade adulta. Na década de 1950, porém, o regime da Alemanha Oriental tinha cooptado a cerimônia, usando-a para marcar a dedicação da vida do indivíduo ao comunismo.

O salão comunitário foi decorado com bandeiras da Alemanha Oriental, flores e faixas vermelhas vibrantes que atravessavam o palco. Os familiares dos recrutas, obrigados a comparecer, estavam sentados na plateia vestidos com o que antigamente chamavam de roupa de domingo. Kai subiu ao palco com os outros membros da turma.

Líderes locais fizeram discursos solenes sobre a importância da cerimônia enquanto apelavam aos jovens socialistas que se esforçassem para se tornarem leais cidadãos da Alemanha Oriental.

O oficial supervisor dirigiu-se aos recrutas com um tom sério:

Vocês estão dispostos a usar toda a sua força para lutar pela paz com todos aqueles que a amam e defendê-la até o último suspiro? Vocês estão dispostos a lutar lado a lado conosco por uma ordem socialista da sociedade [...] a lutar com todos os patriotas por uma Alemanha unificada, amante da paz, democrática e independente?

"Sim, nós juramos!", gritaram os adolescentes, o som ecoando pelo salão até que caiu um silêncio agudo.

Enquanto os estudantes estavam no palco, Oma observava o sexto filho, meigo e gentil, recitar nervoso o juramento, e se perguntou o que a vida reservava para ele como homem em uma sociedade comunista.

No lado ocidental, Hanna e Eddie se tornaram quase inseparáveis, passando juntos a maioria das noites e dos fins de semana. Ele lhe mostrou as forças armadas americanas e as comunidades de judeus alemães sobreviventes em Heidelberg. Os dois gostavam de explorar a cidade sempre que podiam e começaram a fazer viagens curtas a países europeus vizinhos.

Eddie tinha uma sede voraz de conhecimento; queria ir a todos os lugares e ver tudo. Hanna adorava ficar com ele, mas a energia sem fim e a paixão ilimitada dele pela aventura começaram a cansá-la. Ele a deixava em casa quase toda noite por volta das onze horas, mas, depois de um tempo, com o emprego em período integral e as aulas de italiano duas vezes por semana, ela sugeriu que eles só saíssem uma ou duas vezes por semana. Em um fim de semana, Hanna sugeriu que tirassem o sábado e o domingo para pôr o sono em dia.

— Você vai poder dormir quando morrer — disse Eddie. — Vamos a Paris este fim de semana.

Eddie estava completamente apaixonado por Hanna. Ela era linda, mas parecia não saber disso. Era independente, inteligente, descomplicada.

Hanna via em Eddie um entusiasmo incomum pela vida. Apesar do que ele passou, estava sempre animado e tinha um ótimo senso de humor. Além daquele brilho nos olhos.

Em dezembro, a jovem foragida da Alemanha Oriental e o jovem tenente americano ficaram noivos.

Certa noite, em casa, Opa confidenciou a Oma que sua situação na escola estava piorando e que era difícil tolerar as exigências cada vez mais distorcidas das autoridades. Sem ter mais estômago para as tentativas do regime de transformar a educação em instrumento de propaganda, ele tinha dificuldades para esconder a crescente infelicidade. Estava particularmente horrorizado com a exigência de mostrar favoritismo pelos estudantes cujos pais eram autoridades do Partido ou que fossem eles próprios líderes do movimento juvenil. Opa disse a Oma que esse tipo de nepotismo um dia condenaria o sistema. Na escola, Opa não falava de seu fardo, mantinha a fachada. Agora, nos carteados de sábado à noite, precisava reprimir mais intensamente o impulso de falar o que pensava e partilhar sua crescente insatisfação com o regime.

Um dia, a professora de Heidi se dirigiu à turma.

— O que pensamos das pessoas que abandonaram a Alemanha Oriental?

Sem esperar a resposta, ela continuou. Ao "partirem", explicou, elas deram as costas a seu país e aos companheiros cidadãos, e isso fazia delas umas traidoras.

— Os traidores — disse ela — são criminosos... o *pior* tipo de criminoso.

Heidi ouviu atentamente, cada vez mais perturbada ao imaginar o rosto de Hanna. Depois de ouvir a mesma mensagem de seus líderes Jovens Pioneiros, ela se perguntou se havia alguma coisa que os pais não contaram. Eles tentavam encobrir o caráter delinquente da filha? Talvez os professores e líderes juvenis soubessem mais do que os pais. Talvez as coisas bonitas em que ela acreditou o tempo todo sobre Hanna fossem só uma fantasia equivocada.

De súbito, ela sentiu o peito pesado e um aperto no coração. Seus olhos se encheram de lágrimas e ela olhou a sala, perguntando-se se alguém sabia que ela tinha uma irmã criminosa.

O comunismo se espalhava pelo mundo. Mao Tsé-Tung tomou o poder na China e, ao lado da comunista Coreia do Norte, travou uma guerra ideológica sangrenta contra o Ocidente e a Península da Coreia. O Vietnã do Norte, antes parte da Indochina francesa, tornou-se comunista em 1954, desencadeando temores de que as nações da Ásia caíssem como dominós à ideologia soviética. Em resposta, uma onda de histeria anticomunista tomou os Estados Unidos, onde o senador Joseph McCarthy promoveu uma paranoica caça às bruxas para desmascarar suspeitos e simpatizantes do comunismo nos Estados Unidos. Pela primeira vez no país, dois civis americanos, Julius e Ethel Rosenberg, foram executados por espionagem por entregarem segredos nucleares aos soviéticos, ajudando-os a construir sua primeira bomba atômica.

No outono de 1956, três anos depois da revolta dos trabalhadores da Alemanha Oriental, o povo da Hungria tomou as ruas em um levante contra o governo apoiado pelos soviéticos, exigindo mudanças. Moscou apelou ao Exército Vermelho e milhares de húngaros foram mortos quando os soviéticos esmagaram brutalmente a rebelião. Mais uma vez, temendo a guerra, o Ocidente teve poucas opções além de cruzar os braços.

Dias depois, o líder soviético Nikita Kruschev, em parte citando a revolta fracassada, repreendeu um grupo de diplomatas ocidentais quando atacou o Ocidente, ameaçando: "Vamos enterrar vocês!" No ano seguinte, os soviéticos partiram para a competição pelo domínio ideológico no espaço ao lançarem o Sputnik 1, o primeiro satélite artificial do mundo. A mesma tecnologia também permitiria à União Soviética lançar um míssil que alcançaria a América do Norte. Além da corrida armamentista nuclear, agora começava a corrida espacial.

As autoridades da Alemanha Oriental tomavam cada medida possível para dominar a população.

Valorizando somente aqueles que podia manipular, o regime trabalhou incessantemente para livrar a sociedade de qualquer um que se colocasse no caminho ou pudesse solapar seus objetivos. Entre eles estavam intelectuais que em geral eram inclinados a contestar o sistema, e aqueles que o faziam eram rebaixados, marginalizados ou retirados da sociedade, acabando em campos de reeducação ou na prisão.

Opa ainda aparentava apoiar o regime. Nas reuniões do Partido, era um defensor verbal quando pensava ser necessário. Mas, como um homem que dava muita importância à educação pura e objetiva, ficava horrorizado quando era obrigado a distribuir panfletos como este, que atacava e menosprezava o segmento intelectual da sociedade:

> *Você que recebeu instrução, foi para a universidade.*
> *Você que fez doutorado.*
> *Você que é um artista talentoso, professor, técnico, um escritor importante, um cientista.*
> *Ninguém precisa de você!*
> *O trabalho de metade de uma vida,*
> *Todo o sacrifício, todo o aprendizado em vão!*
> *Você acha que é melhor que os outros*
> *Porque tem instrução,*
> *Porque é um intelectual*
> *E fala de forma elevada?*
> *Você é igual a cerveja choca!*
> *Não precisamos mais de você.*

Opa tinha dificuldade cada vez maior de lidar com o modo como o Partido distorcia informações para alimentar sua causa. Agora, na maioria das noites depois do jantar, em vez de mergulhar na teoria marxista, ele se retirava ao escritório para ler seus livros preferidos de poesia em uma tentativa de ter uma folga de tudo isso. A direção da escola e as autoridades notaram a mudança no padrão de comportamento de Opa e que a paixão que ele exibia antes não era mais evidente quando ensinava a doutrina comunista.

Um dia, dois policiais, enviados por alguém do governo local que aparentemente pensava que Opa precisava de uma lição, fizeram-lhe uma visita. Entraram na casa e levaram braçadas de seus estimados livros de história, filosofia e arte.

Cada vez mais, Oma cuidava sozinha da horta e do jardim. Era um lugar tranquilo no qual ela podia se retirar da tensão do ambiente cotidiano. Seu jardim começou a florescer com verduras, frutas vermelhas e flores coloridas que ela cultivava com o máximo cuidado, amor e ternura.

Em Seebenau, Kallehn lidava com os problemas da melhor forma que podia. Não fumava mais seus Lucky Strikes, agora substituídos por cigarros enrolados à mão feitos de tabaco *machorka* russo de baixa qualidade. Embora obrigado a entregar as safras ao comitê agrícola local, ficou aliviado por sua fazenda ainda não ter sido coletivizada e ainda poder trabalhar a terra da família. Ama Marit tinha medo de que a entrega final das terras dele ao regime marcasse o início do fim para Kallehn.

Em dez anos, o regime tinha assumido o controle de cada aspecto da sociedade. Com o crescente controle da polícia secreta e uma campanha calculada para privar os cidadãos de sua liberdade, o povo da Alemanha Oriental tinha poucas alternativas além de obedecer.

10

O CASACO DE PELE
ÚLTIMO ENCONTRO
(1958-1959)

> Que os pais leguem aos filhos não riquezas,
> mas o espírito de reverência.
>
> — *Platão*

Em Heidelberg, Hanna trabalhava e nos dias de folga viajava com Eddie pela Europa sempre que podia. Mandava cartões-postais de cada local à família no Leste, mas ficava cada vez mais preocupada quando a correspondência não era respondida. Sem o conhecimento dela ou da família, a maioria das cartas e todos os postais de suas viagens à França, Holanda e Inglaterra foram confiscados ao entrar no país. Da mesma forma, as cartas da família eram interceptadas na saída. A rara carta que chegava a Hanna vinha aberta sem nenhum esforço para recolar o envelope, faltavam páginas e careciam de qualquer informação real sobre a família.

Um dia, porém, um cartão-postal da Itália chegou a Schwaneberg. Oma ficou extasiada e comemorou, feliz, colocando-o no consolo da lareira da sala de estar para que toda a família visse. Quando chegou em casa, Opa o tirou dali e guardou em uma gaveta, repreendendo Oma pela indiscrição, dizendo-lhe que ela era tola por exibi-lo onde as crianças podiam namorar a imagem e as visitas, que talvez fossem informantes, podiam ver.

Mais tarde, Heidi, agora com 8 anos, pegou o postal e o colocou em seu quarto, onde babava pelo céu luminoso cor de salmão e as gôndolas flutuando nas águas cristalinas de Veneza. Como Opa temia, quanto mais Heidi olhava a imagem, mais intrigada ficava com a ideia do mundo fora do Leste. Na escola, os professores quase não falavam do que havia além das fronteiras do país, e agora, com o cativante postal de Hanna enviado da Itália esticando as fronteiras de sua imaginação, os países estrangeiros tornavam-se uma curiosidade, assumindo a sedução de um conto de fadas.

Certo dia na escola, enquanto a turma estudava os territórios do Leste Europeu, a professora orientou as crianças a observarem o mapa da Alemanha Oriental. Eles discutiram as principais cidades, examinaram os contornos da área rural, as colinas e vales e delinearam áreas que se estendiam por toda a fronteira. Heidi notou que, enquanto todos os países do Bloco Oriental — Polônia, Bulgária, Tchecoslováquia e os demais — eram retratados detalhadamente, a Alemanha Ocidental e o restante da Europa, em completo contraste, só eram mostrados pelo contorno no perímetro de uma grande massa cinza, como se não existisse nada ali e a área fosse desprovida de características geográficas. Proibida de ser curiosa a respeito do Ocidente, neste dia Heidi arriscou-se a perguntar:

— O que tem do outro lado? Por que a Alemanha Ocidental é só um grande vazio?

Olhando feio para Heidi, a professora respondeu a toda a turma, explicando que a Alemanha Ocidental era um descampado perigoso e desolado, um vasto abismo de escuridão e do desconhecido, cheio de criminosos violentos, bandidos e pessoas que atacavam os outros. Encarando friamente Heidi e as outras crianças, ela acrescentou:

— Nós nem queremos saber o que tem por lá. Sorte a nossa que vivemos no Leste e temos barreiras para nos proteger do mal que vive no Oeste.

Embora tivessem se passado quatro anos desde a viagem ao Oeste e suas lembranças desbotassem, Heidi ainda se recordava com muito carinho do tempo com Hanna no Ocidente. Ela se viu em um conflito cada vez maior entre as lembranças que lhe eram caras e as coisas assustadoras que os professores, líderes juvenis e até o pai insistiam que era verdade. Quando fez 9 anos, ela não se perguntava mais onde a verdade realmente estava e decidira que, embora pudesse haver depravação no Ocidente, também deveriam existir muitas coisas boas. Hanna tornou-se um símbolo do bem que Heidi acreditava que o mundo lá fora tinha a oferecer.

Depois de trabalhar por alguns anos para o Exército dos EUA, Hanna amealhara algumas economias que queria mandar à família no Leste. Supondo que os marcos alemães ocidentais seriam interceptados, ela se arriscou a comprar um presente para Oma, depois colocou numa caixa e fechou bem com fita adesiva. Vários meses antes, ela fizera um teste, enviando pequenos pacotes com doces e quinquilharias de suas viagens, mas a família não os recebera. Ansiosa para ter contato, ela jogou a cautela ao vento, postou o pacote e torceu pelo melhor.

Mais ou menos um mês depois, o pacote chegou a Schwaneberg. Fosse por descuido, um erro do funcionário ou um simples ato de decência, a grande caixa de papelão chegou parcialmente aberta, mas com o conteúdo intacto. As crianças deram gritinhos de prazer, reunindo-se em volta enquanto Oma a abria. Com a ajuda dos filhos, ela retirou o pacote de dentro. Depois desabou na cadeira da cozinha. Era um casaco de pele.

Oma usava o mesmo casaco de lã puído desde que se entendia por gente. Agora desgastado pelo tempo, não a protegia mais dos invernos enregelantes da Alemanha. Embora a "pele" na verdade fosse pelo de cavalo, comprado da mãe de uma colega com pagamentos mensais por um período de dois anos, Hanna esperava que o presente a Oma a aquecesse durante o inverno, mas também confirmasse aos pais que ela ia muito bem no Ocidente.

Opa disse que a entrega do pacote foi um milagre. No início ele proibiu Oma de usar o casaco, sabendo que chamaria atenção, mas logo cedeu, permitindo que ela o vestisse somente nos dias mais frios, depois de concordar que ele mesmo não tinha dinheiro nem acesso a um luxo daqueles.

Na primavera de 1958, dez anos depois da fuga de Hanna, Oma ficou emocionada ao receber uma carta em que a filha contava que ia se casar. Eddie, o noivo, escreveu ela, era um sobrevivente do Holocausto que, depois da guerra, emigrara para os Estados Unidos, ingressara nas forças armadas e voltara à Alemanha como oficial do exército norte-americano. Embora supusesse que as autoridades não dariam permissão, Hanna convidava a família para o casamento.

Prontamente Oma apresentou uma requisição para viajar pela segunda vez a Heidelberg, na esperança de que as autoridades reconsiderassem a decisão de não permitir que ela visitasse a filha novamente e mostrassem leniência, à luz da ocasião especial. Mas eles não mostraram e o pedido foi indeferido.

Em Heidelberg, os superiores militares de Eddie tentaram convencê-lo a cancelar o casamento. Sabendo quanto aquilo significava para o jovem tenente e sobrevivente que tinha apostado todo seu futuro em se tornar cidadão dos Estados Unidos e oficial do exército, disseram que havia o risco de danos permanentes à sua carreira duramente conquistada na inteligência se ele se casasse com uma ex-cidadã da Alemanha Oriental, em particular porque a família ainda estava no Leste comunista. Eddie ficou furioso e respondeu: "Vocês não têm o direito de dizer com quem eu posso ou não me casar". E ameaçou renunciar à sua patente. O general no comando intercedeu e, depois de uma série de entrevistas de segurança e uma investigação completa sobre Hanna, seus documentos da cidadania americana foram expedidos. No verão de 1958, Hanna e Eddie se casaram.

Na capela do exército americano em Heidelberg, Eddie vestia a farda azul-marinho e Hanna, um vestido de chiffon simples, na altura dos joelhos, e um colar de pérolas. Sem o comparecimento de familiares, o chefe e um colega de trabalho de Eddie foram as testemunhas. O rabino fez uma oração e Eddie procedeu à tradicional quebra das taças.

Na conclusão da breve cerimônia, eles desceram para uma recepção surpresa. Quase cem pessoas tinham se reunido para desejar sorte aos recém-casados, inclusive toda a comunidade americana e a judaico-alemã de Heidelberg e toda a cadeia de comando de Eddie, incluindo o G2, o general encarregado da inteligência do Exército dos EUA na Europa.

Em Schwaneberg, Oma ficou arrasada por ser proibida de comparecer à cerimônia. O que seria do mundo quando uma mãe nem podia ver a filha no dia de seu casamento?, pensou ela.

Opa, igualmente magoado, pegou uma caneta para escrever esta carta:

Caríssimo Eddie, meu querido filho. Vocês dois decidiram se casar e começar a vida juntos com amor, lealdade e verdade. Pela carta de Hanna, eu soube da crueldade que você e sua família suportaram e, graças ao seu destino terrível, você me é ainda mais caro. Dou-lhe as boas-vindas, de todo o coração, à nossa família.

Ao longo das gerações, todos os nossos filhos foram dotados de boa saúde mental e física, de ética, moral e um bom coração. Desejo aos dois que deem continuidade a essa herança pelas gerações por vir. Se a qualquer momento precisar de mim, eu o receberei de braços abertos. Desejo-lhe bem do fundo do meu coração e o acolho em nossa família.

Hanna e Eddie passaram a lua de mel em Bruxelas, na Bélgica. Enquanto estavam lá, compareceram à Feira Mundial de 1958, onde Eddie tinha uma missão de coleta da inteligência. A feira era uma imensa exposição que exibia as culturas, as inovações técnicas e os avanços científicos de vários países.

Vestindo um terno civil, Eddie, com a nova esposa, andou pela feira, por fim dirigindo-se ao pavilhão soviético. Enquanto Hanna olhava uma vitrine de roupas centro-asiáticas, Eddie manobrou para um manequim vestido com a mais recente farda de campo do exército soviético. A inteligência dos EUA tinha indicações de que os soviéticos desenvolveram um novo tecido capaz de derrotar os radares de vigilância terrestre americanos, mas precisavam de provas. Armado com uma tesourinha, Eddie esperou o momento perfeito e cortou um canto da barra do casaco. Voltou até Hanna, que não percebeu o que ele acabara de fazer.

Alguns meses depois, Hanna tornou-se cidadã americana. Eddie virou o primeiro oficial americano de ligação com o alemão BND, o Bundesnachrichtendienst, o equivalente da Alemanha Ocidental à CIA americana. Ali, trabalhava com os alemães, alguns que tinham servido na SS e na Gestapo durante a Segunda Guerra Mundial. Como principal braço da inteligência alemã, o BND concentrava a maior parte de toda a coleta de informações sobre a Alemanha Oriental, dirigindo por todo o Leste uma rede de agentes que consolidava informações sobre cada aspecto da vida alemã oriental.

Quatro meses depois do casamento, as autoridades do Leste de repente mudaram de ideia e, para surpresa e grande prazer da família, deram a Oma e Opa permissão para viajar a Heidelberg.

Opa foi chamado na central de polícia. Desta vez, além das autoridades policiais de praxe, havia um homem que se identificou como funcionário do Ministério para a Segurança do Estado, a Stasi.

— É verdade que seu novo genro é oficial do exército americano?

— Sim — respondeu Opa.

— É verdade que ele é um oficial da *inteligência* do exército americano?

— Não sei — disse Opa, percebendo que qualquer pingo de verdade nessa notícia complicaria ainda mais as coisas para a família.

— Bom, ele é — o homem da Stasi informou —, e isso faz dele um inimigo do nosso país. — Então resolutamente carimbou alguns documentos e falou: — Estou lhe dando dois dias maravilhosos na linda Heidelberg com sua filha e seu novo genro. Descubra o que puder sobre ele, seu trabalho e o acesso que ele tem a material confidencial.

Depois disso, Opa foi dispensado.

Em uma fria manhã de dezembro, o trem deixou a estação no Leste e seguiu para o sudoeste. Ao anoitecer, chegou a Heidelberg. Hanna localizou Opa facilmente, com sua compleição grande, os ombros largos e a altura elevada, assomando-se sobre os outros passageiros na plataforma. Ele ajudava Oma, que usava o casaco de pele, a descer do trem.

Oma ficou radiante ao ver Hanna e as duas caíram nos braços uma da outra. Soltando-se do abraço apenas para se olharem, Hanna viu que o cabelo da mãe começava a ficar cinza-perolado. Com um largo sorriso, Oma a puxou para mais perto.

Sem saber como cumprimentar o novo genro, um oficial militar americano, um homem que era o epítome do que a União Soviética e a Alemanha Oriental consideravam seu mais ardoroso inimigo, Opa olhou hesitante para Eddie, até que este se aproximou. Os dois trocaram um aperto de mãos: o alto alemão oriental e antigo soldado do Terceiro Reich conhecia o novo genro, um sobrevivente de Auschwitz e Buchenwald e agora oficial da inteligência do Exército dos EUA.

Depois Hanna se virou para Opa. Tinham se visto pela última vez dez anos antes, quando ela partiu para se matricular na escola normal e nunca mais voltou. Ele ficou terrivelmente colérico na época e durante anos depois disso sentira-se traído por ela. Passou a se ver em conflito, mas com o tempo a raiva deu lugar a um vazio. Agora ele simplesmente sentia falta da filha.

Hanna se postou na frente de Opa, perguntando-se se a decepção dele com ela tinha esmorecido. Ela entenderia se não tivesse. Ele ficou parado ali, em silêncio, elevando-se sobre a filha, e pela primeira vez na vida Hanna viu uma expressão magoada nos olhos dele. Ela foi abraçá-lo e os dois andaram lentamente em silêncio, de braços dados, para o carro.

Enquanto iam para os aposentos de oficial do Exército dos EUA de Eddie, um apartamento em Patrick Henry Village, na base, Opa escondeu suas inseguranças e pareceu renascer ao ver cada detalhe do novo Chevrolet azul-claro e branco de Eddie.

Com um prazer pueril, ele examinou o interior, passou a mão pelo banco de couro, acariciou o apoio para o braço, girou a manivela para abrir e fechar a janela, esticou o pescoço para ver a configuração do painel, apaixonando-se por tudo no carro, em especial porque carros eram uma raridade na Alemanha Oriental. No apartamento, Opa ficou particularmente fascinado com a geladeira. Em Schwaneberg, o que mantinha frios os perecíveis eram blocos de gelo do vendedor de porta em porta e uma caixa de madeira.

Naquela primeira noite, Oma mostrou cartões, desenhos e anotações caseiras que cada uma das crianças escrevera parabenizando os dois pelo casamento, dando as boas-vindas a Eddie à família e contando um pouco de suas vidas.

Hanna ficou animadíssima ao ter notícias de Roland, mas o bilhete dele era curto. Sofrendo por não poder se associar com a irmã desertora e seu novo marido americano, mas percebendo o risco que qualquer contato poderia representar para a carreira ascendente e o sustento da família, ele escreveu apenas que esperava verdadeiramente que Hanna estivesse bem. A tristeza tomou conta dela ao ler a mensagem breve demais do amado irmão e, em silêncio, ela amaldiçoou o regime que os obrigava a se separar, a mágoa ainda mais aguda quando viu a fotografia dele com a esposa, com quem era casado fazia oito anos. Ele tinha engordado e ainda era bonito aos 32 anos.

Seguiram-se mensagens meigas e fotografias. Havia Kai, de 16 anos, vestido com o uniforme do JLA; o cabelo platinado da infância ficara castanho, o rosto afinara, mas ele ainda era reconhecível. Klemens se tornara professor, casado, tinha um filho. Manni, soldado em sua farda militar do NVA, também se casou. As meninas pequenas, Helga e Tutti, que tinham 2 e 3 anos quando Hanna partiu, cresceram, eram quase adolescentes, e Tiele, uma jovem mulher, estava noiva e ia se casar.

Por fim, com 9 anos, havia Heidi, com as tranças escuras e longas, parecendo tão inquisitiva em sua foto de Jovem Pioneira quanto quatro anos antes, em Heidelberg. Ela fez um desenho de duas meninas de mãos dadas na frente do Castelo de Heidelberg e escreveu quanto sentia falta de Hanna e esperava revê-la em breve.

Eddie cobriu os novos sogros de atenção. Eles passaram o dia seguinte passeando de carro pela cidade e vendo a paisagem. Hanna ficou especialmente deliciada ao mostrar o castelo a Opa.

Enquanto andavam pelo terreno da fortaleza, ele examinou atentamente a arquitetura. No corredor interior, se demorou, desfrutando dos detalhes dos tetos de madeira de projeto complexo e das estátuas da nobreza da corte real. Ruminou sobre a história do castelo e observou cada detalhe com foco profissional, enfim refletindo que, apesar da guerra e do fogo, o castelo sobrevivera à completa destruição. Hanna olhou para ele e foi como se fosse uma garotinha de novo, na sala de aula de Opa ou em seu escritório.

Naquela noite, Opa tocou piano, presente de casamento de Eddie a Hanna. Ele tocou antigas canções folclóricas alemãs de sua juventude, valsas e clássicos, o "Minueto em sol maior", de Bach, a "Ode à alegria", de Beethoven, enquanto todos conversavam e cantavam, bebendo o *erdbeerebowle* caseiro de Eddie, um forte ponche feito com espumante e morangos embebidos em conhaque com açúcar. A noite foi ficando mais festiva ao avançar, os quatro completamente à vontade na companhia uns dos outros, percebendo que cada momento juntos era precioso. Oma tinha seu sorriso gentil aberto o tempo todo.

Durante a visita de dois dias, Opa ficou impressionado com Eddie, não só por seu estilo de vida confortável de oficial do Exército dos EUA, mas, mais importante, pela profundidade de seu caráter, em especial a extraordinária capacidade de se recuperar do passado trágico. Opa foi atraído pelo alto-astral e a perspectiva positiva que Eddie tinha do futuro.

Na manhã do segundo dia, Opa claramente tinha relaxado. Demorou a aparecer para o café da manhã, o que era muito pouco característico dele; sempre foi de se levantar muito cedo. Na cozinha, Eddie contava a Hanna que, durante a noite, alguém tinha ido à geladeira e acabado com o que restava do *erdbeerebowle*. Hanna riu, feliz ao saber que o pai se sentia em casa.

Eles passaram a tarde seguinte andando pelo centro de Heidelberg. Quando o sol começou a se pôr e a noite caiu, o tempo esfriou, assim eles se sentaram agasalhados, e bem próximos para conservar o calor, em um banco do Caminho dos Filósofos. Ali se demoraram, conversando no ar frio da noite sob a lua cheia enquanto olhavam a cidade e o castelo iluminado em um tom de dourado lustroso.

De volta ao apartamento, Hanna preparou o jantar, uma suculenta carne *rouladen*, receita de Oma. Eddie serviu vinho francês. A sobremesa foi creme de conhaque, seguido por mais vinho francês. Opa se sentia um rei.

Durante a última noite, Hanna finalmente tomou coragem para perguntar como estavam as coisas no lado oriental.

— Está tudo bem. Estamos nos acostumando — respondeu Oma.

Opa interveio:

— Na verdade não está nada bem e piora a cada dia.

Querendo evitar o assunto angustiante, Oma lembrou a ele que só lhes restava uma noite para desfrutar da companhia uns dos outros. À medida que a noite prosseguia, sem querer diluir a riqueza do tempo que restava com uma conversa vazia e fútil, eles se viram sentados em silêncio por longos períodos.

No dia seguinte, na estação de trem, Opa parecia genuinamente feliz sabendo que a filha tinha conquistado uma boa vida. Apesar das emoções confusas durante a última década, ele enfim ficou em paz, talvez até se consolando com o fato de que provavelmente teve seu papel ao capacitar a filha para ir atrás de seus sonhos. Oma também parecia reconfortada. Puxou Hanna para perto, olhou em seus olhos e disse:

— Você tomou a decisão certa. Estou feliz por você ser livre.

Mãe e filha demoraram muito tempo para se desvencilhar. Quando Hanna abraçou Opa, não pôde deixar de sentir que ele também tentava mostrar que não guardava rancor e enfim estava pronto para libertá-la.

Eles adiaram a partida quanto puderam, finalmente embarcando ao ouvir o apito. Quando o trem começou a avançar para o Leste, Opa, colocando-se em toda sua altura, ficou imóvel, olhando Hanna e Eddie pela janela com uma expressão melancólica. Oma acenou, sorrindo em meio às lágrimas.

Essa foi a última vez que Hanna viu os pais.

Após retornar de Heidelberg, a Stasi convocou Opa para lhe perguntar sobre o genro e ele simplesmente respondeu que não tinha o que dizer. O homem da Stasi o encarou com um olhar mortal, depois meneou a cabeça e acrescentou outra "mancha negra" de deslealdade à crescente lista de Opa.

Embora depois disso Oma tenha requisitado várias vezes outra visita a Hanna, todos os pedidos foram negados. O fracasso de Oma e Opa na ajuda à Stasi para obter informações sobre a inteligência americana ou criar um contato deixou claro que Opa não estava disposto a fazer aquele jogo.

PARTE TRÊS

11

"UM MURO MANTERÁ O INIMIGO LÁ FORA"
UM MURO PARA MANTER O POVO DENTRO (1960-1961)

> Ninguém tem nenhuma intenção de construir um muro.
> — *Walter Ulbricht, líder alemão oriental*

Em Schwaneberg, a Stasi sabia que Opa mentira para eles. Tomaram nota de sua desobediência, mas isso não os impediu de perseguir Eddie em Heidelberg. Já no ano seguinte, despacharam o sobrinho de Opa, Edgar, para espionar Eddie e tentar recrutá-lo para trabalhar para a Stasi. Mas, depois que Eddie lhe deu umas cervejas, Edgar começou a chorar e confessou a missão de espionagem.

— Se eu não conseguir as informações que eles querem, vão causar grandes problemas para mim e minha namorada — disse ele, completamente aflito. — Temos um filho. Não sei o que fazer.

Depois de um tempo, ele enfim levantou a cabeça e falou:

— Não posso voltar.

Hanna e Eddie o deixaram na estação de trem de Heidelberg. Alguns meses depois, receberam um cartão-postal de Edgar, enviado do Paraguai.

Em Seebenau, enquanto ainda conseguia, Kallehn, agora na casa dos 70 anos, adaptava-se à vida comunista, mas na verdade sofria em silêncio. Poucos na família conseguiram visitá-lo desde que, cinco anos antes, entrara em vigor a regra que isolara as cidades fronteiriças de todos, exceto os moradores da região. Para piorar as coisas, como estava ficando mais frágil com a idade, Kallehn não podia mais viajar para ver a família em Schwaneberg, o que praticamente o baniu a uma vida de isolamento e exílio interior.

Em 1960, o ano da "primavera socialista", o governo da Alemanha Oriental coletivizou as fazendas restantes que tinham administração independente. Fazendeiros que evitaram ceder suas terras agora eram obrigados a assim proceder. Kallehn resistiu, aguentou o tempo que pôde, mas, sem querer ser preso e perder tudo, enfim desistiu e entregou as terras da família. Exausto e desanimado com tudo isso, no final do ano Kallehn faleceu. Por um tempo, Ama Marit permaneceu na fazenda, depois foi morar com a filha Frieda, que ainda vivia em sua casinha na margem da fronteira.

Na década de 1960, as tensões entre as duas superpotências eram crescentes. Cuba se alinhara com a União Soviética e adotara a ideologia marxista, o que resultou no rompimento de laços dos Estados Unidos com a ilha vizinha. Em um encontro das Nações Unidas, um dignitário ocidental, chefe da delegação filipina, fez um discurso declarando que os povos do Leste Europeu eram privados da liberdade e que seus países foram "engolidos" pela União Soviética. O secretário soviético Kruschev respondeu correndo ao pódio, batendo o pé e chamando o diplomata de "um idiota, um fantoche" e um "bajulador do imperialismo americano".

Em maio de 1960, os soviéticos derrubaram um avião espião americano que voava em espaço aéreo soviético. O piloto, Francis Gary Powers, passou um ano em uma prisão soviética. Inicialmente, os Estados Unidos negaram que o avião abatido fosse usado para espionagem, mas, depois que Kruschev mostrou provas, um humilhado presidente Eisenhower teve de admitir publicamente que o avião estava em missão de inteligência. O incidente foi um importante momento na Guerra Fria e foi responsável por grande parte do colapso do diálogo sobre o controle armamentista que acontecia entre os Estados Unidos e a União Soviética em Paris.

Os dois rivais continuaram a aumentar seus arsenais nucleares e, no início dos anos 1960, a União Soviética tinha alcançado os Estados Unidos como autêntica superpotência nuclear.

A corrida espacial continuava. Depois do bem-sucedido lançamento do primeiro satélite pelos soviéticos, os americanos lançaram o próprio mas na época os soviéticos aumentaram a aposta. Menos de um mês depois, o cosmonauta Yuri Gagarin tornou-se o primeiro homem no espaço, uma vitória para Moscou e o comunismo. Os Estados Unidos o seguiram, mandando o astronauta Alan Shepard ao espaço, ao que os soviéticos responderam mandando a primeira mulher a entrar em órbita e, aumentando ainda mais a aposta, realizaram a primeira caminhada no espaço. Isso foi seguido por uma caminhada americana no espaço e, logo depois, John Glenn tornou-se o primeiro homem a orbitar a Terra.

Na Alemanha Oriental, as fugas continuavam. Estima-se que, em 1960, 3,5 milhões de alemães orientais, quase um sexto da população, tenham fugido.

Enquanto as pessoas encontravam meios de sair, as autoridades da Alemanha Oriental temiam que agentes alemães ocidentais estivessem entrando. Assim, a Stasi prendeu centenas de cidadãos alemães orientais e os acusou de espionagem para países estrangeiros. Com as autoridades ainda incapazes de controlar o acesso a Berlim Ocidental, a cidade permanecia como a melhor esperança para aqueles que queriam escapar. Agora o Centro de Refugiados Marienfelde, em Berlim Ocidental, processava cerca de 2 mil alemães orientais por dia. Com a população da Alemanha Oriental minguando e sua economia à beira de um colapso, finalmente chegara a hora, decidiu Ulbricht, de tomar alguma medida drástica para deter o êxodo de uma vez por todas.

Não havia notícia nenhuma da Alemanha Oriental. Em Heidelberg, Hanna não sabia da família há mais de dois anos, desde que os pais a visitaram. Em Schwaneberg, as autoridades impediam que cartas da família saíssem do país, provavelmente devido, em parte, ao fracasso da missão de Oma e Opa. Sem notícias da família, Hanna se resignou a conferir os jornais da Alemanha Ocidental e sintonizar a televisão e o rádio para saber o que pudesse sobre o que acontecia no Leste. As informações eram poucas, porém, e era quase impossível encontrar alguma notícia sobre vilarejos como Schwaneberg. Para Hanna, era como se a Alemanha Oriental e sua família começassem a escapulir e sumir em uma névoa cinzenta e remota.

Hanna e Eddie tiveram o primeiro filho, um menino, Albert. Depois o exército enviou Eddie de volta aos Estados Unidos, onde John F. Kennedy acabara de fazer o juramento de posse como presidente. Desde o começo, Kennedy era imensamente popular entre os americanos, em grande medida devido à posição firme com relação aos soviéticos.

Hanna ficou emocionada ao começar a nova vida nos Estados Unidos, mas desanimada que a mudança impusesse uma distância ainda maior entre ela e a família, embora não parecesse mais importar se estava a duzentos ou a 5 mil quilômetros de distância.

Eles se mudaram para as pradarias do Kansas, onde Eddie foi designado ao Fort Riley. Eu nasci em março de 1961, quando Hanna, minha mãe, começava sua nova vida no Meio-Oeste como esposa de militar americano, agora com dois filhos pequenos.

Naquele mesmo mês e durante toda a primavera, milhares de alemães orientais ainda entravam diariamente em Berlim Ocidental. Circulavam boatos pelo país de que o regime se preparava para isolar permanentemente Berlim Ocidental com a construção de uma barreira física em volta da cidade. Acreditando que a janela para a fuga talvez estivesse se fechando para sempre, um grande número de alemães orientais correu à fronteira. Em meados de junho, Ulbricht, preocupado que os boatos espalhassem o pânico e provocassem um êxodo que seria catastrófico para a economia, fez um pronunciamento pelo rádio para dizer aos cidadãos da Alemanha Oriental que seus temores eram completamente infundados. *(Ver imagem 3.)*

"Ninguém", garantiu ele, "tem nenhuma intenção de construir um muro."

Mas nas primeiras horas antes do amanhecer de 13 de agosto de 1961, enquanto os berlinenses dormiam, brigadas de operários de construção e cerca de 40 mil soldados alemães orientais começaram a desenrolar bobinas de arame farpado e erguer cercas para bloquear todo o acesso a Berlim Ocidental. *(Ver imagem 4.)*

Soldados alemães orientais armados postavam-se a intervalos de dois metros, preparados para atirar em qualquer desertor de última hora, que, como foram avisados, poderiam incluir os operários de construção e até outros guardas de fronteira. Com medo de que a Otan reagisse com uso da força, tanques soviéticos assumiram posições ao longo da fronteira, mas, como não houve reação alguma, a *Aktion Rose* (Operação Rosa) alemã oriental seguiu a todo vapor.

Um barulho ensurdecedor de máquinas pesadas rasgando ruas e derrubando construções tomou a cidade. Estradas, sistemas de metrô e ferrovias foram extirpados. No meio da manhã, milhares de berlinenses ocidentais se reuniram para ver o desenrolar da cena extraordinária. Chocados com o que testemunhavam, ficaram olhando, meneando a cabeça e agredindo verbalmente soldados alemães orientais e operários, que aparentemente não se deixavam afetar pelas provocações e continuaram tranquilamente fazendo o trabalho que lhes fora ordenado.

Ao meio-dia, todas as rotas para Berlim Ocidental, a última fronteira que proporcionava alguma possibilidade de fuga, estavam efetivamente fechadas.

Gente do mundo todo parou o que estava fazendo para ver e ouvir as notícias, perplexa com a cena sinistra de um país trancafiando seu povo.

Na vila militar no Kansas, Hanna levantou-se pela manhã e cuidou, feliz, dos dois filhos. Com o sol de verão entrando pela janela, ela passou o café e ligou a televisão, preparando-se para dar início ao dia. Ao sintonizar, teve a surpresa de ver o noticiário de Berlim contando que a Alemanha Oriental estava isolada do Ocidente.

A cena mostrou trabalhadores alemães orientais labutando em um imenso projeto de construção. Inicialmente confusa, de súbito minha mãe se sentiu mal ao entender o que via. Assistindo aos trabalhadores empilharem blocos de concreto, guardas armados ao fundo, ela ficou de coração partido ao perceber que o regime tinha tomado uma medida definitiva e desesperada para romper com o Ocidente. Um muro fecharia o país, colocaria em isolamento ainda maior o povo da Alemanha Oriental e, ela sabia, levaria sua família com ele.

Em 24 horas o Muro de Berlim atravessava o centro da cidade. No dia seguinte, o Portão de Brandemburgo ficou preso no Leste, a apenas cinquenta passos da liberdade. Símbolo da unidade alemã, ironicamente naquele dia o Portão de Brandemburgo se tornou o maior símbolo de uma Alemanha dividida.

Nos dias que se seguiram, o ritmo das obras se intensificou com a construção da primeira geração do Muro de Berlim. Feito de arame farpado e blocos de concreto, ele se estenderia por centenas de quilômetros e cercaria completamente a cidade insular de Berlim Ocidental, isolando-a do restante da Alemanha Oriental. A construção rompeu ruas, perfurou bairros, até separou cemitérios em dois. Alemães orientais que por acaso estavam no lado ocidental no momento da construção simplesmente foram isolados dos entes queridos do outro lado, famílias foram separadas em um instante.

Pela televisão, Hanna viu imagens de familiares transtornados trocando acenos de lados opostos da fronteira, até que a polícia da Alemanha Oriental enxotava quem era do Leste. Mais cenas trágicas se seguiram: pessoas desesperadas pulando de edifícios de Berlim Oriental no calçamento de Berlim Ocidental, berlinenses ocidentais do outro lado esperando para apanhá-los e ajudar na fuga. As imagens foram seguidas por cenas de trabalhadores calmamente tapando as janelas com tábuas e obrigando as pessoas a uma mudança ainda mais para o interior da Alemanha Oriental.

O mundo assistiu continuamente enquanto centenas de torres de vigilância brotavam pelo Muro. Ao mesmo tempo, a fronteira interna alemã, entre as Alemanhas Oriental e Ocidental, foi fortificada com um número maior de obstáculos, mais complexos, que por fim incluíam minas terrestres e armas automáticas com molas disparadas por ar comprimido.

Moscou observava como o jovem e inexperiente líder em Washington reagia ao fechamento de Berlim Oriental. O presidente Kennedy, atento às tensões que aumentavam a níveis perigosos, protestou veementemente contra a construção do Muro, mas, sem querer arriscar uma Terceira Guerra Mundial, reconheceu que "um muro é muito melhor que uma guerra". Desde que os direitos ocidentais em Berlim não fossem ameaçados, disse ele, os Estados Unidos não iriam interferir.

Sobre o povo alemão oriental, o chanceler alemão ocidental Konrad Adenauer prometeu: "Eles são e permanecerão nossos irmãos e irmãs alemães". O prefeito de Berlim Ocidental, Willy Brandt, que foi testemunhar de perto a construção do Muro, chamou-o de "Muro da Vergonha".

Moscou ficou aliviada que o Ocidente não tenha tomado nenhuma medida para contestar a situação. Com o alívio da pressão da retaliação, Ulbricht voltou-se para o povo da Alemanha Oriental. Disse-lhes que o Muro era uma "barreira de proteção antifascista" e que fora projetado para mantê-los a salvo de ataques do Ocidente. Sem tal ameaça, disse ele, o Estado começaria a progredir verdadeiramente. No dia seguinte, o jornal alemão oriental *Neues Deutschland* traria a manchete: "Entram em vigor medidas para proteger a paz e a segurança da República Democrática Alemã".

O primeiro salto para a liberdade sobre o Muro de Berlim de que se tem notícia aconteceu em 15 de agosto, apenas dois dias depois de os trabalhadores começarem a construção, quando Conrad Schumann, um guarda de fronteira alemão oriental que se apresentara voluntariamente para o serviço em Berlim, estava em seu posto com o fuzil preparado e ordens de impedir a fuga de compatriotas. Quando berlinenses ocidentais chamaram, "Venha para cá", Schumann pulou o arame farpado e correu para Berlim Ocidental, onde foi levado por uma viatura policial do lado oeste, que o aguardava.

Nove dias depois do início da construção, surgiram notícias da primeira baixa conhecida no Muro de Berlim. Ida Siekmann, de 59 anos, morreu ao tentar pular em uma rua de Berlim Ocidental a partir da janela no terceiro andar de seu prédio, antes que o edifício fosse condenado a abrir espaço para mais construção na fronteira. Dois dias depois, Günter Litfin foi assassinado com um tiro na nuca por um guarda de fronteira alemão oriental enquanto tentava atravessar a nado para a margem oeste do rio Spree, em Berlim. No Leste, o regime realizava uma campanha de calúnias, difamando Litfin como um vândalo com um passado criminoso muito antes de ter tentado fugir. Os noticiários alemães ocidentais condenaram o assassinato, considerando-o de "um sangue-frio brutal".

Nos anos que se seguiram, o Muro passaria por atualizações constantes para que fosse de penetração cada vez mais difícil. Oficiais de fronteira examinavam atentamente cada local onde alguém tinha fugido e corrigiam deficiências na estrutura para que outros não pudessem escapar da mesma maneira.

O que começou, nas primeiras horas daquela manhã quente de agosto, como uma simples cerca de arame farpado logo evoluiria para uma estrutura de concreto de três metros e meio de altura e de trinta a noventa centímetros de espessura, com o topo arredondado para impedir que alguém conseguisse se agarrar ali e escalar. Uma tela eletrificada de metal e mais rolos de arame farpado por fim foram instalados, assim como vários cabos de eletricidade, luzes de busca, trincheiras e, por toda a fronteira, a faixa da morte, um trecho de areia de cem metros de largura meticulosamente varrido para facilitar a localização de pegadas. À noite, holofotes e luzes de busca vasculhavam constantemente à procura de qualquer atividade. Com armadilhas acionadas por fios e trincheiras antiveículos, o Muro era uma arapuca mortal que proporcionava um campo de tiro desimpedido para guardas armados postados em cerca de trezentas torres de vigilância no perímetro, com ordens para garantir que ninguém escapasse com vida. *(Ver imagem 5.)*

Meses depois de iniciada a construção do Muro, ocorreu um incidente no Checkpoint Charlie, o ponto de travessia dos Aliados do Oeste para Berlim Oriental, quando guardas de fronteira alemães orientais negaram acesso desimpedido a um diplomata americano para o setor soviético em Berlim Oriental, em violação direta ao acordo das Quatro Potências.

Em resposta, o comando do exército americano em Berlim deslocou uma coluna de dez tanques M48 A1 Patton para a fronteira do Checkpoint Charlie, de frente para o setor soviético. Diplomatas americanos, escoltados pela polícia militar dos EUA, forçaram passagem para o Leste a pé. No dia seguinte, dez tanques soviéticos T-55 assumiram posições opostas do lado oriental na fronteira do posto. Com a atenção do mundo mais uma vez fixa em Berlim, tanques americanos e soviéticos, com os canos apontados uns para os outros a poucos metros de distância, enfrentavam-

-se de forma ameaçadora. Nervosos, muitos se perguntaram se o mundo estava à beira da Terceira Guerra Mundial.

Graças à discreta diplomacia entre Kruschev e Kennedy, 24 horas depois de o impasse no Checkpoint Charlie começar, as tensões diminuíram quando os soviéticos retiraram um tanque. Os Estados Unidos, por sua vez, também removeram um. A retirada continuou lentamente, um tanque de cada vez, até que todos tinham partido. O mundo soltou um suspiro coletivo de alívio e os Aliados voltaram a ter acesso a Berlim Oriental.

De sua casa distante no Kansas, minha mãe não tinha como saber que a filha, agora com oito meses, um dia participaria de uma equipe que atravessaria regularmente o Checkpoint Charlie para exercer os direitos americanos de acesso e sair em missões de coleta de informações no setor soviético de Berlim.

Em Schwaneberg, a família soube da construção do Muro por meio do pronunciamento de Ulbricht pelo rádio ao povo da Alemanha Oriental. Apesar da explicação do líder de que a estrutura fora erguida para protegê-los, Oma e Opa sabiam que havia sido construída para trancafiá-los e romper qualquer ligação com o Ocidente.

A construção do Muro de Berlim marcou um momento crucial para Oma. Agora ela temia que a família fosse separada de Hanna para sempre. Sem nenhum contato em quase três anos, ela nem mesmo sabia que Hanna se mudara para os Estados Unidos e tivera dois filhos.

Dirigentes do Partido, professores e líderes juvenis de toda a Alemanha Oriental receberam a ordem de espalhar a mensagem de Ulbricht de que o Muro era uma medida necessária para garantir a segurança do povo. Em Schwaneberg, a professora de Heidi cumpriu sua parte perguntando se alguém na turma queria que as forças do mal do Ocidente destruíssem o país.

— Precisamos garantir que a Alemanha Oriental esteja guardada contra aqueles que querem nos fazer mal — disse ela.

As crianças se entreolharam, suas preocupações se transformando em orgulho da liderança por ter tomado medidas tão arrojadas para enfrentar os inimigos e proteger os cidadãos.

Fechadas todas as rotas de viagem para fora do país, o regime voltou-se para a manipulação do povo. Oma se preparou para o endurecimento de controle que ameaçava os filhos. Agora ainda mais compelida a dar à família um refúgio quando as coisas apertassem, ela fez a única coisa ao seu alcance para protegê-los: construiu uma barreira própria e instituiu a regra de solidariedade familiar a todo custo.

O porto seguro que ela começara a criar no dia em que os soviéticos puseram os pés em Schwaneberg, para proteger a família da asfixia do regime, agora tinha um nome. Ela declarou o Muro da Família um santuário, um refúgio onde a família preservaria suas almas, mantendo o bem do lado de dentro e o mal do lado de fora. As crianças seguiram o exemplo de Oma e o conceito se firmou.

Dentro do Muro da Família, as crianças baixavam a guarda. Enquanto a tessitura social da Alemanha Oriental começava a puir sob o jugo de um clima orwelliano de opressão e famílias se perguntavam se podiam ou não confiar nos cônjuges, pais e irmãos, Oma exigia confiança e lealdade à família. Atrás de portas fechadas, para Opa, Oma insistiu que eles tinham de fomentar a ideia do Muro da Família se quisessem ter alguma chance contra um regime disposto a esmagar o espírito do povo.

No vilarejo, porém, por mais que Oma tentasse, o Muro da Família não impediu que as autoridades invadissem sua vida. Ainda assediavam Opa, que ordenaram a trabalhar mais arduamente no estímulo aos alunos para servirem apaixonadamente ao regime. Quando as autoridades começaram a detectar apatia nele, foram insultá-lo, insinuando que ele estava perdendo a mão e que seus dias estavam contados.

12

O MURO DA FAMÍLIA
A CRENÇA DE OMA E A REBELDIA DE OPA
(1962-1965)

> A liberdade traz muitas dificuldades e a democracia não é perfeita. Mas nunca tivemos de erguer um muro para conter nosso povo.
>
> — *John F. Kennedy, presidente dos Estados Unidos*

Agora os alemães orientais tinham um profundo problema de imagem. O Muro tinha piorado uma reputação que já era péssima e a liderança se reuniu para pensar em um jeito de lidar com a surra que levava do mundo livre.

Enquanto isso, por todo o Leste, dirigentes do Partido elogiavam a decisão do regime de proteger as fronteiras contra os inimigos ocidentais. Em Schwaneberg, na reunião do Partido, as autoridades testaram líderes comunitários, pedindo opiniões sobre a construção do Muro. Enquanto o ardoroso novo prefeito do vilarejo o apoiava inteiramente e outros o defendiam com entusiasmo, Opa assentiu sua aprovação, mas não disse nada; passou a impressão de hesitação e não convenceu ninguém.

Na escola, Opa foi compelido a apoiar a explicação do Partido sobre o Muro e nenhum dos alunos o contestou. Como em muitas outras questões, os moradores não conversavam sobre o isolamento da Alemanha Oriental. Alguns alemães orientais aceitaram o motivo das autoridades para a construção do Muro e simplesmente seguiram com a vida.

Heidi e as irmãs ainda dividiam o tempo entre a casa, a escola e as atividades juvenis. Helga e Tutti fizeram o juramento Jugendweihe e foram promovidas à JLA, enquanto Heidi continuava Jovem Pioneira. Depois de servir ao exército, Manni tornou-se professor, como Roland, Klemens e Tiele. Aos 19 anos e recém-saído do ensino médio, Kai foi recrutado para o NVA a fim de cumprir o que agora se tornara um período de dezoito meses de serviço militar obrigatório para todos os jovens alemães orientais do sexo masculino.

Enquanto a vida sob o comunismo se tornara rotineira para a família, Opa parecia ser o único que não conseguia fazer as pazes com a realidade. Em casa, sua agitação começou a se revelar em explosões incontidas. Roland, agora um homem maduro em meados dos 30 anos, viu-se constantemente alertando Opa para ser mais discreto, se não por ele mesmo, então que pelo menos considerasse as possíveis consequências para a família. Opa tentou dar ouvidos aos conselhos do filho mais velho, mas não conseguiu conter a raiva quando soube o que o regime tinha em mente para seu quarto filho, o gentil e meigo Kai.

Durante o treinamento, Kai se distinguiu pelo desempenho de alto nível, conquistando honras como atleta de destaque e excelente atirador. Por conseguinte, recebeu a ordem de servir ao país como guarda de fronteira no Muro de Berlim.

Opa ficou transtornado. Embora soubesse que Kai não tinha alternativa nessa questão, não queria que o filho cumprisse deveres na fronteira, onde se veria na situação de ter de atirar em alguém que tentasse fugir. Oma passou muito tempo no jardim naquele verão, pensando e rezando pelo menino.

Mais ou menos na época em que eu completava 2 anos nos Estados Unidos, Kai foi submetido a uma bateria de testes para garantir que era politicamente confiável e capaz de servir na fronteira. Vestiu a farda verde-oliva de guarda de fronteira e se apresentou para o dever. Evitar fugas, disseram-lhe seus superiores, tinha suas recompensas, medalhas e promoções. O fracasso nessa tarefa, por outro lado, seria punido com pena de prisão, consequências para a família e a corrosão de perspectivas para o futuro.

Devido à proximidade com o Ocidente, os guardas tinham de ser atentamente vigiados e constantemente avaliados. Em todo posto, Kai formava dupla com um novo guarda, alguém com quem nunca havia trabalhado. Ordenados a servir em duplas, eles podiam trabalhar juntos apenas uma vez, minimizando as chances de formarem laços e depois conspirarem para fugir ou de concordarem em não disparar em possíveis fugitivos. Era seu dever, por juramento, denunciar qualquer sugestão de deslealdade dos parceiros, inclusive sinais de que eles não estivessem comprometidos ao máximo com o cumprimento da missão.

A maioria dos guardas seguia as regras, mas alguns puseram o sistema à prova. Rüdiger Knechtel foi sentenciado a um ano de prisão por jogar pelo Muro uma garrafa contendo um bilhete para o serviço de mídia militar American Forces Network (AFN) em Berlim, em que expressava a desilusão com a vida na Alemanha Oriental, escrevia a palavra *Schandmauer* (Muro da Vergonha), depois pedia uma música. Sem mencionar seu nome, a AFN prontamente lhe dedicou a música, dizendo: "Parabéns do outro lado", depois colocou o bilhete no quadro de avisos, onde foi visto por um espião da Stasi, que o denunciou à polícia secreta alemã oriental.

Os Estados Unidos e a União Soviética ainda travavam guerras virtuais pelo mundo, cada lado reforçando a própria capacidade de iniciar uma guerra nuclear. À medida que as coisas pareciam esquentar, o presidente Kennedy estimulava os americanos a construir abrigos subterrâneos antibombas para se protegerem, na eventualidade de um ataque nuclear soviético.

Em fevereiro de 1962, os soviéticos libertaram o piloto americano Francis Gary Powers e o entregaram em mãos americanas, em troca de um espião soviético. A troca aconteceu na Ponte Glienicke, na fronteira Berlim Ocidental-Oriental, local que ficaria famoso nos anos da Guerra Fria pelas trocas de espiões entre EUA e URSS.

Naquele mesmo ano, os Estados Unidos aumentaram o envolvimento contra a insurgência comunista no Vietnã do Sul, e em outubro o mundo foi levado à beira da guerra nuclear por treze dias, durante a Crise dos Mísseis, quando os soviéticos enviaram a Cuba mísseis nucleares capazes de alcançar os Estados Unidos. O presidente Kennedy desafiou a União Soviética:

> Será a política desta nação considerar qualquer míssil nuclear lançado de Cuba, contra qualquer nação no Hemisfério Ocidental, um ataque da União Soviética aos Estados Unidos, exigindo plena ação retaliatória contra a União Soviética.
>
> Apelo ao líder Kruschev que pare e elimine essa clandestina, imprudente e provocadora ameaça à paz mundial e às relações estáveis entre nossas nações. Apelo também para que abandone esse curso de dominação mundial e se una a um esforço histórico para dar fim à perigosa corrida armamentista e transformar a história da humanidade. Ele tem agora a oportunidade de retirar o mundo da beira do abismo da destruição.

Em meados de 1962, mais de vinte pessoas foram mortas no Muro de Berlim e cerca de duzentas foram apanhadas tentando fugir por ele. No primeiro aniversário da construção do Muro, os cidadãos de Berlim Ocidental fizeram três minutos de silêncio por aqueles que foram baleados ou morreram caindo de edifícios, ou no rio Spree. Nos anos que se seguiram, muitos outros seriam assassinados tentando ganhar a liberdade.

Um ano depois da construção do Muro, a mídia ocidental capturou em filme uma fuga fracassada, inacreditável e comovente. O mundo assistiu, horrorizado, a Peter Fechter, um pedreiro de 18 anos de Berlim Oriental, tentar escalar o Muro perto do Checkpoint Charlie e ser baleado por guardas de fronteira em plena vista de testemunhas de Berlim Ocidental. Apesar de suplicar ajuda, ele não recebeu assistência médica enquanto jazia sangrando ao pé do Muro e os guardas de fronteira alemães orientais ameaçavam atirar em quem tentasse intervir do lado ocidental. Berlinenses ocidentais furiosos os atacavam, gritando "Assassinos!", enquanto Fechter sangrava lentamente até morrer. Uma hora depois de baleado, os guardas de fronteira alemães orientais removeram seu corpo sem vida.

No vilarejo, os superiores de Opa enfim o convocaram para abordar o declínio de sua paixão pelo comunismo. Ele se preparou para outra rodada de denúncias. Disseram-lhe que se sentasse em uma cadeira no meio da sala. Um por um, criticaram-no, dizendo que ele tinha perdido o necessário fervor pelo socialismo e que seu desempenho medíocre era um insulto ao Partido. Como sempre, Opa não falou nada em defesa própria.

Por enquanto, Opa teria permissão de continuar no cargo de diretor da escola, mas agora ele sabia que não ia durar. O Estado não acreditava mais nele e começara a semear a desconfiança contra ele no vilarejo.

Naquele verão, vendo o desespero crescente do pai, Heidi fez 13 anos. Enquanto Oma sempre parecia encontrar a alegria, mesmo naquelas circunstâncias repressivas, Opa não era assim e agora, mais do que nunca, ficava distante.

Com o país em confinamento, a polícia secreta intensificou o controle da população, aperfeiçoando os métodos de penetrar em cada aspecto da vida de uma pessoa, inclusive ler a correspondência, ouvir as conversas, reunir detalhes comprometedores numa tentativa de identificar pontos fracos que pudessem ser usados para manipulá-los, até ameaçando expor segredos de família e indiscrições ou explorando falhas de caráter para vantagem da polícia secreta.

A Stasi recrutava mais agentes e aperfeiçoava o negócio sujo da chantagem e do suborno, oferecendo promoções, vantagens especiais ou dinheiro, ou freando progressos profissionais ou educacionais das pessoas para conseguir que elas obedecessem. Recompensavam aqueles que os ajudavam e puniam quem não.

O programa de informantes também cresceu. A Stasi jogava uns contra os outros numa tentativa de controlar a todos; o programa foi um sucesso porque ninguém sabia quem merecia confiança e quem eram os informantes. Agora havia cidadãos espiões em cada fábrica, clube social e grupo juvenil. Cada escola, edifício de apartamentos, unidade militar, grupo político e organização esportiva era um possível poço de intriga e exploração. Sem saber quem em seu meio entreouvia ou coletava informações para passar à polícia secreta, a autocensura tornou-se um meio de sobrevivência.

Um número cada vez menor de pessoas desafiava o Estado, sabendo que queixas e comentários contra o regime ou a política da Alemanha Oriental eram passíveis de punição. Qualquer ato de desafio podia levar ao desaparecimento da pessoa ou à destruição de seu futuro e o dos filhos. Assim, as pessoas tentavam ficar longe do radar da Stasi e mantinham a cabeça baixa, na esperança de ter uma vida tranquila nas condições que enfrentavam. Como não havia sinal de que algo ia mudar, o povo se resignou, conformou-se com a situação e construiu a vida de acordo com isso.

Alimentado pela paranoia contínua da influência ocidental, Ulbricht isolava cada vez mais os cidadãos quando exigia que o regime redobrasse os esforços para impedir que as pessoas sintonizassem a mídia ocidental em busca de notícias e entretenimento. O governo impôs punições mais severas e pôs a juventude da JLA para encontrar e destruir ou remover antenas que apontassem para o Oeste, em uma campanha chamada *Blitz contra NATO-sender*, blitz contra sinais da Otan.

∼

O mundo ainda estava em choque com o aprisionamento do povo da Alemanha Oriental. Para aqueles separados da família, o tempo simplesmente parou. A melancolia com a separação das duas Alemanhas persistiu. Nos Estados Unidos, a balada inquietante de Toni Fisher, "West of the Wall", sobre famílias e amantes separados pela barreira, entrou na lista das quarenta músicas mais executadas nas rádios.

Para minha mãe, Hanna, depois que o Muro de Berlim foi erguido, parecia que a Alemanha Oriental e sua família se descolaram e se afastaram, desaparecendo cada vez mais atrás da Cortina de Ferro, em um mundo misterioso e remoto em que ela temia jamais poder alcançá-los de novo.

Em casa, no Kansas, Hanna leu um artigo na revista *Time* intitulado "Alemanha Oriental: eles desistiram da esperança", que narra a visita de um viajante da Alemanha Ocidental aos parentes na cidade alemã oriental de Dresden. Ele disse: "Nunca vi pessoas se sentirem tão sós, perdidas e abandonadas. Elas desistiram da esperança". Hanna desprezou a matéria, preferindo acreditar que a família estava se virando de algum modo.

Na verdade, enquanto os primeiros anos haviam sido passados lutando para se reconstruir depois da guerra e para se adaptar ao governo dos russos, a maioria agora tentava se adaptar ao comunismo autoritário da Alemanha Oriental. Alguns adotaram o sistema, enquanto outros faziam o jogo só para sobreviver. Muitos armaram defesas para manter a dignidade pessoal, mas a maioria já percebia que era possível ter uma vida sossegada e descomplicada desde que não esperassem grandes coisas e não contestassem as autoridades.

Aos 14 anos, Heidi devia fazer o juramento Jugendweihe. Embora tenha sido condicionada a respeitar aqueles que tinham feito o juramento, ela, ao contrário dos colegas de turma, não ansiava mais pela cerimônia de juramento de lealdade ao regime. Quando chegou o momento, Opa, avisando-a que seu futuro dependia disso, pressionou-a a comparecer e assim, entre os colegas e líderes juvenis e faixas elogiando o socialismo, Heidi também levantou a mão direita e se dedicou à Alemanha Oriental, depois se juntou, sem qualquer paixão, às fileiras da JLA.

Opa passou o inverno sentindo-se cada vez mais isolado em seus pensamentos, e, quando chegou a primavera, Oma tentou fazer com que ele se reconectasse com a vida ao ar livre e a natureza, que ele sempre amara. Eles costumavam trabalhar juntos no jardim, ela notando que plantas tinham florescido, quais precisavam de mais água, enquanto ele arava a terra e colhia verduras e legumes para a próxima refeição e para fazer conservas. Juntos, eles faziam geleia de framboesa e sidra de maçã, davam caminhadas pelos campos relvados ou andavam pela floresta colhendo cogumelos e observando a flora. Na mata, em geral ele andava na frente ou partia para outro lado, preferindo ficar um tempo sozinho, ou querendo um lugar para se sentar a sós.

Toda a família sabia que Opa estava por um fio. Oma sentia que era do interesse dele e da família que Opa encontrasse alguma alegria na vida, então convidou a família a Schwaneberg para comemorar o aniversário dele. Embora Kai ainda estivesse de serviço na fronteira, todos os outros foram: Roland, Klemens, Tiele e Manni e as respectivas famílias chegaram com presentes e flores, comida e bebida caseira. As adolescentes Helga, Tutti e Heidi voejavam pela cozinha, ajudando Oma a preparar sopa e batatas, pegando picles de legumes no porão. Nunca entenderam como Oma, com suas míseras rações, conseguia ter o bastante para forrar a mesa, como sempre fazia, mesmo agora, enquanto servia bolos caseiros, *Butterkuchen*, *Bienenstich* e *Apfelkuchen*.

Roland se levantou diante da família, erguendo bem o copo para fazer um brinde.

— Papai — disse ele —, hoje nos reunimos para comemorar o seu aniversário. E, como em cada ano neste mesmo dia, também comemoramos o Dia do Professor na Alemanha Oriental. Papai, todos nós o admiramos como nosso maravilhoso pai e exemplo e temos orgulho de ter seguido seus passos como professor. Sabemos que este ano foi um desafio para você, mas sua família sempre estará presente para lhe dar apoio. Desejamos muita saúde e muitos anos de felicidade. *Zum Wohl.*

Naquela tarde, parecia que todos voltavam a uma época mais simples. Oma conduziu a conversa a dias mais despreocupados do passado. As lembranças os inundaram. Roland, Klemens, Tiele e Manni recordaram-se do inverno no pequeno vilarejo de Trabitz, onde moraram antes de se mudarem para Schwaneberg. Na neve pesada, trenós caseiros e engradados de madeira eram amarrados e, com seu professor no leme, as crianças desciam alegremente o monte Kanterburg, por duas vezes deslizando perigosamente perto do congelado rio Saale. Helga lembrou que, quando uma cegonha construíra um ninho no estábulo de Herr Poppel, foi Opa quem proibiu a todos derrubá-lo, e depois daquele dia a ave tornou-se a mascote do vilarejo e Opa recebeu o apelido de Salvador da Cegonha.

Naquela noite, Oma convenceu Opa a tocar algumas de suas canções populares preferidas no amado piano Schimmel. Ele aquiesceu e os filhos se juntaram ao pai, cantando em harmonia. Depois que o sol se pôs, eles acenderam uma fogueira do lado de fora e se reuniram ao redor. Vendo os filhos rirem ao brilho do fogo, Opa sorriu e por um tempo parecia que ele ia ficar bem.

Apesar da construção do Muro de Berlim, não havia como impedir aqueles ainda decididos a sair. Porém agora, para ter alguma possibilidade de sucesso, tinham de inventar novas maneiras de passar a perna nos guardas de fronteira. Alguns se escondiam em caminhões ou minúsculos compartimentos frontais do motor de carros autorizados a cruzar para o lado ocidental.

E então, em abril de 1963, Wolfgang Engels, um funcionário público de 19 anos do Exército da Alemanha Oriental, roubou um transportador blindado da base onde trabalhava e o fez bater no Muro. Como o veículo não conseguiu penetrar completamente o concreto, Engels fugiu, correndo a pé pelo entulho para o lado ocidental enquanto os guardas de fronteira alemães orientais atiravam. Um policial alemão ocidental interveio, disparando contra os guardas de fronteira do Leste. Baleado duas vezes ao lutar para se soltar do arame farpado, Engels foi puxado para a segurança por berlinenses ocidentais e sobreviveu. Depois dessa fuga, foi feita uma modernização: seções de muro de três metros de altura e três toneladas foram instaladas para impedir tentativas semelhantes.

Em outra fuga, Rudolf Mueller, que tinha escapado para Berlim Ocidental antes da construção do Muro, cavou um túnel subterrâneo de 22 metros de Berlim Ocidental a Oriental. Enquanto levava a família pelo túnel, foram descobertos por um guarda de fronteira de 21 anos que levantou a arma e ordenou que parassem. Mueller matou o guarda a tiros e a família escapou para Berlim Ocidental.

No Leste, a Stasi instruía os cidadãos informantes a descobrir quem estaria tramando uma fuga e como e onde planejava fazê-lo. Aos guardas de fronteira, o regime ordenou: "Não hesitem no uso de armas de fogo, inclusive quando as fugas da fronteira envolverem mulheres e crianças".

Em junho de 1963, o presidente Kennedy visitou Berlim. Perto do Portão de Brandemburgo, o líder do mundo livre subiu a escada de uma plataforma panorâmica e olhou o lado leste por cima do Muro, os obstáculos e barreiras que pretendiam manter aprisionados os alemães orientais. Do outro lado, guardas armados o observavam, o tempo todo monitorando a faixa da morte abaixo.

Dirigindo-se a uma multidão de 120 mil pessoas diante da Rathaus Schöneberg, a prefeitura de Berlim Ocidental, em um discurso que pretendia ser uma exibição de apoio inabalável aos berlinenses ocidentais e sua liberdade, transmitido ao vivo pela televisão para o mundo todo, Kennedy disse: "Muitas pessoas no mundo não entendem qual é a grande questão entre o mundo livre e o mundo comunista. Que venham a Berlim! A liberdade traz muitas dificuldades e a democracia não é perfeita, mas nunca tivemos de erguer um muro para conter nosso povo e impedi-lo de ir embora". Os berlinenses ocidentais e pessoas do mundo todo foram à loucura quando Kennedy concluiu com estas frases, hoje famosas: "Todos os homens livres, onde quer que vivam, são cidadãos de Berlim e, portanto, como um homem livre, eu me orgulho em dizer: '*Ich bin ein Berliner!*'"

As observações de Kennedy inspiraram o mundo ocidental e deram reforço moral ao povo de Berlim Ocidental em um dos momentos mais importantes para os Estados Unidos durante a Guerra Fria. Cinco meses depois, em novembro de 1963, Kennedy foi morto a tiros em Dallas por Lee Harvey Oswald, um americano que havia desertado para a União Soviética.

As notícias do Leste foram poucas por quase uma década. A adolescente Heidi ansiava por contato com a irmã, ao menos para contar de acontecimentos importantes na família, que ela estava certa de que Hanna queria saber: Roland tinha sido promovido a diretor de sua escola secundária, e ele e a esposa tinham um filho de 5 anos; Manni e Tiele se casaram e tiveram filhos; Kai completara o serviço no exército, Helga estava noiva e Tutti se formara no ensino médio e se preparava para ser professora, como os outros. Mas também havia notícias terrivelmente tristes: Klemens havia morrido de repente de um câncer que se espalhara rapidamente, deixando a esposa e dois filhos.

Heidi ansiava conversar com a irmã sobre o que a incomodava, que às vezes a vida podia ser solitária. Preocupava-a que Opa não estivesse mais nas graças das autoridades, mas ela procurava conforto no fato de que Oma continuava forte, apesar das circunstâncias, recusando-se a permitir que o regime levasse a melhor sobre a família. Sobretudo, Heidi desejava contar à irmã que Hanna a inspirava e que ela a admirava por ter fugido. Mas Heidi sabia que nunca poderia se arriscar a pôr essas palavras em uma carta. Em vista da campanha contínua da Stasi para difamar Opa, Oma disse a Heidi que não mandasse nenhuma carta a Hanna.

Ninguém em juízo perfeito se atrevia a satirizar o regime. Mas agora, em seu carteado das noites de sábado, apesar dos esforços de Oma, as frustrações de Opa chegavam ao ponto de ebulição.

Sabendo muito bem que havia informantes em seu meio, certa noite ele jogou a cautela ao vento e ridicularizou as autoridades locais, chamando o regime de um bando de idiotas trapalhões. O comentário silenciou a sala. Depois de uma pausa longa e ensurdecedora, em que ninguém se atrevia a olhar os outros, Opa deu de ombros e jogou suas cartas, gesticulando para os jogadores simplesmente continuarem a partida, o que eles fizeram. Mais tarde, meio de brincadeira, Opa chamou o prefeito, um dos companheiros de carteado, de trapaceiro. Mas ele passou mesmo dos limites quando fez piada do líder alemão oriental Ulbricht, chamando-o de "fantoche retrógrado". Perplexos com a audácia, ninguém se atreveu a reagir. Opa, contudo, deu uma gargalhada. Um dos outros jogadores, vizinho e amigo de longa data, percebendo que ele tinha ido longe demais, segurou-o pelo colarinho e o levantou, dizendo:

— Muito bem, meu velho, acho que por hoje chega. Vamos levar você para casa.

Antes de deixá-lo em casa com Oma, o amigo puxou Opa para perto, olhou-o firmemente nos olhos e disse que ele estava agindo com imprudência, pedindo para arrumar sérios problemas.

Não demorou muito para que as autoridades convocassem Opa. Disseram-lhe que estavam fartos da atitude dele.

Então um deles deslizou uma folha de papel pela mesa. Era uma carta que Opa escrevera a Ulbricht, em que se queixava das falhas da liderança do Partido Comunista local.

— Esta assinatura é sua?

Opa voltou para casa com um olhar vazio. Tinha sido demitido do emprego de diretor e professor, denunciado oficialmente e expulso do Partido Comunista.

Depois de várias semanas em casa, furioso, preocupado e ruminando a situação, uma tarde ele se levantou da cadeira do escritório e se recompôs. Voltou à prefeitura do vilarejo e disse às autoridades que elas cometeram um erro quando o expulsaram do Partido. Citando seus longos e dedicados serviços à comunidade, pediu que sua filiação e o emprego fossem restaurados.

As autoridades responderam que em algum lugar pelo caminho ele perdera a lealdade, acrescentando que "seu desempenho não está mais no espírito do progresso" e que a presença de Opa no vilarejo afetaria os outros moradores.

E foi assim que Oma e Opa, com a única entre os filhos que ainda morava com eles, foram banidos sem cerimônia para o minúsculo povoado de Klein Apenburg, a quase 115 quilômetros de distância, no meio do nada.

13
SÓ OS MEMBROS DO PARTIDO VENCEM
"TEMOS UM AO OUTRO"
(1966-1969)

> Não choro; eu abomino as lágrimas,
> pois são um sinal de escravidão.
>
> — *Max Beckmann, artista alemão*

Klein Apenburg localizava-se em uma região remota do distrito de Altmark, na Saxônia-Anhalt. Cercada principalmente por fazendas ou extensões de terras não cultivadas, a comunidade toda consistia em sete modestas construções agrupadas em volta de um beco poeirento. Cinco das construções eram habitações, uma era uma igreja de pedra com campanário abandonada, e a outra, um celeiro de madeira decrépito. Todos no povoado eram idosos, alguns enfermos. Um octogenário morava nesse assentamento mínimo havia décadas, mas os outros chegaram com o passar dos anos, sozinhos ou aos pares. Agora, à comunidade diminuta de fazendeiros aposentados, um soldado e operários de fábrica, alguns com cônjuges, outros sozinhos, somava-se a família de um ex-diretor de escola. Exceto Heidi, de 16 anos, não havia crianças.

Os novos vizinhos apareceram para dar as boas-vindas, levando flores e batatas de suas hortas. Mas Opa não estava no estado de espírito para ser amistoso e ficou sentado no alpendre da nova casinha, sem nem mesmo se dar o trabalho de cumprimentá-los. Oma agradeceu, explicando que ele não se sentia bem. Eles assentiram e pareceram compreender.

O fato de serem marginalizados da sociedade dominante foi um golpe para toda a família. Roland, Kai e Manni foram se reunir com o pai e ajudar na mudança. Os filhos adultos tentaram ao máximo consolar Opa, mas viram que ele estava completamente esgotado.

Oma recusava-se a lamentar as circunstâncias. Disse aos filhos homens que Opa precisava de tempo para se recuperar e que ele ficaria bem.

— *Da müssen wir durch*. É só uma fase pela qual estamos passando — disse ela. — Vamos ficar bem. Somos fortes. Temos um ao outro. Nada nos derrubará, nem isso, nem qualquer outra coisa. Esta família tem muito de que se orgulhar. Somos muito superiores a tudo isso.

Os rapazes fizeram a mudança de Oma e Opa, levando inclusive alguns móveis e os livros de Opa. A casa minúscula só podia acomodar cerca de um quarto do que eles possuíam, e grande parte do escritório de Opa, a maior parte de sua biblioteca, suas coleções de flores silvestres prensadas e espécimes geológicos e alguns tesouros da família, como o modelo do Castelo de Heidelberg, foram divididos entre os filhos. Mas fotos emolduradas da família e álbuns entraram na lista. Acreditando que ajudaria a animá-lo, Oma insistiu que o piano Schimmel de Opa fosse levado para Klein Apenburg. A família se reuniu para pagar o transporte por caminhão.

Depois que os filhos partiram, Opa se sentiu perdido. De repente privado de seu propósito de vida e agora fisicamente separado dos filhos adultos por uma boa distância, ele mergulhou na névoa pelos dois meses seguintes.

Oma assumiu o controle. Cuidou amorosamente de Opa, mas não perdeu tempo se lamentando pela situação e começou a organizar a casa nova e a criar uma nova vida. Sem água corrente, ela minimizou o que via como uma inconveniência menor e se pôs a trabalhar. Depois de avaliar o solo no terreno ao lado da casa, passou a arar a terra para o cultivo de uma nova horta. Colocou fotos da família por toda a casa. Recusando-se a deixar que Heidi remoesse a infelicidade da família, Oma lhe entregou um ancinho.

— Uma horta sempre pode mudar as coisas — disse ela, sorrindo ajoelhada, cravando as mãos na terra. — Com as novas sementes, vêm novos começos.

No final do outono, Oma tratava Opa com um regime firme de chás de ervas medicinais, vegetais saudáveis e ar fresco. Insistia que ele saísse da casa todo dia, então ele se sentava no banco de madeira no canto mais distante do terreno. Com a expressão vazia, era difícil para Oma saber o que se passava pela cabeça dele. Ela o lembrava constantemente de suas muitas realizações e contribuições para a comunidade como líder de sucesso e amado professor que tinha altruisticamente educado e ajudado tantos por tantos anos. À noite, ela o colocava na cama, acariciando gentilmente sua cabeça e lembrando a ele:

— Criamos uma boa família. Você é um pai e um professor maravilhoso. Vamos ficar bem.

Meus avós e Heidi aprenderam a viver com simplicidade em Klein Apenburg. Como parte da aposentadoria de Opa, sua renda foi reduzida e eles agora tinham de viver com recursos muito limitados e uma mísera pensão estatal, que somava apenas alguns dólares por mês. Antigamente Opa podia sustentar uma família inteira de onze pessoas e agora mal ganhava o bastante para três. Morando na comunidade diminuta e isolada, eles tinham apenas o básico, o que eles próprios podiam cultivar ou trocar com os vizinhos. Viviam com simplicidade e com pouco em uma casa pequena, simples e rústica, com uma latrina rudimentar em uma casinha e uma bomba d'água enferrujada na frente da porta da cozinha.

Embora Oma nunca tenha passado muito tempo em uma bicicleta, agora mais velha e menos ágil que no passado, de vez em quando combatia o isolamento usando a bicicleta da família para ir à cidade de Apenburg, uma viagem de quase sete quilômetros, para ver o que podia arranjar para a família.

A escola também ficava em Apenburg. Heidi fez a viagem de bicicleta todo dia naquele outono, mas com a chegada do inverno, especialmente depois de uma forte nevasca, tinha de ir a pé e às vezes chegava atrasada à escola, mesmo quando saía de casa cedo. Ela se esforçava muito para ter notas excelentes, assim Oma e Opa teriam motivo para ficar felizes e ela não aumentaria o fardo deles com um mau desempenho.

Nas caminhadas longas e enregelantes de ida e volta da escola, Heidi tinha muito tempo para refletir sobre sua situação. Os sentimentos de Heidi por Opa percorriam o espectro entre a profunda solidariedade e a raiva por ele ter causado o isolamento dos três ao falar mal do regime e se descontrolar. Ela se perguntava se, fora da Alemanha Oriental, baniam as pessoas a lugares remotos quando elas se manifestavam contra os governos.

Ocasionalmente, nas caminhadas solitárias à escola, a mente de Heidi vagava à irmã mais velha. Quanto mais Heidi pensava em Hanna, mais a admirava por ter tido a coragem de fugir, mesmo que tenha significado deixar todos para trás. Hanna correu o risco, foi destemida frente ao perigo e fez o que muitos outros dentro da Alemanha Oriental desejavam ter a coragem de fazer.

E assim, durante aquele primeiro inverno no exílio, em algum lugar pela estrada entre Klein Apenburg e Apenburg, Heidi passou a praticamente idolatrar Hanna pela força e ousadia. Depois de imitar fisicamente a irmã por toda a infância, agora a adolescente Heidi resolvia moldar seu caráter com base em Hanna. Tentava incorporar o que Hanna teria pensado e sentido em cada situação, como reagiria, o que diria ou não.

1. Sala de aula do ensino médio na Alemanha Oriental, com pôster do líder soviético Josef Stálin.
(*Cortesia de Bundesarchiv, Bild 183-13735-0006/Foto de Walter Heilig*)

2. A Revolta dos Trabalhadores de 1953 foi violentamente reprimida pelas forças soviéticas.
(*Cortesia de Universal History Archive/Getty Images*)

3. Alemães orientais, jovens e velhos, escapam para Berlim Ocidental, em 12 de agosto de 1961. (*Cortesia de Habans/Getty Images*)

4. Soldados e operários alemães orientais erguem o Muro de Berlim, em 13 de agosto de 1961. (*Cortesia de Lackenbach/Getty Images*)

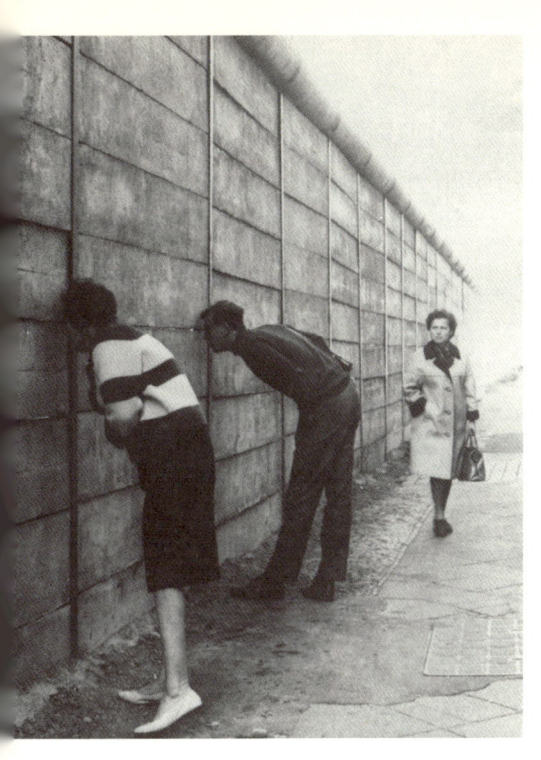

5. Berlinenses ocidentais espiam o lado oriental através do Muro de Berlim, perto do Checkpoint Charlie. (*Cortesia de Keystone/Getty Images*)

6. Cartas e fotografias da família no Leste em meados dos anos 1970. (*Cortesia da família Willner*)

7. Duas famílias escapam para o Ocidente em um balão caseiro. (*Cortesia de Günter Wetzel*)

8. Tentativa fracassada de fuga, Invalidenstrasse, Berlim Oriental. (*Cortesia de Polizeihistorische Sammlung*)

9. Acima do Muro de Berlim, a vista da inóspita Alemanha Oriental.
(*Cortesia de Rüdiger Stehn*)

10. Além do Muro de Berlim.
(*Cortesia de Mathias Donderer*)

11. Espiões de espiões. Estas fotografias da equipe da autora em missão de coleta de informações em Berlim Oriental foram tiradas pela Stasi, a polícia secreta. A legenda diz: "Atividade de espionagem por membros da inteligência militar american em instalações ferroviárias na capital, Berlim". (Cortesia de BStU)

Spionagetätigkeit von Angehörigen der Militärinspektion (MI) der USA an Bahnanlagen innerhalb der Hauptstadt Berlin.

12. Fotografia feita pela Stasi da USMLM em missão na Alemanha Oriental. (Cortesia de BStU)

13. A BRIXMIS em missão na Alemanha Oriental.
(*Cortesia de BRIXMIS Association*)

14. Operações no Aeroporto Tempelhof, Berlim Oriental.
(*Cortesia da autora*)

15. Checkpoint Charlie.
(*Cortesia de Roger Wollstadt*)

16. Guardas de fronteira da Alemanha Oriental investigam o Ocidente.
(*Cortesia de Keystone-France/Getty Images*)

17. Artilharia antiaérea ZSU 23-4, Berlim Oriental.
(*Cortesia de BRIXMIS Association*)

18. Seguranças da Stasi e da Alemanha Oriental atentos à autora em Berlim Oriental.
(*Cortesia da autora*)

19. Paisagem urbana da Alemanha Oriental: blocos de concreto residenciais e um pôster de Honecker em primeiro plano.
(*Cortesia de Thomas Hoepker/Magnum Photos*)

20. Hanna e Nina em Berlim Oriental, no Portão de Brandemburgo.
(*Cortesia da família Willner*)

21. Desfile no aniversário de fundação do país, Karl Marx Allee, Berlim Oriental, outubro de 1989: "40 anos de Alemanha Oriental".
(*Cortesia de Picture-Alliance/dpa*)

22. Mikhail Gorbachov e Erich Honecker na celebração dos quarenta anos da Alemanha Oriental. Berlim Oriental, outubro de 1989.
(*Cortesia de Picture-Alliance/Sven Simon*)

23. Heidi e Reinhard deixam o Leste em seu Skoda.
(*Cortesia da família Willner*)

24. *No topo:* Hanna reencontra Manni.
No meio e abaixo: Heidi (*à esquerda*) reencontra Hanna, que vira apenas uma vez, durante a Guerra Fria, quando Heidi tinha 5 anos.
(*Cortesia da família Willner*)

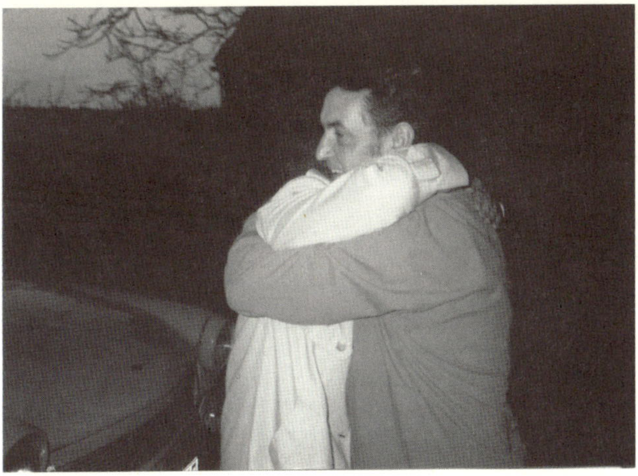

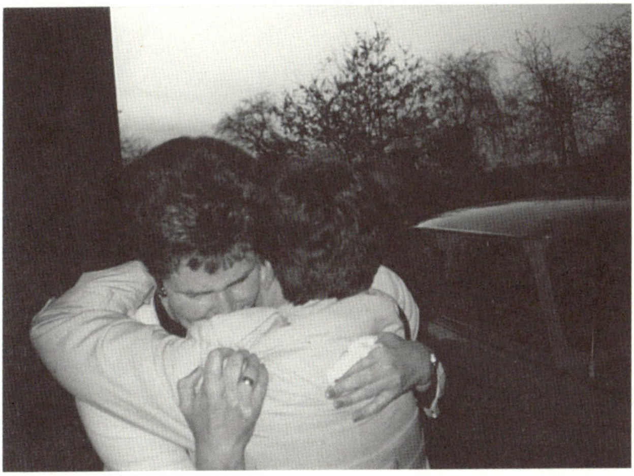

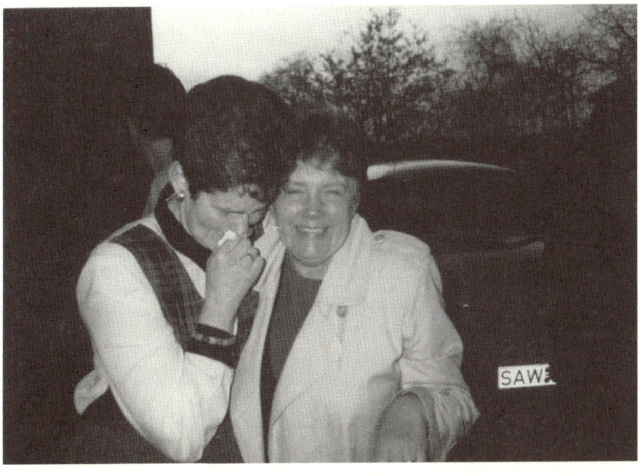
SAW

25. Albert, Cordula e Nina correm a Maratona de Berlim em 2013.
(*Cortesia de Marathon Foto*)

26. Encontro da família em 2013.
(*Cortesia da família Willner*)

27. Os seis irmãos remanescentes reunidos.
Da esquerda para a direita: Helga, Tutti, Manni, Hanna, Heidi e Tiele.
(*Cortesia da família Willner*)

28. Hanna e Heidi em 2015.
(*Cortesia da família Willner*)

29. (*Cortesia da família Willner*)

Imaginando que a irmã teria orgulho dela, Heidi jurou se portar com dignidade, independentemente do que viesse.

Com um renovado senso de direção, baseado na coragem da irmã por ter encenado o ato definitivo de desrespeito e desafio contra o regime ao fugir, Heidi se fortaleceu. Elevou a imagem de Hanna a novas altitudes e, no fim daquele ano desesperadamente solitário, já pensava na irmã como nada menos que uma lenda.

À medida que o inverno se instalava e a neve ficava mais pesada, também ficou difícil demais para Heidi ir às aulas, e, como Oma e Opa não tinham dinheiro para acomodá-la em Apenburg, ela teve de abandonar a escola. Passou os longos dias frios em casa, em serviços domésticos, ajudando Oma e Opa, limpando, carregando a madeira e o carvão, jogando cartas com eles e tendo longas conversas com Oma sobre a vida. Trabalharam muito com as agulhas naquele inverno, fizeram mantas de crochê e bordados nas bainhas dos lenços. Quando a primavera chegou, depois de perder trabalhos escolares demais ao se reintegrar à sua turma, Heidi continuou em casa, rachando lenha, ajudando Oma na horta, cuidando de Opa e imaginando seu futuro.

Por um tempo, Opa continuou melancólico, em geral com o olhar de um homem que tinha partido emocionalmente. Mas depois de quase um ano em Klein Apenburg, graças aos cuidados de Oma, ele começou a aceitar melhor as circunstâncias. Passava os dias lendo e ajudando Oma na horta. De vez em quando conversava com os vizinhos. Depois de um tempo, Opa até se juntou ao carteado deles. Embora desse a impressão de se adaptar, quando Oma fazia com que ele tocasse o Schimmel, Opa, depois de várias tentativas desanimadas, dizia que o piano não soava bem, que estava desafinado.

Um turbilhão se espalhou pelo planeta. Na Ásia, o envolvimento americano no Vietnã chegou ao auge quando os vietcongues lançaram a Ofensiva do Tet, provocando uma derrota política aos Estados Unidos. A China comunista detonou sua terceira bomba nuclear. Forças americanas invadiram a República Dominicana para evitar uma tomada comunista semelhante à que acontecera em Cuba.

Na Tchecoslováquia em 1968, soviéticos, alemães orientais e outros soldados do Pacto de Varsóvia esmagaram a "Primavera de Praga". Como a revolta na Alemanha Oriental de 1953 e a revolta húngara de 1956, o levante tchecoslovaco foi outra lição ao povo do Leste Europeu para não sair da linha, nem contestar o governo comunista. E assim os líderes da Alemanha Oriental receberam o sinal verde para continuar desimpedidos na estrada da opressão.

A corrida pela superioridade no espaço continuava enquanto os dois lados gastavam recursos imensos para atingir novas altitudes, chegando a um novo pico em 1969, quando os Estados Unidos enviaram um homem à Lua.

Eu tinha 8 anos quando vi, assombrada, com meus pais e 500 milhões de pessoas pelo planeta, Neil Armstrong dar os primeiros passos na superfície da Lua. Foi um tributo à perseverança e à inovação, e uma vitória não só para o progresso tecnológico ocidental no espaço, mas também para a liberdade e a democracia.

No final da década de 1960, a liderança da Alemanha Oriental percebeu que precisava fazer algo para melhorar a reputação do país no mundo. O plano teria de ser algo tão enorme em abrangência que imporia o respeito internacional e colocaria a Alemanha Oriental em pé de igualdade com outros países importantes do mundo. Assim, foi lançada uma campanha maciça para dominar o mundo dos esportes, inclusive os Jogos Olímpicos. O objetivo da Alemanha Oriental era ultrapassar a Alemanha Ocidental em todas as modalidades esportivas e competir no mesmo nível das duas superpotências mundiais, cada uma com mais de 230 milhões de cidadãos, contra os 17 milhões da Alemanha Oriental. Não demoraria muito, acreditava o regime, para que todos prestassem atenção e a Alemanha Oriental, antes considerada uma pária, conquistasse o respeito do mundo como líder no esporte internacional e, no processo, ganhasse uma plataforma para promover as realizações da sociedade comunista alemã oriental.

Eles lançaram a campanha com muita disciplina e fervor.

De repente brotaram cartazes e faixas de propaganda, convencendo crianças de toda parte a serem mais velozes na corrida e na natação, a fazerem arremessos mais longos que todos os outros. Em cada cidade, grande ou pequena, cada ginásio e escola, era aclamado o novo futuro de atletas competitivos.

A liderança criou um Ministério do Esporte e despejou dinheiro em programas atléticos por todo o país. De repente, em escolas, nas reuniões da JLA e dos Jovens Pioneiros e em acampamentos de verão, os esportes ocuparam o palco central. Motivados por novos padrões delineados por um conselho nacional de esportes, professores de educação física e treinadores estabeleceram para os alunos metas elevadas que enfatizavam a aptidão física, a força e o vigor. Clubes atléticos por todo o país receberam pródigos subsídios. O regime recrutou os melhores treinadores esportivos e caçadores de talentos do país e os despachou a escolas e ginásios para encontrar e recrutar os melhores jovens atletas que a Alemanha Oriental tinha a oferecer: os mais aptos, os mais fortes e os mais rápidos, para natação, ginástica olímpica, levantamento de pesos, patinação no gelo e ciclismo.

Na primavera, embora Opa tenha emagrecido e claramente envelhecera, parecia enfim se adaptar às novas circunstâncias. Com o marido estabilizado, Oma voltou-se para Heidi, agora com 18 anos, e disse que ela precisava sair de Klein Apenburg e se preparar para ter a própria vida.

Oma e Opa não podiam pagar pela escola normal de Heidi e, em vista do status de pária de Opa e de Heidi não ter conseguido completar o ensino médio, ela não teria sido aceita como aluna. Assim, em vez disso, depois de dois anos em Klein Apenburg, ela foi para Salzwedel, no norte, para fazer um curso de estenografia. Depois de vários meses ela concluiu o programa e, além de suas credenciais, recebeu a oportunidade de ingressar no Partido Comunista. Descartou discretamente a requisição e partiu para encontrar um emprego.

Os possíveis empregadores sempre pareciam fazer as mesmas duas perguntas, antes até de inquirir sobre suas habilidades e qualificações.

"Você é membro do Partido Comunista? Tem algum parente morando no Ocidente?"

Heidi sempre respondia com a verdade. Ela não era membro do Partido Comunista e tinha parentes no Ocidente. Quando indagada se alguém da família tinha fugido, ela respondia afirmativamente. Em todos os lugares em que se candidatou, ela foi rejeitada.

Heidi voltou a Klein Apenburg. Opa ficou furioso e a repreendeu, dizendo que ela não tinha noção da realidade.

— Sem ingressar no Partido — urrou ele —, você não poderá ter uma vida decente!

Sempre bem-humorada e nunca rebelde, ela criou coragem para contestá-lo pela primeira vez na vida.

— Em que eles foram *tão* bons para você? — perguntou. — Você deu a eles os melhores anos da sua vida, e olha onde você está!

Opa reagiu aos gritos.

— Você é nova demais para entender! Por que é *tão teimosa*?

Oma pôs a mão no ombro de Opa, acariciando-o numa tentativa de fazê-lo se acalmar. Ele respirou fundo, depois olhou nos olhos de Heidi.

— Faça o que é certo, Heidi — disse ele, esforçando-se para manter o controle. — Só os membros do Partido vencem. — E acrescentou, com completa convicção: — Filie-se, ou você não vai conquistar nada na vida, eu lhe garanto!

Heidi ainda protestava.

— O que importa, papai? Todos no Partido ainda precisam ficar atentos e vigiar o que dizem e fazem. O que importa?

— Importa! Importa! — gritou Opa. Agora enfurecido, ele berrou: — As pessoas vencem porque jogam conforme as regras! Não consegue entender isso?

Tremendo de raiva, com o olhar desvairado cravado na filha, ele disse:

— Você é uma arruaceira, igual a Hanna!

Oma e Heidi passaram aquela noite no alpendre, que dava para o acesso a uma estrada de terra para o povoado e a velha igreja decadente do outro lado da rua.

— Vai ficar tudo bem com você — disse Oma, suas palavras reconfortantes escondendo a preocupação de que a decisão de Heidi de não ingressar no Partido afetasse de fato o futuro da filha caçula.

— Você sempre me disse para fazer o que era certo, para ser fiel a mim mesma — observou Heidi, procurando com os olhos a orientação da mãe.

— Faça o que acha certo. — Oma a tranquilizou. — Você vai ficar bem.

Idealista por natureza, decidida a provar que o calibre do caráter que tinha e a qualidade do trabalho que podia produzir eram muito mais importantes do que a mera associação com o Partido Comunista, Heidi voltou a Salzwedel mais uma vez em busca de emprego. Procurou trabalho durante meses, na esperança de encontrar algum escritório que precisasse de uma estenógrafa, mas foi rejeitada repetidas vezes.

Naqueles meses, Heidi começou a entender o que Opa tentara lhe dizer. O fato de não ser do Partido limitava as oportunidades. A certa altura, aflita e querendo entrar em contato com Hanna, com o risco de atrair ainda mais atenção negativa para si, ela se arriscou a escrever uma carta. Como Heidi, todos na família imaginavam que teriam uma chance melhor de uma carta chegar a Hanna se mantivessem as coisas vagas e até elogiosas ao regime.

"Minha querida Hanna", escreveu Heidi. "Estamos bem e felizes. Nossos pais se mudaram para um lugar menor. A vida é boa para nós aqui. Mando uma foto para que você possa se lembrar de mim. Por favor, não se esqueça de mim." Essa carta e a fotografia chegaram às mãos de Hanna.

Nos Estados Unidos, completei 9 anos. Meu pai, Eddie, foi para a reserva do exército, encerrando a carreira como major, e passou a trabalhar como funcionário público civil do governo americano. Minha mãe, Hanna, era dona de casa e trabalhava meio período como professora de alemão.

Agora havia cinco filhos na família, nascidos um depois do outro, produto em grande parte da intenção dos meus pais de substituir as famílias que ambos haviam perdido. Éramos uma família muito unida. Albert era o mais velho, depois eu, Marcel, Maggy e Sachi. Em casa, meus pais conversavam em alemão. Não havia a expectativa de que aprendêssemos a língua, mas, se quiséssemos saber o que nossos pais diziam, tínhamos de nos esforçar para acompanhar. Tivemos uma infância feliz, éramos alunos de escolas públicas, aprendemos piano, violino e teatro, praticamos esportes na escola, frequentamos a escola dominical judaica e passamos cada dia dos meses de verão na piscina comunitária do bairro. Como outras famílias americanas, viajávamos de carro e de vez em quando acampávamos e fazíamos canoagem nos fins de semana.

Sem conhecimento do conflito que envolvia o mundo, sabíamos muito pouco de nossos parentes na Alemanha Oriental e nada da repressão que eles suportavam. Só ocasionalmente, quando eu passava pelo quarto dos meus pais, olhava rapidamente a fotografia de minha tia Heidi e a foto no porta-retratos de toda a família reunida, marcando as bodas de prata de Opa e Oma, uma foto em que só minha mãe estava ausente. E eu me perguntava como todos os meus parentes lidavam com a vida atrás do que agora eu sabia ser a Cortina de Ferro.

Depois de vários meses, de súbito a maré foi favorável a Heidi. Aos 19 anos, ela conheceu um soldado do NVA de 23 anos que estava terminando o serviço obrigatório no Exército da Alemanha Oriental, estacionado em uma caserna perto da fronteira interna alemã Leste-Oeste como técnico em eletricidade.

Eles se conheceram em um salão de dança local, Der Schwarzer Adler, o Águia Negra. Vestida modestamente com uma blusa bege e saia preta, ela estava sentada em silêncio a uma mesa com algumas colegas da turma de estenografia. Depois de um tempo, um soldado afável de cabelos louros e farda se aproximou e a convidou para dançar, e ela aceitou. Ele dançava bem, ela não, mas eles encontraram um ritmo, apesar de meio desajeitado da parte dela. Depois que a música terminou, Reinhard se apresentou. Eles conversaram um pouco, ela agradeceu e se reuniu às amigas. Embora ele tenha se apaixonado instantaneamente, eles tomaram rumos separados sem nenhum plano de voltarem a se encontrar, mas no fim de semana seguinte ambos estavam no salão de dança, felizes por se reverem. Heidi não sabia disso, mas, como nenhum ônibus ia de sua guarnição a Salzwedel, Reinhard fazia a viagem de uma hora a pé, na esperança de revê-la. Depois disso, eles se encontravam no salão regularmente e na época Reinhard conseguiu que os pais lhe mandassem uma bicicleta para ele fazer a viagem com mais rapidez.

Reinhard era uma alma sincera e bem-intencionada, com uma visão de mundo otimista e uma determinação tranquila. Como Heidi, não era membro do Partido Comunista e não pretendia ser. Ele achava que ela era seu par ideal; Heidi tinha leveza de espírito, mas uma determinação discreta de levar a vida segundo os próprios termos. Ele ficou encantado com seu entusiasmo pela vida e o traço independente.

Heidi encontrou uma alma gêmea em seu novo amor. Depois de um breve namoro, os dois se casaram. Com uma espera de pelo menos dois anos para não integrantes do Partido conseguirem um apartamento, eles se mudaram para a casa dos pais de Reinhard, que moravam em Stollberg, o vale pitoresco ao pé da Penitenciária Feminina do Castelo Hoheneck.

Na vizinha Cidade Karl Marx, Heidi partiu mais uma vez em busca de trabalho. Depois de vários meses de procura, enfim encontrou um emprego de secretária em uma empresa estatal de engenharia e projetos de autopeças. Para sua surpresa, sem nem perguntar se Heidi tinha familiares no Ocidente ou era membro do Partido, o chefe do escritório, Herr Meier, a contratou.

Agradecida a Meier por lhe dar uma chance, Heidi se lançou ao trabalho e tornou-se uma funcionária exemplar. Em um mês, passou a ser indispensável ao chefe, que rapidamente aprendeu a depender de sua sólida produtividade e da forte ética de trabalho.

Depois de cumprir o serviço no exército, Reinhard, que se destacara em matemática na escola e tinha esperanças de fazer faculdade de engenharia, tornou-se em vez disso eletricista, pelo fato de não pertencer ao Partido. Aceitando suas modestas posições na vida, Heidi e Reinhard encontraram seu caminho; uma força interior dava forma à vida do casal.

Dois anos depois de se casarem, eles ficaram animados quando lhes designaram um pequeno apartamento na Cidade Karl Marx, em um dos milhares de novos edifícios de blocos de concreto pré-fabricados no estilo soviético que brotavam por toda a Alemanha Oriental. Enquanto os líderes do Partido recebiam aposentos maiores e não precisavam esperar tanto, o deles era um apartamento padrão no setor industrial da cidade. Heidi e Reinhard podiam ver, do outro lado da rua, o prédio que abrigava os oficiais soviéticos. Os vizinhos soviéticos eram discretos e nunca se misturavam com os alemães orientais que moravam a poucos metros de distância.

Após vários anos vivendo com uma renda modesta, Heidi e Reinhard enfim economizaram o suficiente para comprar um carro. Com poucos carros alemães orientais a escolher, ou era o Wartburg, com seu motor de dois tempos, ou o Trabant, conhecido como Trabbi ou Carro de Papelão. Nenhum dos dois era veloz e ambos poluíam muito, mas, por um valor equivalente a 2.500 dólares, o Trabbi era muito mais barato que outras marcas do Leste Europeu. Em vez de escolher um modelo alemão oriental, Reinhard, empolgado, requisitou e deu entrada em um Skoda tcheco, um veículo melhor e mais robusto, mas também mais caro e mais difícil de obter. Para não integrantes do Partido, havia uma espera de quinze anos.

Naquele mesmo ano, meus pais compraram uma nova van da Ford e uma casa grande em uma rua sem saída de um subúrbio tranquilo em Washington, D.C. Éramos uma família americana ativa com uma casa cheia de crianças animadas e enérgicas e dois grandes pastores alemães, quando minha mãe, Hanna, soube que estava grávida do sexto filho.

Na mesma época, na Cidade Karl Marx, Heidi soube que estava grávida de seu primeiro.

14
UMA MENSAGEM SEM PALAVRAS
O AMOR LONGÍNQUO DE OMA
(1970-1974)

> A juventude passa; o amor se desvanece;
> as folhas da amizade caem. A esperança secreta
> de uma mãe sobrevive a todos eles.
> — *Dr. Oliver Wendell Holmes Sr.*

No inverno de 1970, em uma maternidade estatal na Cidade Karl Marx, Heidi deu à luz uma menina saudável. Ela escreveu uma carta a Hanna, que foi entregue. Fiquei emocionada ao saber que tinha uma nova prima, embora agora entendesse que provavelmente nunca nos conheceríamos. Seu nome era Cordula, que significa Pequeno Coração. Aos 9 anos, nem sempre eu conseguia me lembrar do nome de Cordula, mas me lembrava de Pequeno Coração, e foi assim que a chamei por algum tempo.

Nas semanas que se seguiram, minha mãe, Hanna, tricotou uma manta de algodão, um cardigã minúsculo, sapatinhos de bebê e um pequeno gorro. Vi quando ela dobrou as roupinhas e as colocou cuidadosamente em uma caixa. Ela também dera à luz recentemente e dentro do pacote colocou um cartão com algumas fotos, inclusive uma dos seis filhos. Alguns meses depois, ficamos surpresos ao receber uma carta de Heidi dizendo que estava tudo bem, mas sem fazer menção ao conteúdo do pacote, exceto para agradecer a Hanna pelo gorro de bebê e pelas fotografias.

Como não queriam chamar atenção para si, as cartas que a família mandava eram propositalmente apáticas e vagas, na tentativa de não dar aos censores nenhum motivo de objeção ou algo a explorar pela Stasi. Na realidade, porém, a família no Leste ficou emocionada ao receber as fotos de Hanna e Eddie com os seis filhos.

A família inteira olhava a imagem com curiosidade e muita diversão. Oma examinou atentamente as seis carinhas felizes. Heidi estudou a foto por um bom tempo, debruçada sobre os rostos dos sobrinhos e sobrinhas. Mas ficou melancólica quando percebeu que ela e os próprios filhos talvez nunca conhecessem os filhos de Hanna. Heidi desejava mostrar a foto a amigos, vizinhos e colegas de trabalho, mas sabia que não devia. O mero ato de mostrar a qualquer um a imagem da irmã americana ou de seus filhos era um erro que poderia desencadear uma atenção indesejada das autoridades. Ninguém sabia quem eram os informantes, mas todos sabiam que era melhor prevenir que remediar.

No início da década de 1970, em Klein Apenburg, Oma havia recuperado a saúde de Opa e ele progredia muito na superação dos sentimentos de perda por ser demitido do cargo de diretor de escola. O tempo, o início da velhice e o toque gentil de Oma o abrandaram. Ele ficava mais feliz quando qualquer um dos agora quinze netos vinha de visita e estava especialmente apaixonado pelo último acréscimo à família.

Cordula parecia uma bebê de propaganda de revista, feliz e meiga. Tornou-se uma criança de carinha rechonchuda como um querubim, com cachinhos cor de mel. Opa ficou apaixonado pela garotinha e sua vitalidade e adorava quando ela ia visitá-lo. Segurando sua mãozinha, ele lhe mostrava o que estava crescendo no jardim, pedindo para ela ajudar a colher frutas vermelhas ou catar gravetos no quintal. Ele a segurava bem no alto para que ela colhesse ameixas e maçãs nas árvores. À noite, levava-a para fora e lhe mostrava as estrelas, contando, sem nenhuma pressa, as histórias das constelações. Ele lhe ensinou os nomes de flores e árvores, insetos e borboletas, e era sempre paciente ao tentar entender e responder às perguntas que ela fazia, sua vozinha era música para os ouvidos de Opa. Ela, por sua vez, dava-lhe de presente as pinhas que havia coletado e pedras e seixos que encontrara no quintal. A relação deles era amorosa, estimulante para os dois, e trazia à vida de Opa a necessária alegria que, sem a menina, diminuía.

De vez em quando, vários filhos adultos de Oma e Opa e suas famílias vinham visitar ao mesmo tempo, o que deliciava meus avós. Devido à localização distante de Klein Apenburg, quase todos levavam um dia ou dois de viagem.

Chegavam a Klein Apenburg em grupos de três e quatro, espalhavam-se por cada canto da casa, instalando-se onde encontrassem espaço, arrumando camas improvisadas nos sofás ou no chão. Enquanto os homens cortavam lenha e a empilhavam junto da casa, fazendo provocações e brincando, as mulheres e crianças trabalhavam no jardim ou ajudavam Oma a lacrar vidros de groselha enquanto tagarelavam sobre a vida nas cidades grandes e pequenas onde moravam. Do lado de fora, as crianças brincavam no jardim ou se perseguiam no quintal; dentro da casa, mexiam no Schimmel, xeretavam os objetos pessoais dos avós ou se empoleiravam na cozinha, esperando que os bolos saíssem do forno.

Os pequenos adoravam dar longas caminhadas com Oma e Opa, em um eterno clamor e com empurrões para ser aquele que ficaria de mãos dadas com os avós. As meninas colhiam flores pelo caminho, que depois reuniam para fazer uma "grinalda das fadas" para Oma, divertindo-se quando a avó a usava ao anoitecer. Todos os netos gostavam de ajudar Oma no jardim, que tinha se transformado em um país das maravilhas botânico, uma panóplia exuberante de flores, frutas e verduras em que ela cultivava cenouras de uns trinta centímetros, repolho, batatas, morangos, groselha vermelha e preta e cassis roliços e suculentos. Cordula gostava especialmente de manejar a bomba d'água para a panela e o regador. Ficava extasiada ao descobrir novas frutíferas que cresceram no terreno de Oma e adorava particularmente colher as ervilhas na horta, onde costumava comê-las frescas e cruas, diretamente da vagem, um capricho infantil e meigo que nunca deixava de deliciar Opa.

Ele passava muito tempo sentado em seu banco na beira do jardim, fumando cachimbo, e logo os netos começaram a chamar esse banco de "lugar de descanso do Opa". Sentar-se ao lado do avô virou um prazer cobiçado, um lugar de honra, e às vezes eles brigavam, competiam para saber quem se sentaria mais perto dele. Sentar-se naquele banco ao lado do avô se tornaria um dos pontos altos das visitas de Cordula a Klein Apenburg, entre suas lembranças mais queridas com Opa e provavelmente algumas das ocasiões da vida que ele mais valorizava no exílio.

Aos 67 anos, Oma recebeu o diagnóstico de diabetes. O médico lhe deu um remédio e recomendou que ela comesse toranjas, impossíveis de encontrar. Heidi escreveu a Hanna sobre o diagnóstico de Oma e o tratamento recomendado. Nos Estados Unidos, Hanna preparou uma caixa de toranjas da Flórida e mandou a Oma, mas o pacote, como muitos outros, não chegou.

No final de 1972, a comunidade do posto avançado de Klein Apenburg enfim ganhou um telefone. Um aparelho de disco antigo, de baquelite preto e rolamentado foi instalado na casa de Oma e Opa. Deveria ser compartilhado por todos os habitantes do povoado e, barulhento, chamava a atenção de todo o lugar sempre que tocava.

Tiele, professora de jardim de infância com a ficha limpa, parecia ter mais sucesso na troca de cartas com Hanna. Um dia, minha mãe recebeu uma carta inofensiva de Tiele em que ela escreveu estar satisfeita por agora poder falar com Oma e Opa por telefone. Na aba interna do envelope, ela escrevera alguns números, que Hanna em princípio considerou apenas um rabisco, mas depois de um tempo passou a crer ser o número de telefone dos pais.

No verão de 1973, quinze anos depois de ter visto ou falado com Oma pela última vez, Hanna ligou para a telefonista internacional e lhe deu o número. Sabia muito bem que esse único telefonema poderia pôr em risco qualquer contato futuro ou até colocar a família em perigo, mas naquele momento era avassalador o desejo de falar com a mãe. Ela tentou acalmar os nervos e expulsou os pensamentos em disparada.

Na época, eu tinha 12 anos. Sem conseguir conter a empolgação, fiquei por perto, quicando no lugar. Meu pai, Eddie, e meus cinco irmãos e irmãs se reuniram em volta da nossa mãe. Todos esperamos, nervosos. Parecia que o toque durava uma eternidade.

Uma telefonista alemã atendeu e tentou passar a chamada, mas não conseguiu. Minha mãe atribuiu rapidamente o problema à interferência da Stasi e começou a reconsiderar. Hesitou, imaginando se o telefonema tinha sido a atitude certa ou se fora arriscado demais para a família do Leste.

Mas Eddie falou:

— Tente de novo.

Mais uma vez a ligação não foi completada. Depois ela ficou decidida a fazer contato. Na hora seguinte, tentou obstinadamente, sem parar. De súbito, em meio a estalos e zumbidos, uma conexão. Fiquei fora de mim de alegria, grudada a cada respiração de minha mãe enquanto o telefone do outro lado tocava. A cada toque, vinha um sobressalto de expectativa.

Por fim, alguém atendeu. Todos nos olhamos. Minha mãe ficou num silêncio perplexo. Depois, quase inaudível, ela disse em alemão:

— *Mutti? Mutti*, sou eu.

— Quem? — Oma respondeu em alemão, através da interferência estática. Fiquei muito animada ao ouvir a voz dela pela primeira vez. — Quem é?

— Sou eu, Hanna — disse ela, agora quase aos sussurros.

— Quem? — perguntou Oma em voz alta em meio aos estalos. — Não consigo ouvir. Quem é? Fale alto. De onde está ligando?

Mas Hanna não conseguia falar. Depois encontrou forças e soltou a respiração.

— *Mutti*, é a Hanna!

Não veio nenhuma resposta do outro lado. O tempo parou. Ficamos pendurados nela, esperando. Queríamos mais.

— Hanna? — Oma enfim falou, como que em transe. — Hanna? — repetiu suavemente, com a voz trêmula.

Minha mãe estava emocionada demais para falar. Elas ficaram em silêncio ao telefone pelo que pareceram vários minutos. Em seguida, chorando, Oma por fim falou:

— Temos tanta saudade de você.

Ao que minha mãe não conseguiu dizer mais nada. Logo depois, o telefonema foi interrompido por bipes agudos e a linha ficou muda. Minha mãe se recompôs e discou de novo para a telefonista, vezes sem conta, mas não conseguiram uma segunda ligação.

Ela sempre esteve muito longe de nós, mas, por um momento fugaz, Oma esteve bem ali. A minha Oma, a mulher de sorriso tranquilo, sentada de lado na poltrona de bolinhas, esteve bem ali comigo, em nossa cozinha.

Com o programa nacional de esportes da Alemanha Oriental ampliado e agora bem encaminhado, atletas começaram a mostrar resultados extraordinários em competições internacionais. Em apenas alguns anos, já competiam lado a lado com atletas de primeira linha que notaram que a Alemanha Oriental, para um país tão pequeno, tinha muito talento emergente. A liderança ficou satisfeita com a determinação dos treinadores e o progresso dos atletas no programa. Estimulados por seus êxitos, olheiros, técnicos e professores de educação física espalharam-se pelo país em uma busca por escolas e centros desportivos para encontrar as crianças de 6 a 10 anos com maior talento atlético e levá-las para o sistema.

A essa altura, a Alemanha Oriental tinha um novo líder. Erich Honecker, o homem que conseguira lançar o movimento da juventude comunista e servira como autoridade supervisora na construção do Muro de Berlim, assumiu o posto de secretário-geral. Seu retrato foi colocado em cada escritório, escola, fábrica e torre de vigia da fronteira em todo o país.

Escolhido em parte graças à firme lealdade à União Soviética, Honecker era visto por Moscou como um homem confiável e de ação. Chegou ao gabinete pronto para empreender importantes mudanças e pretendia fazer pleno uso da polícia secreta para atingir seus objetivos. Confiante e calmo, parecia um líder europeu moderno, mas rapidamente se mostrou o epítome de um ditador totalitário com punhos de ferro.

Em um dos primeiros decretos como novo líder, em parte para conquistar a lealdade do povo, Honecker introduziu o que chamou de "socialismo de consumo", prometendo melhorar o padrão de vida e satisfazer o desejo da população por mais bens de consumo. Onde antes as prateleiras das lojas estavam vazias, no início dos anos 1970 mais produtos foram disponibilizados para a população em geral. Embora não houvesse marketing e as marcas alemãs orientais não fossem de alta qualidade e não tivessem embalagens chamativas — o regime preferia caramelo opaco e tons apagados de verde —, os produtos deram ao povo algo quando antes não havia nada.

Geladeiras e máquinas de lavar, cosméticos e utensílios de cozinha tornaram-se disponíveis, assim como roupas e mais opções de alimentos, inclusive chocolates, geleias e picles, macarrão, até "champanhe", um vinho espumante leve. A Coca-Cola não estava disponível, mas a Vita-Cola aromatizada, sim. Mais roupas estavam no mercado, apesar de às vezes se desintegrarem depois de uma lavada. Embora rádios Sony japoneses não fossem encontrados, podiam ser comprados os Stern-Hobby, a marca alemã oriental simples. Canetas Heiko, mesmo não tão fluidas nem tão duráveis como a Bic, funcionavam bem por um certo tempo.

Heidi e Reinhard economizaram e compraram uma geladeira Scharfenstein, uma escolha fácil, já que era o único modelo alemão oriental disponível. Embora não fosse muito mais que uma caixa de metal feita de matéria-prima barata e não funcionasse direito, eles agora tinham uma geladeira. A essa compra se seguiu uma máquina de lavar Schwarzenberg, que só funcionava na metade do tempo.

Também foram produzidos alguns excelentes artigos, de qualidade mais refinada. Os melhores produtos, bicicletas Diamant belamente construídas, cortinas de renda Plauen, relógios Glashütte, binóculos Zeiss ou óculos Lauscha, eram caros demais para a média dos alemães orientais e produzidos quase exclusivamente para exportação. Embora o Natal não fosse oficialmente sancionado como uma festa religiosa, enfeites natalinos, como quebra-nozes de madeira, anjos, candelabros e pirâmides *schwibbogen* Erzgebirge, de entalhes complexos, e cenas natalinas, assim como o *Stollen*, um tradicional bolo festivo, eram produzidos em grande parte para o mercado externo, para a obtenção de divisas.

Mesmo com a disponibilidade maior de produtos, as pessoas ainda tinham de permanecer em longas filas nas lojas estatais como parte da rotina diária para comprar bens de consumo básicos como manteiga, ovos e vegetais frescos, que em geral estavam esgotados quando chegava a vez da pessoa. Apesar de batatas e maçãs estarem disponíveis, era difícil, se não inteiramente impossível, encontrar bananas, frutas cítricas e verduras como brócolis. Alguns vegetais vinham de outros países comunistas — as laranjas de Cuba, por exemplo, eram um prazer raro.

Apesar do marketing inexistente, da qualidade inferior, da ausência de inovações modernas no design e de opções limitadas, com a chegada de novos produtos às prateleiras muitos elogiaram o novo líder por fazer melhorias. Como Honecker havia previsto, os novos produtos davam alguma esperança aos alemães orientais de que as coisas estavam melhorando.

Em Klein Apenburg, Opa escreveu a Hanna sobre a súbita disponibilidade de bens de consumo. Sem nenhuma surpresa, as autoridades deixaram que a carta saísse do país. Opa contou que a família tinha se reunido para comemorar o Natal e trocar presentes:

As meninas ganharam toalhas de mão e lenços, todos em lindos modelos e cores, e também roupas íntimas, água de colônia e caixas de sabonete. Sua mãe ganhou um avental colorido e café de Tutti, e, de Tiele, chinelos e café. Também fizemos um bunter Teller *[prato natalino] este ano, com chocolates, biscoitos, bolinhos de amêndoas, nozes e avelãs. Foi tudo muito emocionante. Nunca na vida ganhamos tantos presentes.*

Embora parecesse "emocionado", no fim da carta ele acrescentou uma mensagem insolente:

Sua mãe acaba de comprar cortinas novas. As outra se dissolveram ao serem lavadas e pareciam uma sopa de macarrão. Torcemos para que as novas sejam de melhor qualidade.

Minha mãe, Hanna, ficou eufórica ao receber essas notícias e saber que a família parecia bem.

Heidi e Reinhard evitaram ingressar no Partido Comunista e procuravam ter uma vida discreta. Trabalhavam arduamente em seus empregos, mas nenhum dos dois via as promoções ou os progressos dos colegas membros do Partido. Ainda assim, ficaram firmes no compromisso com seus ideais, de seu jeito tranquilo de protestar contra o sistema em que não acreditavam. Eles trabalhavam muito, faziam o máximo para ser bons com vizinhos e colegas de trabalho, mas não adotavam a linha comunista. Compreendiam as consequências e aprenderam a viver com seus meios; nunca reclamaram, passaram a valorizar o que tinham, em particular a força da família, e estavam decididos a tornar a vida significativa em seus próprios termos e de acordo com as circunstâncias. E, com outro filho agora a caminho, estavam decididos a tirar o máximo que a vida pudesse lhes dar.

"Temos uma vida tranquila", escreveu Heidi a Hanna, e foi sincera. "Desfrutamos de cada dia."

∿

No início dos anos 1970, os Estados Unidos e a União Soviética entraram em uma nova era em que, pela primeira vez, as duas superpotências pareciam abertas a trabalhar juntas para atenuar as tensões. Começaram negociações para reduzir o estoque de armas nucleares; a *détente* pretendia ser um degelo nas relações. Richard Nixon tornou-se o primeiro presidente americano a visitar a União Soviética e a China comunista.

Em seu apartamento na Cidade Karl Marx, como parte da rotina noturna, Heidi ligou a vacilante televisão em preto e branco, deixando que a pequena Cordula adormecesse com o som tranquilizador e as palhaçadas de uma animação com um bonequinho de madeira. Com as doces vozes infantis cantando músicas ternas de paz e satisfação, o Sandmännchen (Homem de Areia), com seu cabelo e barba de lã branca, o chapéu pontudo e os sapatos curvados, levava os pequenos espectadores ao mundo todo, a lugares aonde não podiam ir, lugares com que só podiam sonhar, montado em uma nuvem, pilotando um foguete ou um helicóptero, ou viajando em um tapete mágico para conhecer uma princesa no Corno de Ouro, nômades nas estepes do Cazaquistão, renas na Sibéria boreal. Quando ficava cansado, o Homem de Areia aspergia pó de sono dourado e mágico de seu saco, estimulando as crianças a deixarem de lado as preocupações e caírem em um sono feliz.

Crianças, queridas crianças, foi divertido.
Agora, durmam bem, para a cama já.
Desejo uma boa noite. Depois também vou descansar.

Enquanto a população vivia na escassez, sob o olhar vigilante da polícia secreta e um rígido código de silêncio, a elite política da Alemanha Oriental vivia no luxo.

Em uma área arborizada, recôndita e fortemente guardada que ocupava 2,5 quilômetros quadrados, membros privilegiados do regime viviam em um condomínio exclusivo à margem de um lago imaculado. Sem o conhecimento do povo da Alemanha Oriental, que supunha que os líderes tinham uma vida igualmente espartana, a Colônia Florestal de Wandlitz abrigava cerca de vinte casarões, com direito a gramados e jardins amplos e bem cuidados. O complexo era protegido por um muro de concreto com um sofisticado sistema de alarme e guardado por mais de cem soldados fortemente armados da força de segurança de elite Feliks Dzerzhinsky. Em vez de Chaikas soviéticos, havia caros e luxuosos Volvos nas garagens.

Dentro das casas, a liderança comunista desfrutava cômodos espaçosos decorados com mármore italiano e móveis renascentistas franceses e usavam utensílios da Alemanha Ocidental. Bens de consumo e alimentos estrangeiros enchiam as lojas do complexo. Honecker, Mielke, o chefe da Stasi, e outros desfrutavam acesso a assistência médica de ponta, um cinema, piscina, saunas e spas, um estande de tiro recreativo, um campo esportivo, quadras de tênis, um restaurante e até um bunker subterrâneo construído para protegê-los se eclodisse uma guerra. Enquanto milhões de alemães orientais ficavam em filas para obter alimentos da pior qualidade, os cozinheiros do complexo preparavam requintadas refeições feitas com iguarias importadas, combinadas com os vinhos franceses mais refinados.

Quando Oma e Opa fizeram 70 anos, as autoridades locais disseram que eles estavam livres para partir. Como pensionistas, eles podiam sair do Leste e viajar, ou até emigrar para o Ocidente. Eles mal falavam no assunto, sem se atrever a fazer uma viagem que fosse, temendo não ter permissão para voltar nem para rever os entes queridos. E minha mãe não se atrevia a viajar ao Leste para vê-los por medo de que, de algum modo, a impedissem de sair do país.

Roland, agora na meia-idade, construíra uma carreira de imenso sucesso como educador no sistema comunista. Anos antes fora promovido a diretor de sua escola municipal e agora tinha em vista o cargo de superintendente escolar. Aos olhos do regime, ele tinha um ótimo currículo e, para todos os efeitos, as perspectivas de promoção eram excelentes.

O restante da família se virava como podia na sociedade alemã oriental: Manni, Tiele e Tutti como professores em escolas primárias e secundárias variadas, e Helga como funcionária de uma creche. Todos criaram ótimas famílias com um ou dois filhos. Heidi e Reinhard trabalhavam em seus empregos na Cidade Karl Marx e o novo bebê chegou. Aos 4 anos, a pequena Cordula tornou-se irmã mais velha de outra menina, Mari.

Depois de deixar o exército, em meados dos anos 1960, Kai e a esposa tiveram quatro filhos. Ele e os irmãos ainda eram próximos, mas depois de um tempo perceberam que Kai ficou mais arredio e não procurava mais a família. Preocupado porque ninguém teve notícias dele em meses, Manni lhe fez uma visita e o encontrou na cama sofrendo de um raro distúrbio sanguíneo, que se acreditava ter sido causado pelo trabalho na instalação de produção de foguetes Peenemünde, no norte da Alemanha Oriental, onde ele fora exposto a substâncias químicas perigosas. Aos 34 anos, o irmão mais novo, Kai, estava morrendo.

15

DISSIDENTES E DESORDEIROS
OPA INTERNADO
(1975-1977)

> Ninguém se torna "dissidente" só porque um dia decidiu seguir essa carreira incomum. Começa com uma tentativa de fazer bem o seu trabalho e termina com você marcado como inimigo da sociedade.
>
> — *Vaclav Havel*

Em 1975, a Guerra do Vietnã terminou com o Norte comunista derrotando o Sul democrático, apoiado pelos EUA. No Chile, um golpe militar com apoio dos EUA derrubou o presidente de esquerda. Na Etiópia, uma junta marxista derrubou o monarca pró-Ocidente. E, no Camboja, tomou o poder um regime comunista aliado ao Vietnã do Norte.

A *détente* continuava. Em uma tentativa de dar fim à corrida espacial, as duas superpotências chegaram a concordar em unir recursos e conhecimento científico e de engenharia, e colaboraram no Projeto Apollo-Soyuz, um voo espacial conjunto EUA-URSS. Com a adoção dos Acordos de Helsinque em 1975, em que os soviéticos prometiam permitir eleições livres no Leste Europeu, parecia que relações mais calorosas estavam no horizonte e as coisas caminhavam na direção certa.

Seguindo o exemplo de Moscou, Honecker também procurou melhorar as relações com o Ocidente. Os dois Estados alemães assinaram um tratado comprometendo-se a desenvolver o livre-comércio, reconhecendo a independência e a soberania de cada país e estabelecendo relações diplomáticas. As relações melhoraram um pouco, ao menos na frente diplomática. As verdadeiras intenções da Alemanha Oriental não eram nada genuínas e eles tiraram proveito dos laços mais estreitos recrutando muitos espiões dentro do governo da Alemanha Ocidental. Em Bonn, descobriu-se que Günter Guillaume, assessor próximo do chanceler alemão ocidental Willy Brandt, era um espião da Alemanha Oriental.

Nesse meio-tempo, enquanto o socialismo de consumo de Honecker abastecia o povo com mais produtos e necessidades básicas, as pessoas ficaram encorajadas porque a economia parecia avançar um pouco. Alimentada por dinheiro emprestado do Ocidente, a Alemanha Oriental começou a fazer melhorias na infraestrutura básica, reformando estradas e construindo mais habitações. Os estoques de alimentos básicos ficaram mais acessíveis e também modernizaram a infraestrutura social: assistência médica universal, benefícios à maternidade, programas pré-escolares. O regime alardeou seus êxitos ao mundo, destacando as vantagens do sistema socialista. Ao povo, Honecker descrevia a Alemanha Oriental como um país estável e seguro, com baixa criminalidade, onde as necessidades do povo eram atendidas, comparada com o insalubre hiperconsumismo, a criminalidade e a inquietação social da Alemanha Ocidental.

Com as coisas aparentemente melhorando dentro do Leste e pouco acesso às realidades do mundo, pela primeira vez muitas pessoas passaram a acreditar que o regime realmente tinha um plano para melhorar as coisas. A essa altura, alguns até se consideravam sortudos por fazerem parte de uma sociedade que consideravam ordeira e pacífica, com líderes que faziam progressos e cuidavam deles.

Em Washington, Hanna preparou outro pacote a ser enviado à família, desta vez incluindo uma caixa de charutos para o pai.

Opa escreveu: "Obrigado pelos charutos, mas, como não pudemos pagar as tarifas alfandegárias, tivemos de devolvê-los". Não foi nenhuma surpresa que os charutos jamais tenham voltado aos Estados Unidos.

"Se você mandar dez charutos", Opa instruiu em um pós-escrito, "talvez possamos pagar a alfândega." Ela assim o fez, mas ele nunca recebeu esses.

Mas então, para assombro das famílias separadas pelo Muro, como parte do plano de melhorar a reputação da Alemanha Oriental, o regime relaxou seletivamente algumas leis sobre o contato entre cidadãos das Alemanhas Oriental e Ocidental. De repente cartas e pacotes da Alemanha Ocidental eram liberados a alemães orientais. Minha mãe mandou pacotes a um amigo na Alemanha Ocidental pedindo-lhe que passasse adiante, a partir de seu endereço em Frankfurt.

Pela primeira vez desde que o casaco de pele conseguira atravessar, em 1958, uma caixa intacta chegou à família no Leste. Oma mandou uma carta a Hanna agradecendo pelos presentes e detalhando o conteúdo exato do pacote, para que ela soubesse que tinha recebido tudo: "Suéteres e cachecóis, café, chocolate, toranjas e laranjas, sabonete, batom, meias-calças, roupas para crianças" e — Opa contara — "48 cigarros". No fim da carta, claramente deliciado, Opa escrevera: "Já fumei um cigarro".

Pela primeira vez em 27 anos, a névoa cinzenta da distância se dissipava um pouco e parecia haver uma ligação real com a família. Minha mãe mandou mais pacotes ao Leste e, para sua grande alegria, chegaram mais cartas. No ano seguinte, ela recebeu mais cartas e fotografias do que nos quase trinta anos anteriores. *(Ver imagem 6.)*

"Recebemos seu pacote", escreveu Opa. "Estava intocado e não cobraram tributos. Obrigado pelo tabaco e especialmente pelos charutos."

Oma escreveu: "Obrigada pelos cosméticos e cremes, a escultura de Buda, o calendário, o enfeite dourado oriental para a parede e a lã de tricô", acrescentando: "Pretendo fazer um vestido com o lindo tecido florido". Hanna lia e relia essas cartas. Seria possível, perguntava-se, que as coisas na Alemanha Oriental estivessem mudando? Pela primeira vez, ela mantinha uma correspondência constante com notícias reais sobre a família. Ficou eufórica ao ter um leve vislumbre da vida deles quando Opa escreveu:

> *Nesta época, estamos ocupados preparando conservas de vagem e pepino e ansiamos pela visita de Heidi, Reinhard e as meninas. Apesar da estiagem, todos os vegetais da horta continuam indo bem, assim nossa horta ainda pode nos fornecer muitas vitaminas. [...]*
> *Roland é diretor e supervisiona dezessete professores. Todos os outros estão bem. Tenho muito orgulho de todos os nossos filhos. Todos são próximos, trabalham muito e têm objetivos elevados. Infelizmente não podem se corresponder com você por motivos oficiais, estou certo de que você compreende.*

Heidi também escreveu muitas cartas, em que falava da pequena Cordula, da bebê Mari e de Reinhard, e dizia que seu trabalho e a vida iam bem. Embora a maioria das cartas fosse de Oma e Opa, alguns irmãos da minha mãe escreveram pelo menos uma, mas todos sabiam que ainda era arriscado demais, para quem estava em idade economicamente produtiva, pensar que a correspondência com a irmã nos Estados Unidos não voltaria para assombrá-los. Hanna ansiava por saber mais, em particular de Roland, de quem sentia uma falta terrível, mas ele ia bem no sistema e precisava ter cautela ao fazer contato, mesmo quando parecia que o regime não se importava.

Todos censuravam a própria correspondência — todos menos Helga, então com 25 anos, que escreveu:

> *Tenho orgulho do meu país por poder falar livremente. É muito difícil para mim só poder sonhar em revê-la. Isso sempre me assombrará. Não me surpreendo quando sei que jovens arriscam a vida para fugir para o Ocidente. Mas é preciso muita coragem, e eu jamais poderia fazer isso.*

Surpreendentemente, essa carta chegou, talvez devido a um monitoramento menor, porque Helga tinha um emprego inofensivo numa creche. Outra chegou logo depois, em que ela escreveu:

> *Não acredito mais [...] que posso falar livremente. Tenho um colega que é muito franco e também o que trabalha mais arduamente, um profissional de destaque. Ele tem dito abertamente que acredita que algumas coisas no Ocidente sejam boas. Agora, de repente, não consegue uma promoção. Todos falam mal do colega. Concluí que é preciso olhar a realidade nos olhos ou, pelo menos, não fechar os olhos para a realidade.*

Esta carta foi seguida não muito tempo depois por outra de Opa, que escreveu: "Se não tem notícias de Helga ultimamente, é porque ela vem tendo algumas discussões com o prefeito".

Apesar do que parecia um abrandamento nas relações diplomáticas entre as Alemanhas Oriental e Ocidental, o regime modernizou a segurança no Muro, criando uma versão ainda mais sofisticada.

Acrescentaram espigões de metal, bem como chapas com pregos e cercas sensíveis ao toque, mecanismos de autodisparo que ativavam alarmes e tiros quando detectavam uma presença junto da cerca. Pesadas torres de vigia de concreto substituíram as antigas de madeira e assomavam, sinistras, sobre a faixa da morte, dando aos guardas de fronteira uma visão melhor e linhas de mira mais fáceis a seus alvos. Armadilhas disparavam sinalizadores que alertavam os guardas para o movimento de um fugitivo;

a faixa de areia da morte agora era mais larga e tinha holofotes que podiam destacar pegadas recentes. Barreiras de concreto de três toneladas reforçavam o Muro; cercas eletrificadas foram acrescentadas, e mais cães de ataque. Agora, qualquer tentativa de atravessar a fronteira, muito fortificada, era suicida.

Em meados da década de 1970, incontáveis pessoas já haviam sido mortas a tiros no Muro, como Johannes Lange, em quem oito guardas de fronteira dispararam 148 vezes antes de acertá-lo com cinco golpes na cabeça e no corpo. Os guardas envolvidos no assassinato foram recompensados com promoções e com a Medalha por Serviço Exemplar na Fronteira e ganharam relógios de pulso.

Com as novas fortificações instaladas, quem queria fugir viajava a outros países do Bloco Oriental, depois tentava escapulir no que pensava ser uma rota mais fácil, através da Hungria ou da Bulgária. Outros bolavam esquemas engenhosos. Os irmãos Ingo e Holger Bethke escaparam da Alemanha Oriental, mas queriam voltar para resgatar outro irmão, Egbert. Ambos usaram ultraleves, semelhantes a asas-delta motorizadas, para voar por cima do Muro de volta a Berlim Oriental. Enquanto Holger circulava no alto, distraindo os guardas, que ficaram completamente confusos quando viram uma estrela vermelha pintada na asa do ultraleve, Ingo descia, pegava Egbert e decolava, chegando os três a salvo a Berlim Ocidental.

Outros tentavam cruzar pela água. No mar Báltico, um instrutor de mergulho conseguiu chegar à Dinamarca usando um brilhante dispositivo de propulsão caseiro instalado nas costas, transformando-se em um minissubmarino humano, capaz de viajar debaixo da água sem ser detectado. Quem tentava nadar para a liberdade através do rio Spree, em Berlim, agora encontrava cravos mortais de metal escondidos abaixo da superfície.

A essa altura, prisões como o Castelo Hoheneck transbordavam, apinhadas de pessoas que tentaram fugir e de não conformistas. Para aliviar a superlotação, em alguns casos os prisioneiros eram libertados, depois expulsos do país, obrigados a deixar os filhos para trás — as crianças eram confiscadas pelas autoridades e colocadas em orfanatos estatais ou enviadas para ser criadas em um "lar comunista decente".

Agora com uma rede de quase 200 mil informantes civis para espionar a população alemã oriental de 17 milhões de habitantes, a Stasi aperfeiçoou o jogo sinistro de manipulação e controle. Enquanto o governo Honecker trabalhava para melhorar as relações com o mundo, atrás do Muro aumentavam as táticas de tortura psicológica da Stasi. A polícia secreta compilava dossiês sobre quase todos e usava as informações para tramar ataques meticulosamente planejados, com o objetivo de deixar as pessoas desequilibradas: aprisionando inocentes, depois obrigando-os a se voltar uns contra os outros, criando falsas operações para semear a desconfiança. Manipuladora profissional e mestre no abuso psicológico, a polícia secreta aumentou o uso de violência psicológica para intimidar e aterrorizar, criando uma nuvem turva de desconfiança sobre o Leste. Não admira que o objetivo da média dos cidadãos nessa época fosse tentar viver em paz, evitando, a todo custo, aparecer no radar da Stasi.

Em julho de 1975, Honecker surpreendeu mais uma vez seus conterrâneos. Na presença do líder soviético Leonid Brejnev, do presidente americano Gerald Ford e do chanceler alemão ocidental Helmut Schmidt, Honecker assinou os Acordos de Helsinque, dando à Alemanha Oriental a aceitação internacional que ela desejava. O acordo reconhecia as fronteiras da Alemanha Oriental, mas também pedia respeito pelos direitos humanos e liberdade de pensamento.

Logo depois disso, em um espetáculo espantoso de reconciliação com seu povo, Honecker anunciou "liberdade de movimentos e viagens" para os cidadãos do Leste. Isso levou imediatamente a centenas de milhares de alemães orientais extremamente empolgados requisitando permissão para emigrar. Mas a euforia não durou muito, porque a grande maioria das solicitações foi rejeitada. O exercício, porém, foi valioso para Honecker e a

Stasi, pois assim puderam apontar aqueles que traíram o país expressando o desejo de partir.

Depois de anos de conformidade com as regras de uma sociedade repressora, a vida das pessoas tinha se normalizado: elas não sentiam falta de coisas materiais cuja existência desconheciam ou sabiam que simplesmente não podiam ter. Algumas, porém, possivelmente pela primeira vez, sentiam uma insatisfação crescente e não acreditavam mais no que ouviam. Alguns ainda se perguntavam quanto suas circunstâncias realmente diferiam das contrapartes da Alemanha Ocidental. Outros, secretamente, sintonizavam emissoras do Ocidente procurando notícias, moda progressista e tendências sociais em uma época em que questionar as autoridades estava em voga no Ocidente. Alguns alemães orientais até começaram a deixar o cabelo crescer ou exibiam costeletas e usavam calças boca de sino.

Debaixo do olhar constante da polícia secreta, era impossível compor uma oposição organizada. Porém alguns cidadãos de coragem arriscaram tudo para se manifestar contra o regime, na esperança de provocar a mudança política e social. Lutaram sozinhos pelos direitos de todos os cidadãos. A Stasi dedicou um número incontável de horas-homem a acompanhar dissidentes como Ulrike Poppe e Bärbel Bohley. Agentes estavam a postos 24 horas por dia para espioná-los.

De carro ou a pé, a polícia seguia implacavelmente os dissidentes. Seus telefones eram grampeados; câmeras de vídeo e dispositivos de monitoramento eram escondidos em suas casas, escritórios, qualquer lugar que frequentassem, para capturá-los de um leque inimaginável de ângulos. Nem os quartos eram inacessíveis, as conversas privadas e momentos íntimos eram gravados, depois usados para tentar manipulá-los e sabotar as atividades. A Stasi investigava todos com quem os dissidentes tinham contato, inclusive familiares, colegas de escola, colegas de trabalho e amigos, do passado e do presente. Qualquer um que se associasse com os chamados subversivos perigosos corria o risco de cumprir uma pena de prisão, o que essencialmente tornava os dissidentes inteiramente marginalizados da sociedade.

Com as prisões apinhadas ao ponto da ruptura, Honecker encontrou um meio de livrar o país de "indesejáveis" e ao mesmo tempo ganhar dinheiro. Ele vendeu alemães orientais ao Ocidente.

No Ocidente, militantes dos direitos humanos coletavam doações para tentar libertar presos políticos alemães orientais; grupos de igreja juntavam dinheiro para libertar os oprimidos por motivos religiosos; famílias que queriam parentes soltos amealhavam o que podiam. A somas que variavam de 14 mil a 60 mil dólares por cabeça, centenas de milhares foram resgatados em troca de dinheiro ou bens. Petróleo, cobre, prata, frutas, milho, diamantes industriais, fertilizantes, tudo era trocado por pessoas. O regime então vendia os bens no mercado mundial para ter divisas. No total, os ganhos passaram de 1 bilhão de dólares, ganhos ilícitos de um imenso esquema de tráfico humano que por fim ajudou a Alemanha Oriental a evitar a falência e manter à tona o regime perverso.

Nos Estados Unidos, eu tinha 15 anos e estava no segundo ano do ensino médio. Ansiava por informações sobre a Alemanha Oriental, mas pouca coisa encontrava.

A revista *Time* publicou uma matéria sobre um desertor que contou sobre a completa degradação da sociedade alemã oriental, sobre assombrosos abusos aos direitos humanos. O máximo que qualquer um parecia realmente saber era que a Alemanha Oriental era um lugar severo e desolador, um Estado comunista estranhamente remoto e autoritário, controlado por uma polícia secreta impiedosa e uma plataforma para a agressão soviética ao Ocidente. O que estava claro era que, embora alguns alemães orientais tenham conseguido escapar para o Ocidente e expor as dificuldades que viveram, a escala completa da opressão ainda era desconhecida porque a grande maioria das histórias de perseguição e lutas na Alemanha Oriental continuava trancada ali, presa e isolada do restante do mundo.

Em meados da década de 1970, minha mãe, Hanna, já estava separada da família fazia quase trinta anos. Embora se esforçasse para manter as lembranças vivas, tantos anos tinham se passado que, depois de um tempo, a dor e a saudade deram lugar a uma incompletude melancólica, um vazio total. Ela aprendeu a viver o melhor que podia com a dor de que jamais voltaria a vê-los.

Enquanto isso, no Leste, Roland se sobressaía como o diretor de sua grande escola. Embora tivesse feito o possível para ganhar uma promoção a superintendente escolar, foi informado de que não fora escolhido. A decisão, segundo os superiores, devia-se ao fato de ele vir de uma família politicamente pouco confiável. Citaram especificamente a ligação com a irmã, que desertara para os Estados Unidos, o que era uma ironia, porque Roland tinha evitado cuidadosamente o contato com minha mãe desde que ela fugira, quase trinta anos antes.

O cargo de superintendente foi dado a um subordinado, um jovem comunista linha-dura com histórico imaculado. Roland sempre entendeu que o passado de altos e baixos da família, aos olhos das autoridades, podia ser usado contra ele. Compreendendo que era simplesmente assim que operava o regime, de certo modo ele sempre esperou por isso, então se adaptou rapidamente, percebendo que não havia nada que pudesse fazer.

Mas a questão decepcionou imensamente Opa e o fez soltar outro discurso. A velha amargura, que parecia ter ficado latente, voltou à tona quando ele viu que o filho mais velho, que fora uma estrela brilhante e um exemplo do grande professor no sistema comunista desde o início da carreira, tinha sido injustiçado. Opa sentiu uma fúria nova e intensa.

Em Klein Apenburg e na vizinha Apenburg, Opa começou a reclamar abertamente do regime e de como decepcionava as pessoas. Claramente sem se preocupar se as autoridades liam sua correspondência contínua, mandou a Hanna uma carta recheada de observações sarcásticas e ataques ao regime, inclusive esta passagem:

Estou furioso que a URSS e os EUA consigam gerir juntos uma viagem espacial ao cosmo, mas uma visita de uma cidadã americana a Klein Apenburg não seja possível. Quem consegue entender isso? Talvez você devesse entrar em contato com o gabinete de Erich Honecker para se queixar.

Mais uma vez, Oma implorou que ele guardasse os pensamentos para si. Ela pediu que Roland conversasse com Opa sobre o retorno de sua fúria e Roland obedeceu.

— Tenho 77 anos — respondeu Opa. — O que vão fazer com um velho como eu? Eles já me exilaram na Sibéria.

Os vizinhos também avisaram a Opa para se calar. Em Apenburg, empregados de lojas e as pessoas que estavam ali para fazer compras guardavam distância, não queriam ser associados com seus queixumes e arengas antigoverno. Inevitavelmente, ele foi denunciado.

As autoridades foram a Klein Apenburg. Na porta de sua casa, entregaram um documento a Opa. Era uma ordem oficial para interná-lo em um "programa especial" no Uchtspringe, um hospital localizado a oitenta quilômetros dali. Todos já tinham ouvido falar do lugar, reconhecido mais comumente como um manicômio. O hospital na verdade era uma instalação psiquiátrica estatal e o programa especial era um treinamento de reeducação intensiva. Opa foi orientado a ir, como dizia a ordem, "para corrigir seus pensamentos".

Logo depois de Opa ser internado, em uma fria manhã de setembro, Kai faleceu.

16
BRILHA UMA LUZ
"NOSSAS ALMAS SÃO LIVRES"
(1977)

> A alma que vê a beleza às vezes caminha só.
> — Goethe

Aos 7 anos, Cordula era uma criança feliz de semblante saudável, o epítome da inocência e da pureza infantis. De cabelo e pele claros como Reinhard, também era serena e equilibrada como ele. Com o cabelo louro curto e bochechas sardentas, parecia uma linda fadinha dos livros de histórias.

Na escola primária na Cidade Karl Marx, além de leitura, redação, matemática e conduta pessoal na sociedade socialista, Cordula e os colegas de turma aprendiam jingles russos que facilitavam o estudo da língua: "*Nina tam kartina. Eto traktor i motor*". (Nina, Nina, eis uma fotografia. É de um trator e um motor.) Embora gostasse da escola e das reuniões dos Jovens Pioneiros, ela amava principalmente correr, saltar e fazer qualquer coisa que representasse um desafio físico. Logo ficou claro que Cordula tinha habilidade para os esportes.

Embora na maior parte do tempo a Alemanha Oriental fosse banhada em um cinza estéril, todo dia 7 de outubro, como um pôster de propaganda comunista em vermelho-vivo que criava vida, o país se acendia em uma explosão de cores. Nesse dia, quisessem ou não, os cidadãos da Alemanha Oriental eram chamados a comemorar "*der Tag der Republik*", o Dia da República, o aniversário da fundação do país.

Em um espetáculo exagerado para mostrar o poder do regime, cada cidade, grande e pequena, em todo o país encenava uma imensa celebração para marcar o grande dia e apelava aos cidadãos para demonstrarem orgulho em suas comunidades socialistas. Tendo como modelo comemorações semelhantes em Moscou, uma pompa espetacular aclamava o regime, ostentava o poder da máquina comunista e destacava o progresso da nação. Trabalhadores, membros do Partido, unidades militares e paramilitares e a juventude comunista se reuniam para deslumbrar as massas e incitar o povo a demonstrar seu compromisso com o Estado.

Quanto maior a cidade, maior o espetáculo. Na capital, Berlim, a fanfarra era ímpar. Líderes do Leste Europeu e do mundo comunista eram convidados de honra enquanto o regime exibia o mais recente equipamento militar fornecido por Moscou.

O comparecimento era obrigatório; esperava-se que todo cidadão capaz, de cada cidade, comparecesse e mostrasse seu apoio resoluto ao regime. O não comparecimento, ou não demonstrar o nível exigido de entusiasmo ao agitar as bandeiras, era notado pelos líderes do Partido e pela segurança da polícia secreta misturada à multidão.

Na Cidade Karl Marx, Heidi ajeitou o lenço vermelho de Cordula, prendeu um pin de lapela dos Jovens Pioneiros — um distintivo de metal diminuto no formato de uma tocha acesa — e endireitou o boné em sua cabeça. Em cada detalhe uma criança de pôster dos Jovens Pioneiros, Cordula, com 7 anos, fez carinho na cabeça da irmã Mari, de 3, e saiu para tomar seu lugar junto dos colegas da escola primária que já formavam a fila para o desfile.

No centro da Cidade Karl Marx, multidões já se reuniam. Grandes faixas ladeavam as ruas com mensagens reverberantes: "Vida longa a nossa pátria socialista!" e "Trabalhadores do mundo, uni-vos!" Bandeiras vermelhas, pretas e amarelas da Alemanha Oriental, com o brasão da foice e do martelo, decoravam as arquibancadas. Alto-falantes trovejavam música nacionalista provocadora e, no camarote VIP, autoridades locais do Partido e convidados de honra olhavam a multidão, sorriam, assentiam e acenavam. Ao lado, um grupo de jovens efervescentes segurava grandes buquês coloridos de flores, que dava às autoridades de semblante benevolente.

Heidi se colocou ombro a ombro com os colegas de trabalho. Alguém entregara bandeirinhas, observando para saber quem mostrava ou não interesse em aceitar. Heidi agradeceu ao homem, abrindo um sorriso convincente.

O desfile começou. Cordula passou marchando com os outros Jovens Pioneiros de cara saudável. Animadores do Partido, plantados por toda a plateia, garantiam que as massas aplaudissem nos momentos certos e todos sabiam, por hábito, que deviam seguir suas deixas.

Uma empolgação autêntica surgiu quando os atletas passaram em marcha. Ninguém precisou incitar os aplausos. Como na maioria dos países, os esportes pareciam transcender a política. Os alemães orientais eram particularmente orgulhosos de seus atletas e do que conseguiram realizar ao colocar a Alemanha Oriental no mapa e trazer honras ao país. Quando eles passaram, elevou-se um rugido, as multidões aplaudiram enquanto os atletas acenavam. E foi assim nas cidades grandes e pequenas por todo o Leste. Em meio a majestosas exibições de pompa e esplendor, os desfiles marcaram o progresso do país e sua grandiosa maré para o futuro.

Enquanto o restante da Alemanha Oriental estava em plena comemoração, em Klein Apenburg tudo era de um silêncio ensurdecedor. Com dois filhos mortos, uma filha ausente há três décadas, uma vida de exílio interno e o marido em um manicômio, a saúde de Oma piorava. Os filhos e netos se reuniram em volta dela em Klein Apenburg, alguns até se mudaram por curtos períodos só para ficar com ela e ajudar nas tarefas. Ela fazia cara de corajosa sempre que eles apareciam, mas eles percebiam que Oma estava fatigada. Vendo que ela começara a descuidar do jardim, todos que a visitavam iam renovar os canteiros, arrancar o mato e regar as plantas e flores, que tinham começado a murchar.

No final do outono, Heidi e Reinhard, com Cordula e Mari a reboque, foram passar uma semana com Oma. Depois de sete anos ainda esperando a entrega do carro novo, eles pegaram o trem e então o ônibus.

Cordula estava louca para ver o que crescia no jardim, inclusive o que estava maduro e especialmente o que poderia ser comido na hora. Com Opa ausente, ela rapidamente pegou Oma pela mão para ver os canteiros, ajoelhando-se para arrancar uma abóbora e algumas vagens. Quando a dor nas pernas de Oma ficou demasiada, Cordula a colocou em uma cadeira almofadada que Reinhard levara para fora e colocara na beira do jardim.

Oma ficou sentada na cadeira quase o tempo todo naquela semana, tomando banho de sol, ouvindo os passarinhos e pensando na vida.

Ela refletiu sobre o sustento que a horta sempre lhe dera — verduras viçosas que viram incontáveis chuvas, deram lugar a canteiros pálidos e sedentos que lutavam pelos períodos de seca esporádicos. Sua maior alegria era arar até ver os frutos de seu trabalho, especialmente quando via tudo florescendo em toda sua glória. Era um trabalho necessário para manter a família alimentada, mas era também um trabalho de amor, que passara a nutrir Oma e Opa em seus dias isolados em Klein Apenburg. Agora, antes da chegada da primeira geada, mais uma vez era hora de se preparar para o fim da estação. Fechar o capítulo de qualquer ano sempre a deixava melancólica, quando ela fazia conservas e se preparava para o inverno. Enquanto Heidi colhia o que restava dos vegetais da estação, Oma mergulhava nos gorjeios de garotinhas alegres de Cordula e Mari, o que revigorava seu espírito.

Nos dias que se seguiram, quando o clima estava ameno, eles relaxavam do lado de fora, tomando o chá de fim de tarde a uma mesa de madeira embaixo de um carvalho. Heidi assou *pflaumkuchen* das frutas que colheu nas ameixeiras de Oma e as meninas brincavam com a bomba d'água ou voejavam pelo quintal como borboletas. Enquanto Heidi lavava os pratos e Reinhard limpava as ferramentas de jardim ou mexia na bicicleta de Oma, ela ficava sentada em sua cadeira, em geral de olhos fechados, respirando o cheiro da terra e o aroma do final do outono em todo seu esplendor.

À noitinha, eles jantavam dentro de casa, servindo iguarias alemãs orientais, inclusive salsichas Eberswalder com mostarda Bautzen e picles Spreewalder que Heidi tinha encontrado na loja estatal. Com a noite alta, sentavam-se à mesa de jantar, jogavam cartas e ouviam o cantor preferido de Oma, Hans Albers, sua voz sedosa murmurando no rádio com ruídos. Quando Oma se cansava, eles a ajudavam a ir para a cama. Cordula demorava-se colocando Oma para dormir, acariciando-a e cantando músicas do Homem de Areia para levá-la a ter um sono tranquilo.

Naquela semana, Oma, deleitando-se em um profundo senso de paz e serenidade, escreveu uma carta para Hanna que chegou até nós, nos Estados Unidos.

Pela primeira vez na vida, ela se expressou abertamente, de coração e sem reservas, sobre o orgulho que tinha da família, de Opa, dos filhos e netos, e sobre as coisas simples que importavam para ela. Escreveu que estava "feliz por ter Heidi, Reinhard e as meninas de visita". Escreveu sobre Manni e sua família, que fizeram uma visita no mês anterior, e sobre os presentes que ele lhe trouxera: "cerejas no vidro", ameixas e maçãs. Ela escreveu sobre o novo emprego de Tiele no magistério, sobre as férias de Helga na Bulgária e sobre os filhos louros e lindos de Tutti. Escreveu sobre as realizações de Roland como professor, sobre sua recente "aposentadoria" e a própria luta ao perder Kai e Klemens. Ela partilhou sua dor com a ausência de Opa, até insinuando que o Estado o injustiçara, tanto que se arriscou a escrever: "Ele não merecia".

Terminou a carta dizendo: "Encontro a maior paz com minha família e meu jardim".

∼

Em sua última noite em Klein Apenburg, Reinhard fez uma fogueira no quintal. Debaixo de um céu rural estrelado e do brilho da lua cheia naquela noite clara de outono, eles passaram a noite conversando animadamente sobre tudo: do inverno que chegava, que previam que seria muito frio, às travessuras divertidas dos netos. Depois de um tempo, Oma ficou mais calada. O silêncio se estendeu. Quando voltou a falar, foi sobre um assunto mais sério: o futuro da família.

— Ninguém sabe o que o futuro nos reserva — disse ela —, mas quero que a família continue forte. Mantenham de pé o Muro da Família. Apoiem e protejam um ao outro, venha o que vier. — Embora sempre evitasse falar da repressão na Alemanha Oriental, Oma agora tinha algo a dizer sobre isso. — Ninguém sabe o que vai acontecer ou se as coisas vão mudar, só o que sei é que a justiça vencerá. A verdade prevalecerá e a justiça vencerá.

O silêncio se estendeu. Depois de um tempo, ela continuou:

— Sobrevivemos à Alemanha Oriental com nossa dignidade intacta. Esta vida nem sempre foi fácil, mas não fez com que nos curvássemos. Na verdade, nos deixou mais fortes. E somos fortes porque nossas almas são livres.

Ninguém falou nada por um bom tempo, sentados ali, olhando as chamas, vendo-as estalar e crepitar, o estouro de pequenas faíscas que desapareciam no escuro céu noturno. Heidi olhou a mãe, seu rosto iluminado pela luz do fogo, os pensamentos em algum lugar distante. Mechas finas e prateadas de cabelo, que em geral ficavam em um coque arrumado, caíam suavemente em torno de seu rosto enrugado, vincos fundos emolduravam os olhos de pálpebras pesadas. Por fim, ela olhou para Heidi, o fogo refletido nos olhos, e um sorriso sábio enfeitou seu rosto.

Tudo estava quieto, exceto pelo crepitar do fogo. Depois de um longo silêncio, Oma enfim voltou a falar.

— Chegará o dia em que vocês a verão de novo. Talvez eu não viva para ver esse dia, mas vocês vão reencontrar Hanna.

Em um dia de inverno frio e sem vento, Opa foi libertado do manicômio e voltou para casa, para Oma, em Klein Apenburg. Falou muito pouco nos meses seguintes e, pelo tempo que viveu, nunca mencionou o que aconteceu com ele durante aqueles meses em Uchtspringe. Mas sua experiência no manicômio marcou a última vez que ele se manifestaria contra o regime da Alemanha Oriental.

Naquele mesmo inverno, a saúde de Oma deu uma guinada para pior. Na primavera, ela ficou de cama. Com Oma tendo menos dias bons do que ruins, Opa tentava cuidar dela e da casa o melhor que podia.

Ele preparava todas as cartas deles, escrevia o que Oma ditava. No fim de uma carta a Hanna, ele acrescentou uma nota pessoal:

Mutti está mais ou menos. Toma os remédios regularmente e vai a todas as consultas com o médico. Será possível você mandar algum sorbitol para diabéticos?

Minha mãe mandou, mas nunca soube se eles receberam.

No início da primavera, Oma não conseguia mais ir de bicicleta ao médico em Apenburg. Aos 79 anos, Opa passou a sair para adquirir mantimentos. Como o médico raras vezes fazia visitas domiciliares em Klein Apenburg, por fim Oma foi removida a um hospital de Apenburg.

Todos os filhos e netos foram visitar Oma. Cordula achou que ela parecia forte e cheia de esperança, e ficou tranquilizada quando Oma prometeu:

— Ficarei bem logo e no verão você pode vir brincar de novo no meu jardim. — Depois ela se virou para Heidi e pediu: — Mantenha a família unida.

Pouco tempo depois disso, em 1º de junho de 1978, em um dia cálido de primavera, duas semanas antes de eu me formar no ensino médio, Oma faleceu aos 73 anos, com Opa a seu lado. Os médicos disseram que foi por diabetes e hipertensão. Minha mãe recebeu a notícia na forma de um telegrama de Opa pela Western Union.

A família ficou arrasada. A âncora da família não estava mais ali. Ela fora seu centro de gravidade e o espírito que os havia sustentado. Eles ficaram atordoados, perguntando-se como iriam continuar sem ela.

Anos depois, Hanna escreveria em suas memórias: "Foi meu pai quem abriu meus olhos para as maravilhas do mundo e para a busca do conhecimento, e foi o espírito de minha mãe que me guiou pela vida".

Opa ficou perdido sem Oma e ficava todo o tempo no banco "lugar de descanso do Opa" vendo o dia passar, ou dormindo no sofá em vez de na cama, ou simplesmente acordado. Roland veio cuidar do pai e eles passaram várias semanas juntos lamentando o falecimento de Oma e tentando lidar com a perda devastadora. As famílias iam visitá-lo. Cordula se sentava com Opa e o consolava lendo ou cantando para ele.

Depois da morte de Oma, de vez em quando Heidi via fotografias de minha mãe, de Eddie e dos seis filhos. Agora, ninguém na família realmente acreditava que era possível um reencontro, mas todos se agarravam à esperança de Oma e à sua profecia de que um dia eles veriam novamente a irmã Hanna.

17
UMA SURPRESA DA AMÉRICA
INOCÊNCIA
(1978-1980)

A verdadeira inocência não se envergonha de nada.

— *Jean-Jacques Rousseau*

Apenas um mês depois de Oma morrer, em um dia de julho, enquanto todos ainda estavam de luto, a família teve uma surpresa.

Nos Estados Unidos, eu iria começar a faculdade no outono. Naquele verão, meu irmão mais velho, Albert, de 18 anos, então no segundo ano da universidade, decidiu fazer uma viagem de férias como mochileiro na Europa com um amigo da faculdade. Enquanto preparava a mochila na cozinha da nossa casa no subúrbio de Washington, ele despreocupadamente pediu a nossa mãe o telefone de Opa na Alemanha Oriental. Se tivesse oportunidade, disse ele, tentaria ligar para Opa da Alemanha Ocidental.

Por duas semanas, os dois jovens americanos exploraram a Europa. Na Alemanha Ocidental, Albert e o amigo, sem nenhum plano real, embarcaram em um trem para o Leste e desembarcaram perto de um posto de controle da Alemanha Oriental. Como era de esperar, o acesso ao país era rigidamente controlado, exigindo que os estrangeiros entregassem, com nove semanas de antecedência, um itinerário detalhado ao gabinete de turismo estatal da Alemanha Oriental. Os viajantes ocidentais tinham de ficar em hotéis designados e se registrar imediatamente na polícia ao chegarem. Mas, no posto de segurança, os dois universitários, aventureiros e despreocupados, sem nada saber das regras de entrada e viagem pelo país, não entregaram nenhum dos documentos exigidos e simplesmente deixaram os passaportes no compartimento.

Os guardas de fronteira, atrás de um vidro espelhado unidirecional, certamente sem acreditar nos americanos ingênuos que queriam viajar sozinhos pela Alemanha Oriental comunista, não fizeram nada, deixando os meninos imaginarem o porquê de tanta demora. Com guardas armados postados por perto, eles esperaram por vinte minutos, até que o amigo de Albert, cujo pai era diplomata, deixou no compartimento um segundo passaporte, preto, diplomático, e então os guardas de fronteira de imediato entraram em ação, processando rapidamente a solicitação dos garotos.

Os dois embarcaram em um trem. Policiais armados inspecionaram cada vagão com pastores alemães, depois saíram e o trem foi para o Leste. Os meninos se sentaram e viram pela janela o interior cinzento e monótono enquanto a locomotiva alemã oriental, laboriosa e barulhenta, seguia seu rumo pela área rural em uma velocidade torturante de tão lenta. Uma hora depois, eles desembarcaram em uma estação perto de Salzwedel. Em vez de se registrarem na polícia local ao chegarem ao Leste, como era exigido, os dois simplesmente entraram na estação de trem desolada e, no alemão capenga de Albert, pediram para usar o telefone. O funcionário solitário, assustado com o aparecimento repentino de dois estrangeiros, aquiesceu e Albert ligou para Opa.

Roland atendeu ao telefone. Perplexo, só conseguiu dizer: *"Ich komme so fort!"* (Vou até aí!) e desligou rapidamente. Depois discou para Manni, dizendo-lhe para "reunir a família imediatamente", sem dar mais explicações devido à probabilidade de a Stasi monitorar a linha telefônica, deixando Manni acreditar que o pai de 79 anos estava doente. Então Roland saiu correndo pela porta e saltou no carro, com o coração em disparada. Sem querer chamar a atenção dos vizinhos, respirou fundo, tentou se acalmar e deu ré lentamente. Depois de pegar a estrada, acelerou o máximo que pôde no Trabant, o escapamento soltando uma nuvem de fumaça. Cerca de uma hora depois, chegou à estação de trem. Ao ver os dois meninos, Roland parou e saiu do carro. Ele e Albert se abraçaram, Roland olhou em volta, e todos rapidamente entraram no carro e arrancaram dali.

A essa altura, o maior número de familiares que podiam se reunir na casa de Opa em tão pouco tempo já estava ali, e outros chegariam ao longo do dia. Roland estacionou atrás da casa e ele e os meninos entraram pela porta lateral para não serem vistos por vizinhos enxeridos, que certamente suspeitariam de visitantes com camisetas da Universidade da Califórnia e jeans americanos.

Dentro da casa, Roland fechou a porta, recostou-se nela e soltou um suspiro de alívio. A família se levantou lentamente, olhando os dois jovens.

— Este é Albert — disse Roland. — Filho da Hanna, dos Estados Unidos.

Eles ficaram em completo choque. Permaneceram estáticos, encarando Albert como se fosse um alienígena. Como era possível que o filho da irmã há tanto ausente tivesse conseguido entrar no país, evitar a atenção das autoridades e agora estivesse parado diante deles na sala de estar de Opa, em Klein Apenburg? Tutti soltou um gemido de êxtase e se atirou para segurar Albert pelo rosto, depois o puxou para ela, abraçando-o com força.

De súbito, todos pululavam em volta de Albert, tomados de emoção, lágrimas escorrendo pelo rosto enquanto o abraçavam: as filhas e o marido de Tutti, Manni, a esposa e os filhos, Helga e seu filho. Não importava que Albert só falasse um alemão de cais do porto e a família praticamente não falasse inglês; lágrimas e risos, gestos animados e comovidos e expressões de grande euforia e profunda emoção acompanharam a conversa.

A personalidade aberta e o sorriso fácil de Albert o ligaram tranquilamente ao jeito alegre de Manni, aos carinhos maternais e amorosos de Helga, à franqueza rústica de Tutti. O fato de que eles nem se conheciam parecia irrelevante.

Depois de alguns minutos, Roland brincou que Albert estava sendo sufocado e sugeriu que eles recuassem e lhe dessem espaço para respirar. Ainda agarrados a Albert, eles se retraíram de leve e o grupo se separou.

E então Albert o viu parado a uma curta distância. Ele deixou o grupo e foi até o avô. Opa, com os nervos fracos pelos anos de punições, um homem que não tendia ao contato físico, abraçou o neto.

No dia seguinte, eles levaram Albert e o amigo para dar uma volta a pé pela área rural, usando uma rota tortuosa para não serem vistos pelos olhos bisbilhoteiros dos vizinhos, o que deixou confusos os meninos, que não entendiam por que davam voltas tão estranhas em vez de andar em linha reta ao campo vizinho. Depois de uma caminhada agradável, eles voltaram à casa por um caminho diferente, mas da mesma forma cheio de desvios.

Naquele mesmo dia, levaram Albert ao cemitério para visitar o túmulo de Oma, a terra recém-revirada de seu sepultamento recente. Os meninos ficaram por quase dois dias inteiros. No último dia, com longos abraços e muitas lágrimas, a família se despediu deles.

Roland os levou de carro à estação de trem, o tempo todo enxugando os olhos e transmitindo palavras que Albert mal conseguia entender, mas sabia que incluíam saudações comovidas e sentimentos amorosos por Hanna. A uma curta distância da estação, Roland deixou os meninos e partiu rapidamente. Os dois logo compraram uma passagem e embarcaram. Perto da fronteira, o trem parou e a polícia armada alemã oriental, com seus cães, inspecionou os vagões e verificou os documentos de todos. Os meninos seguiram para a fronteira, foram rapidamente despachados da Alemanha Oriental e voltaram ao Ocidente.

Minha mãe não sabia de nada da viagem do filho à família no Leste, soube apenas quando Albert voltou aos Estados Unidos, duas semanas depois, e lhe contou. Chocada ao saber o que ele fizera, ela parou para absorver a informação. Depois o elogiou pela ousadia e pediu que lhe contasse tudo sobre o pai, os irmãos e irmãs, sobrinhos e sobrinhas, como cada um estava, o que fizeram, o que disseram. Ela se deleitou com cada detalhe e, alguns dias depois, perdeu-se nas fotografias que ele havia revelado e entregou a ela.

No final da década de 1970, o programa esportivo da Alemanha Oriental era o orgulho da nação. Para grande surpresa da comunidade esportiva internacional, atletas alemães orientais começaram a atingir resultados extraordinários em competições mundiais, inclusive nos Jogos Olímpicos. No fim dos anos 1970 e início dos 1980, o diminuto país da Alemanha Oriental ficou em segundo lugar na contagem geral das medalhas em três Olimpíadas de Verão consecutivas, pouco atrás da muito maior União Soviética e bem à frente de uma perplexa Alemanha Ocidental. O mundo viu, assombrado, a Alemanha Oriental mostrar um elenco inacreditável de campeões, dominando vários esportes, inclusive natação, ginástica olímpica e ciclismo.

Honecker estava satisfeito. Sua missão calculada de provar ao mundo que a Alemanha Oriental merecia prestígio, reconhecimento e respeito internacionais de fato começava a compensar.

Estimuladas por seus êxitos, as autoridades do esporte continuaram a busca por jovens fisicamente mais talentosos, com potencial para ser modelados nos melhores atletas do mundo. Milhares de talentosos olheiros e instrutores de educação física, treinadores e técnicos foram colocados a bordo para vasculhar o país, encontrar aqueles que acreditassem ser mais lucrativos para o programa e colocá-los no caminho para se tornarem atletas de alto nível.

Decididos a descobrir novos meios de pressionar o corpo humano a novas altitudes, o programa esportivo criou e desenvolveu métodos científicos e de vanguarda que, segundo acreditavam, dariam aos atletas da Alemanha Oriental uma vantagem competitiva. Exigiam que treinadores tivessem um conhecimento afiado de anatomia, psicologia, fisiologia e biomecânica, e que dominassem táticas de reconhecimento de carga ideal de tensão, canalização do foco mental de cada atleta e maximização de seu potencial de desempenho. Especialistas de destaque em medicina esportiva e cientistas criavam teorias e técnicas pioneiras no Instituto para a Ciência Aplicada do Treinamento, sede da pesquisa desportiva, e reuniram uma biblioteca de 75 mil volumes sobre esportes dedicada às minúcias da mecânica desportiva. Avançados para a época, os pesquisadores alemães orientais estudavam exaustivamente as competições de cada ângulo, gravando em vídeo todos os detalhes de cada competição importante, assim podiam analisar toda possível estratégia do adversário e criar novas táticas para contra-atacá-los.

Nos anos que se seguiram, o Estado investiria centenas de milhões de dólares no objetivo de dominar o mundo dos esportes. Com a segurança estatal e o financiamento para manter o Muro, o programa esportivo da Alemanha Oriental ficava com a maior fatia do orçamento do país.

Na Cidade Karl Marx, Cordula já se mostrava uma adição dinâmica à sua escola e ao grupo de Jovens Pioneiros, em particular na capacidade atlética. Nos eventos e atividades esportivas juvenis, todos ficavam atentos quando ela corria, escalava ou nadava. Ela adorava quase todos os esportes que experimentou e era boa em todos eles. Tinha velocidade e agilidade extraordinárias e superava facilmente a maioria dos meninos. Assombrado com sua capacidade física natural, o professor de ginástica prontamente informou os caça-talentos nacionais.

Eles foram observá-la na piscina. Ela era forte, notaram, e tinha foco, intensidade e um talento natural fora do comum. Deslizava pela água como um peixe. Os olheiros a convidaram a competir em torneios de natação. Nas eliminatórias, ela os impressionou, mostrando uma extraordinária promessa para uma menina de 8 anos. Estava claro para os treinadores que Cordula tinha um potencial incrível.

Cordula passou tranquilamente pelos exames físicos, mas também teria de ser aprovada em uma avaliação que pretendia saber, entre outras coisas, se podia ou não representar risco de fuga, se ascendesse e um dia fosse escolhida para viajar ao exterior pela Alemanha Oriental. O programa esportivo simplesmente não podia recrutar possíveis desertores, então monitorava atentamente e investigava cada atleta. Uma deserção voltaria para assombrar o recrutador que promovera um atleta fugitivo; o incidente seria um imenso constrangimento para um regime que se esforçava muito para impressionar o mundo.

Heidi supôs que Cordula seria desclassificada durante o processo de análise, depois que os entrevistadores soubessem das "manchas negras" na família. Com Heidi e Reinhard evitando a filiação ao Partido Comunista, os numerosos embates de Opa com o regime, a fuga de Hanna da república e seu casamento com um oficial do exército americano, parecia que Cordula não teria chance nenhuma.

Nos escritórios administrativos do complexo esportivo da Cidade Karl Marx, com a mãe esperando no corredor, Cordula bateu na porta e entrou na sala sozinha. Foi orientada a se sentar. As autoridades a olharam de cima a baixo. Depois um deles perguntou gentilmente:

— Gostaria de ir aos Estados Unidos ver sua tia?

Ela levantou a cabeça e o olhou.

— Não.

— Você ama seus pais?

— Sim.

Satisfeito, ele sorriu. Deu os parabéns a Cordula e instruiu a mãe a transferir a filha imediatamente da escola comum para uma especializada em esportes, a fim de começar o treinamento intensivo.

Na escola nova, o treinamento e a competição tinham prioridade sobre a vida acadêmica. Corredores corriam, ginastas rolavam, nadadores nadavam. Em um ano, Cordula já vencia competições juvenis municipais e regionais. Aos 9 anos, foi selecionada para a equipe de natação juvenil da Alemanha Oriental, juntando-se às fileiras das melhores nadadoras do país.

Enquanto Cordula avançava no programa juvenil de natação, eu era caloura na Universidade James Madison, em Harrisonburg, na Virgínia. Estudei russo e, nas aulas de história, aprendi mais sobre a Guerra Fria, a escalada das tensões entre EUA e os soviéticos, as batalhas entre o comunismo e a democracia pelo mundo e os perigos da influência comunista soviética. No fim da década de 1970, a *détente* tinha fracassado e voltaram as tensões entre as superpotências. O confronto nuclear era novamente uma ameaça real.

Mais uma vez, cartas do Leste para os Estados Unidos se reduziram a apenas algumas por ano. Poucas conseguiam sair e poucas chegavam, e minha mãe, Hanna, teve de enfrentar a realidade de que a família, mais uma vez, desaparecia para ela.

Como ainda havia muito poucas informações em primeira mão acerca do que acontecia atrás da Cortina de Ferro, abundavam estereótipos sobre almas aprisionadas, como autômatos que sofreram lavagem cerebral, com uma ideologia quase alienígena. O mais perto que conseguimos de alguma informação definitiva sobre as pessoas no Leste foi pelos olhos e palavras de Boris Pasternak em *Doutor Jivago* e pelo *Arquipélago Gulag*, de Aleksandr Soljenítsin, livros que saíram clandestinamente da União Soviética.

O país mais recluso do mundo, na melhor das hipóteses, sabíamos que era um Estado policial, repressor, com um histórico horrendo nos direitos humanos e que tinha atletas extraordinários.

Enquanto treinava entre os melhores jovens atletas da Alemanha Oriental, Cordula recebia mais instruções sobre a muito reverenciada e poderosa União Soviética e, em completo contraste, os hostis e corruptos Estados Unidos. Filmes de propaganda metiam na cabeça das pessoas a ideia de que os EUA eram um país doente, em que grassavam loucos, criminosos e cidadãos destituídos e desempregados. Era, como Cordula ouvia, uma zona econômica desastrosa, e a Otan, uma força violenta de grande destruição. A Alemanha Oriental, por outro lado, era uma nação amorosa e pacífica, com um governo que verdadeiramente se importava com seu povo, proporcionava tudo de que precisavam e construíra um ambiente seguro, longe de todos os perigos da delinquência e do caos.

Os maiores atletas alemães orientais treinavam com equipamento de última geração, importado do Ocidente, tinham o melhor em material esportivo e desfrutavam de muitas vantagens e privilégios indisponíveis ao restante da população. Aqueles que tinham entrado havia pouco no sistema, porém, possuíam menos recursos e precisavam conquistar sua ascensão. Treinavam em ginásios comuns, centros desportivos comunitários e em *Schwimmbads* municipais, piscinas comunitárias, usando o que estivesse disponível.

Em cada dia de treino de natação, Cordula vestia o maiô azul-marinho padrão. Depois de meses de uso, o tecido de baixa qualidade começou a afinar e ficar transparente; quando molhava, esticava-se e arriava desconfortavelmente no corpo das pequenas atletas. Por fim, os seios e o traseiro das meninas ficavam expostos. Quando expirava o prazo de uso dos maiôs, simplesmente costuravam botões nas alças para que não escorregassem completamente.

Um dia, minha mãe recebeu uma carta de Heidi dizendo que a família estava bem. Mari tinha entrado na escola; sem querer arriscar a posição de Cordula no programa esportivo alemão oriental, Heidi escreveu simplesmente que ela gostava de natação. Vários meses depois, chegou um pacote dos Estados Unidos com selo postal da Alemanha Oriental: um vestido novo para Mari e, para Cordula, um maiô vistoso que Hanna comprara na base militar de Fort Myer, nos arredores de Washington, D.C.

Para Cordula, tudo no maiô americano era exótico e bonito, diferente de qualquer coisa disponível na Alemanha Oriental. Com um design moderno e *flower power*, era colorido: rosa, laranja e amarelo em um fundo listrado e, o melhor de tudo, era feito de um tecido de alta qualidade que conservava a forma. Cordula ficou exultante.

Ela ainda usava o maiô azul arriado nos treinos, mas, quando chegava em casa, vestia o maiô americano e admirava-se no espelho, contorcendo-se para enxergar a parte de trás, da frente, como ficava quando mergulhava de lado. Nos treinos, ainda se destacava e logo conquistou uma medalha de bronze na primeira competição juvenil nacional. Encorajada pela vitória, brincou com a ideia de usar o maiô americano para treinar. Um dia, o desejo venceu. No vestiário, ela colocou o maiô, foi orgulhosamente para a piscina e se juntou às outras meninas.

Seus treinadores estavam distraídos, ocupados demais tentando acomodar uma equipe da imprensa alemã oriental, e assim, para prazer de Cordula, ninguém pareceu prestar atenção nela. Mas de súbito um treinador a chamou. Ela engoliu em seco e correu, parando a uma curta distância na frente dele. Baixando os olhos, preparou-se para ser repreendida por usar trajes heterodoxos que claramente não vinham da Alemanha Oriental em lugar do maiô padrão da equipe. Mas ele tinha pressa e nem mesmo a olhou. Várias outras meninas foram chamadas e todas ouviram para pegar suas medalhas rapidamente e se dirigirem à equipe de filmagem do lado de fora. Foi tirada uma fotografia oficial da equipe medalhista com Cordula ao lado das colegas usando o maiô americano, com uma expressão inocente e ligeiramente travessa, bonita e orgulhosa. A foto saiu no jornal no dia seguinte, com uma matéria sobre os astros emergentes do esporte da Alemanha Oriental.

No fim da década de 1970, as duas superpotências retomaram a rixa em larga escala. Em 1979, os soviéticos invadiram o Afeganistão, e em protesto, no verão seguinte, os Estados Unidos boicotaram a Olimpíada de Verão em Moscou.

A essa altura, tendo acumulado 10 bilhões de dólares em dívida externa a credores ocidentais, a economia da Alemanha Oriental estava um caos e resvalava para a falência. Tão subitamente quanto os bens de consumo apareceram nos anos 1970, no final da década grande parte tinha desaparecido das prateleiras das lojas, e a qualidade dos produtos ia de mal a pior. O que havia de disponível tornou-se racionado ou teve o preço aumentado, em geral ficando proibitivamente caro, e os míseros salários da média dos trabalhadores os impediam de conseguir comprar até os produtos inferiores.

A Alemanha Oriental tinha atingido o ápice, e o sistema não melhorava mais. Na verdade, as coisas pareciam seguir em direção contrária. Todavia, como sempre, Honecker garantia ao povo que o país era respeitado e visto como líder não só no Bloco Oriental, mas também no Ocidente. Em seu país e no exterior, Honecker apontava as realizações esportivas do país como prova de progresso. Os atletas da Alemanha Oriental batiam novos recordes mundiais e lançavam a reputação do país a novas altitudes, permitindo que a Alemanha Oriental finalmente ganhasse legitimidade para o restante do mundo, o que, dizia ele, o país merecia muito.

Para aqueles que durante anos sustentaram a crença de que o país fazia um progresso considerável, ficou evidente que na verdade não era assim. Embora muitos desconfiassem ou soubessem disso o tempo todo, outros começavam a despertar de um sono de trinta anos e enxergavam a verdade: a promessa de décadas, feita por uma ditadura alemã agora envelhecida, jamais seria cumprida.

A essa altura, 120 pessoas tinham morrido, baleadas ou afogadas, tentando sair da Alemanha Oriental desde a construção do Muro de Berlim.

E então, em 1979, ocorreu um incidente espetacular: duas famílias fugiram pelos céus. Depois de fazer um balão de ar quente com lona, lençóis, tiras de tecido velho e um bico de gás caseiro, Günter Wetzel, pedreiro, Peter Strelzyk, mecânico, e suas famílias subiram para a escuridão do céu noturno e viajaram tranquilamente por cima do Muro para a segurança do Ocidente. *(Ver imagem 7.)*

A fuga ganhou as manchetes do mundo todo, com Strelzyk dizendo: "A liberdade é a coisa mais valiosa que um ser humano pode ter. As únicas pessoas que sabem disso são as que viveram sem ela. Se você foi criado livre, não sabe o que significa a liberdade". Depois da fuga, a venda de tecidos passou a ser rigorosamente controlada na Alemanha Oriental.

Porém aconteciam muito mais mortes que fugas na fronteira. Logo depois dessa fuga bem-sucedida de balão, em dois incidentes separados, Marienetta Jirkowsky, de 18 anos, e o dr. Johannes Muschol foram mortos a tiros no Muro; o corpo sem vida de Peter Grohganz, de 32 anos, foi tirado do rio Spree; e Thomas Taubmann, de 26 anos, morreu ao saltar de uma ponte quando tentava escapar para o Ocidente.

Os alemães orientais começavam a desejar mais informações e contato com o mundo, e tornou-se um segredo aberto que muitos sintonizavam com o Ocidente. Enquanto alguns preferiam não ouvir que era mentira o que o regime dizia e alguns ainda temiam sintonizar por medo de denúncias de vizinhos patriotas, muitos outros passaram a acessar as transmissões.

Com as tensões renovadas, a Alemanha Oriental mais uma vez tentou bloquear as transmissões da BBC e aquelas patrocinadas pelos EUA, como a Voz da América, que levavam ao Leste mensagens pró-ocidentais sobre liberdade e democracia.

Logicamente, as áreas de fronteira proporcionavam a melhor recepção, enquanto algumas regiões tinham pouco ou nenhum acesso às transmissões, devido à distância ou à geografia. Na Cidade Karl Marx, Heidi e Reinhard conseguiam sintonizar e assim o fizeram. A recepção em seu apartamento era fraca, mas eles tinham acesso relativamente bom às emissoras de televisão alemãs ocidentais ARD e ZDF, bem como às rádios Luxembourg e Deutschlandfunk, que se tornaram sua fonte preferida de notícias e música. Os pais de Reinhard, em Stollberg, sintonizavam a *Tagesschau*, um noticiário da Alemanha Ocidental, mas os parentes que moravam na vizinha Dresden eram incapazes de receber o sinal. Em certa ocasião, Heidi conseguiu pegar uma recepção com chuviscos da novela americana *Dallas*. Maravilhou-se com o suntuoso estilo de vida americano de champanhe, joias e Cadillacs; a maioria dos americanos realmente vivia assim? O pior pesadelo do regime, esse movimento em massa de desobediência civil dos alemães orientais a portas fechadas, cresceria e por fim passaria a ser conhecido como "deserção pela televisão".

Um dia, Reinhard foi despachado ao apartamento de seu gerente para consertar um problema na rede elétrica e encontrou a filha do chefe colada na televisão, assistindo, feliz, a um programa alemão ocidental, apesar da ordem estrita do chefe aos empregados para que não vissem esse tipo de conteúdo. O que ficou claro, àquela altura, era que o regime não tinha como identificar cada par de olhos e ouvidos sintonizados no Ocidente.

Para enfrentar a ameaça por televisão e rádio do Ocidente, as autoridades da Alemanha Oriental colocaram no ar *Der Schwarze Kanal*, o Canal Negro, um jogo de palavras que significava canal de esgoto, um programa de propaganda semanal projetado para desacreditar as mentiras dos noticiários da Alemanha Ocidental. Nas noites de segunda-feira, às nove horas, os alemães orientais podiam ver versões fortemente editadas de noticiários da Alemanha Ocidental, com dublagens e comentários políticos alemães orientais que pretendiam confundir e incitar o povo a questionar a versão ocidental da verdade. Porém *Der Schwarze Kanal* conquistou a reputação de programa menos popular da televisão alemã oriental.

Como se não bastassem as transmissões de TV e rádio ocidentais para preocupar o regime, havia outro motivo de alarme: a música.

Nos Estados Unidos, eu era uma típica adolescente americana dos anos 1970, de cabelo comprido, despreocupada, sonhando com a paz mundial. Usava jeans boca de sino e sapatos plataforma e ouvia Cat Stevens e James Taylor. Eles cantavam o amor, a paz e a liberdade — coisas importantes para os jovens do mundo todo naquela época.

Eu adorava os Beatles, assim como milhões no Ocidente e atrás da Cortina de Ferro, onde eles praticamente tinham status de profetas, mesmo anos depois de a banda ter se desfeito. As autoridades comunistas perceberam que a música dos Beatles era uma grave ameaça — um fenômeno da contracultura que espalhava mensagens antigoverno, de revolução e questionamento das autoridades; além de perigosas, as letras de paz e amor dos Beatles ameaçavam humanizar o Ocidente. As autoridades alemãs orientais canhestramente tentaram neutralizar o impacto dos Beatles, chamando-os publicamente de depravados e referindo-se a eles como "uma horda de cabeças de cogumelo ensandecidas", mas qualquer tentativa de diminuir sua influência só estimulava os jovens da Alemanha Oriental a tentar ouvi-los ainda mais.

Em um esforço para contra-atacar a ameaça musical do Ocidente, a liderança tentou apelar à juventude da Alemanha Oriental oferecendo sua própria marca de música pop simpática ao regime. No *Ostrock*, ou Rock do Leste, bandas como Puhdys e Silly eram estritamente monitoradas para garantir que não saíssem da linha nem passassem mensagens duplas em suas canções, e as autoridades simplesmente davam um fim às suas músicas quando tocavam perto demais da beira do permitido.

Um dos superastros da música alemã oriental era meu primo distante Erich Klaus. Devido à sua lealdade ao Partido Comunista e à disposição de cantar músicas sancionadas pelo regime, ele desfrutava uma celebridade espetacular, que vinha acompanhada de muitas vantagens, inclusive acesso a bens do Ocidente, roupas e sapatos estrangeiros, um apartamento de luxo e diversas viagens ao exterior. Graças a seu status especial, ele se distanciou dos cidadãos comuns, inclusive dos próprios parentes, em particular aqueles com máculas, como a família da minha mãe, acreditando, provavelmente com razão, que a associação com uma família dessas só poria em risco sua posição privilegiada.

Em uma carta para minha mãe, Opa escreveu: "Erich Klaus agora é mundialmente famoso. Nós o ouvimos o tempo todo no rádio. Ele viaja muito, esteve há pouco no México e logo irá para a Áustria. Ele não faz nenhum contato conosco".

18

O BANGALÔ PARAÍSO
REFÚGIO E CONSOLO
(1980-1982)

> O único jeito de lidar com um mundo que não é livre é
> tornar-se tão absolutamente livre que sua própria
> existência seja um ato de rebeldia.
>
> — *Albert Camus*

No início da década de 1980, os Estados Unidos tinham um novo presidente. Ronald Reagan denunciou veementemente o comunismo e alertou para que não ignorassem as perigosas ambições de Moscou. Os americanos apoiaram firmemente a atitude anticomunista passional de seu novo presidente e continuaram hiperatentos a espiões soviéticos e comunistas em seu meio.

Em Washington, D.C., meus pais compareceram a um evento de gala da Associação de Ex-Oficiais da Inteligência. Abaixo de um lustre cintilante, entre toalhas de linho branco, centros de mesa floridos e taças de cristal, a esposa de um político local, tentando entabular uma conversa educada durante o jantar, perguntou com simpatia de onde minha mãe era.

— Da Alemanha Oriental — respondeu educadamente minha mãe.
A mulher ofegou, alarmada.
— Você é uma comunista?!
Essa explosão provocou um silêncio súbito na mesa. Depois disso, sempre que perguntavam de onde minha mãe era, ela mentia e dizia Hannover, na Alemanha Ocidental.

A essa altura, as autoridades da Alemanha Oriental perceberam que simplesmente não podiam alimentar adequadamente o povo, assim o regime deu 850 mil lotes de terra a cidadãos para o cultivo da própria comida. Os lotes permitiriam a agricultores de fim de semana cultivar os próprios vegetais e frutas para alimentar suas famílias e ajudar a abastecer os depósitos estatais, com o fim de sustentar outras. A medida foi uma derrota lancinante para o comunismo, que deveria cultivar comida suficiente nos coletivos para as massas. Porém, na Alemanha Oriental, esse conceito fracassara, e o regime foi obrigado a pensar em um novo plano. E reinstituíram a propriedade individual da terra. Isso significou semiprivatização em um país que tinha banido o empreendimento privado.

No trabalho, o chefe de Heidi, Meier, reuniu os funcionários e leu em uma ordem que o Estado os estava recompensando com um pequeno lote de terra que poderiam usar para cultivar a própria comida. Os trabalhadores ficaram emocionados; havia sorrisos para todo lado. Naturalmente, os membros do Partido Comunista receberiam prioridade porque havia um número limitado de lotes e nem todos seriam escolhidos. Heidi ficou ao fundo. Sabia que estaria no final da lista e não tinha muitas esperanças de ganhar um presente tão valioso do Estado.

Uma proclamação semelhante foi feita na oficina de Reinhard, onde ele também viu que os membros do Partido eram selecionados primeiro. Para o naturalmente industrioso Reinhard, era uma fantasia acreditar que essencialmente pudesse ter seu próprio sítio.

Vários meses se passaram quando Heidi foi chamada ao escritório de Meier, onde, longe dos ouvidos dos outros, ele a elogiou pelo desempenho excepcional. Com um sorriso discreto, entregou-lhe um envelope contendo o anúncio de que ela fora selecionada para receber um lote.

Ela correu para casa naquele fim de tarde para contar a notícia a Reinhard. Sem acreditar em sua sorte, os dois se abraçaram, às lágrimas. Ele leu a notificação várias vezes, examinou cada palavra. Nada poderia ser melhor, pensou, do que ser dono de um pedaço de terra no interior, onde eles poderiam não só cultivar a própria comida, mas, até mais importante, ter um senso de independência, propriedade e liberdade. Era um golpe de sorte, pensou ele, e tinha toda a intenção do mundo de aceitá-lo.

Naquela noite, Reinhard, que por não ter ingressado no Partido Comunista não teve oportunidade de instrução formal, foi para a cama com a cabeça fervilhando de ideias sobre como melhor projetar e construir não só uma horta abundante, mas alguma habitação, um pequeno lar rural, onde eles poderiam até passar os fins de semana.

Naquele primeiro fim de semana depois de receber o envelope, Reinhard, Heidi, Cordula e Mari pegaram um ônibus, depois seguiram a pé os quase três quilômetros para tomar posse do pequeno lote de terra. Nos arredores de uma floresta, deram com uma grande clareira com o tamanho aproximado de quatro campos de futebol, com solo fértil e intacto. Reinhard sondou o terreno, depois examinou atentamente o mapa que acompanhava a documentação, encontrando o lote da família no lado sul, perto do meio do campo. Ali, com um pé na frente do outro, ele andou pelo perímetro do terreno, um retângulo de 24 por 18 metros, mediu atentamente e marcou cada trecho do perímetro de seu terreno, um entre quarenta que se tornariam hortas naqueles terrenos baldios.

Nas semanas que se seguiram, outros agricultores cidadãos chegaram para reclamar o novo terreno. Logo havia um frenesi de atividade, proprietários de terra felizes cavando e arando para soltar o solo, enquanto a terra era preparada para o plantio, todos partilhando ferramentas, carrinhos de mão, ajudando-se mutuamente a ter suas hortas em curso. Logo as pessoas passavam adiante técnicas de horticultura, trocavam dicas sobre onde encontrar o melhor material, pás, ancinhos e sementes.

Estes eram o ardor e a paixão que os líderes da Alemanha Oriental imaginaram que impeliriam o país socialista a novas altitudes, mas que nunca se materializaram. Entretanto, quando receberam os meios para isso, aquelas centenas de proprietários de pequenos lotes privados, que controlavam apenas uma fração mínima das terras cultiváveis do país, produziriam nos anos seguintes quase metade dos vegetais da Alemanha Oriental. Foi um dilema para as autoridades, que se preocupavam com o impacto de longo prazo do empreendimento individual no enfraquecimento de sua economia de comando e controle.

Também preocupou imensamente o regime que os terrenos pudessem ser vistos como um refúgio das restrições da sociedade comunista.

Nas semanas e meses que se seguiram, Heidi e Reinhard passaram cada momento de folga trabalhando a terra, e depois de um tempo as plantações começaram a dar frutos. Então Reinhard adquiriu algum concreto, que misturou e espalhou em uma fundação de quatro por oito metros. Pelo equivalente a sessenta dólares, comprou o kit pré-fabricado de um galpão, uma caixa de peças rudimentares que incluía pouco mais que quatro paredes de tábuas de madeira mal construídas, uma porta barata e um telhado de compensado de seis milímetros de espessura. Levando o desafio a um novo nível, com papel e lápis, ele reconfigurou o projeto, trocou e reformulou componentes, improvisando para melhorar o projeto da cabana. Com seus desenhos arquitetônicos, eles levaram os componentes ao terreno.

Para Reinhard, a busca por material e suprimentos para a construção da cabana transformou-se em uma nova obsessão. Em cada momento de vigília ele se preocupava com planos de melhoria do novo retiro rural da família, como poderia usar tábuas que tinha recuperado para construir escoras que fortalecessem a estrutura da cabana, ou adaptar uma cerca de metal corrugado no telhado, o ideal à prova de intempéries.

Toda manhã de sábado, exceto nos fins de semana em que Cordula tinha competições de natação, a jovem família saía tranquilamente de ônibus da cidade, carregada de ferramentas, novas sementes e tábuas de madeira, painéis de vidro, tijolos recuperados, todo tipo de matéria-prima que reciclariam em algum componente útil, quinquilharias que conseguiram reunir, tinham catado, trocado ou comprado. Enquanto os pais reviravam o solo, criando uma seção inteira só para flores e outra para legumes, verduras e frutas vermelhas, as meninas brincavam ali perto na terra, regavam as plantas, colocavam as sementes nas covas. Heidi e Reinhard trabalhavam incansavelmente, do nascer ao pôr do sol, melhorando o chalé e a horta, em geral trabalhando ainda muito depois de os outros horticultores terem ido para casa. Exaustos no fim do dia, eles costumavam dormir sob as estrelas em uma barraca improvisada, mesmo quando chovia.

Pouco a pouco, o bangalô tomou forma. Estes foram dias imensamente felizes para a família, e eles se deleitaram com o trabalho em cada pequena realização, em cada nova construção e cada brotinho que surgia. Em apenas algumas estações, seu quadrado de terra fora completamente transformado.

No verão de 1982, dois anos depois de terem recebido o terreno, eles estavam imensamente orgulhosos do que realizaram. Juntos, os quatro ficaram parados olhando tudo.

Em volta do terreno havia uma cerca de tela com um portão de ripas de madeira. Do lado de dentro do portão, havia um país das maravilhas exuberante, atapetado com um manto de grama. Nos canteiros, elevavam-se pimentões amarelos e verdes e cresciam rábanos e couves folhosos, e beterrabas brotavam da terra. Tomateiros subiam por estacas de madeira e, no chão da horta, salsa, cebolinha, feijões e abobrinha cresciam e amadureciam. Mais para dentro, ramos rosados e mínimos pontilhavam trepadeiras verde-escuras que se enroscavam em um caramanchão de madeira caseiro, e flores vermelhas espiavam de um velho carrinho de mão quebrado convertido em jardineira.

No meio de tudo isso, resoluto contra o céu azul, ficava o chalé. Um pequeno milagre na forma de uma bonita construção, a modesta cabana rural, embora não tivesse luxo nenhum, possuía um caráter encantador e onírico e trazia toda a empolgação, a magia e a inocência de um forte secreto infantil escondido na floresta.

Eles respiraram fundo. Reinhard segurou a mão de Heidi e, juntos, andaram pelo passadiço de pedra e os degraus de bloco de concreto para a varanda de madeira, entrando na cabana. Dentro dela, para a esquerda, havia uma cozinha improvisada diminuta, mas completa, com água corrente fornecida por um grande barril de água da chuva.

Embora seu apartamento na cidade ainda fosse pouco decorado, eles enfeitaram o bangalô com caras cortinas de renda Plauen, que agora decoravam as janelas da sala de estar, um cômodo de 1,80 por 2,40 metros com armários de madeira que Reinhard tinha feito de ripas e fixado na parede.

Abaixo dos armários, havia um pequeno sofá feito de almofadas de retalhos e partes de sofá, apoiado em uma estrutura de madeira. Três cadeiras que tinham levado do apartamento ficavam de cada lado de uma mesa de carteado. No meio da mesa, um copo com flores frescas por cima de um paninho de renda feito à mão e um radinho de pilha.

No canto da sala de estar, havia um pequeno nicho com um banheiro seco de compostagem, plenamente funcional. Do outro lado, havia espaço apenas para se espremerem em um pequeno quarto com mezanino. Edredons grossos e fofos cobriam duas camas de madeira. Eles voltaram para fora e se viraram para o bangalô.

Era, para colocar com simplicidade, um triunfo — um testemunho da engenhosidade e da perseverança em uma sociedade que proibia a individualidade e a independência e bania a inovação e a criatividade das pessoas. O engenheiro nato que não tivera a mesma chance que os outros encontrara um jeito de realizar algo a partir do nada.

Uma vitória não só no sentido físico, seu pequeno paraíso era um símbolo contra as limitações impostas pelo comunismo, contra tudo que o governo negava ao povo, contra tudo que o regime representava. Eles tinham criado um lugar em que podiam se retirar não só como um espaço físico privado, mas também seu próprio espaço para os pensamentos. Apesar de terem nascido e passado a vida toda sob a bruma do autoritarismo, no bangalô eles se sentiam livres.

Ao cair da noite, Heidi e Reinhard acenderam uma vela e puseram as meninas para dormir, depois voltaram para o escuro do lado de fora, onde se sentaram e abriram uma garrafa de espumante Rotkäppchen que tinham comprado e guardado justo para esse momento glorioso.

Brindaram um ao outro e à vida juntos. Depois Reinhard ligou o rádio. Após procurar por um tempo, pegou um sinal fraco do Ocidente e teve comichões quando deu com um cantor que descobrira recentemente: um homem de nome Elvis.

Sorrindo, eles ouviram o rádio transmitir ruídos eletrônicos confusos com um "Love Me Tender" que mal podia ser distinguido.

Sem ninguém por perto para ouvir, eles beberam o espumante noite adentro, conversando e olhando o céu sem nuvens, que parecia cintilar com milhares de estrelas prateadas enquanto eles se deliciavam em seu pequeno pedaço do paraíso e de liberdade no meio de um país que não era livre.

Seria a primeira de muitas noites passadas no bangalô, noites em que Heidi sempre dormia profundamente, seus sonhos em geral repletos de voos, alçando como uma ave no vasto céu aberto, olhando a terra de cima, depois sobrevoando a fronteira e seguindo para o horizonte, livre para voar para onde quisesse, a lugares desconhecidos e não descobertos.

De vez em quando Oma aparecia nos sonhos de Heidi e seus hinos de sabedoria ressoavam: "Nossas almas são livres. Mantenham o Muro da Família. Cuidem uns dos outros. A justiça vencerá. Um dia vocês voltarão a ver Hanna..."

Por toda a Alemanha Oriental, um número cada vez maior de cidadãos sintonizava no Ocidente. Sentados perto de rádios e televisões em volume baixo, os alemães orientais começaram a saber a verdade sobre o crescente movimento Solidariedade na Polônia, sobre a vida na Alemanha Ocidental, bem como ouviam música do Ocidente. Maravilharam-se com inovações ocidentais como o videocassete e o walkman, tomaram conhecimento de produtos, aparelhos eletrônicos, utensílios de cozinha, carros e roupas da Alemanha Ocidental que eram de qualidade muito superior; as versões alemãs orientais não só eram inferiores, como também proibitivamente caras. Embora o regime tenha lhes dito o contrário, que aqueles produtos ocidentais eram caros, de baixa qualidade, simplesmente desnecessários e contribuíam para a delinquência do povo, eles podiam ver com os próprios olhos que não era verdade.

Pouco a pouco, embora o regime ainda insistisse que os cidadãos tinham tudo de que precisavam, as pessoas começaram a despertar — a juntar as peças da verdade sobre o mundo e a vida no Ocidente, que, passaram a perceber, era muito menos ameaçador do que foram levados a acreditar. Para muitos, porém, ainda havia um medo persistente e quase uma inocência em relação ao desconhecido do outro lado do Muro.

Mas a verdade era que, além das prateleiras vazias e da seleção fraca, Heidi e Reinhard, como milhões de outros alemães orientais, não se importavam realmente com coisas materiais. O que eles desejavam era apenas a liberdade.

PARTE QUATRO

19
MISSÃO: BERLIM
OPERAÇÕES DA INTELIGÊNCIA
(1982-1984)

> O Ocidente não conterá o comunismo.
> Ele transcenderá o comunismo. Ele o tratará como
> um estranho capítulo da história humana, cujas
> últimas páginas estão sendo escritas agora.
>
> — *Ronald Reagan, presidente dos Estados Unidos*

Eu me formei na faculdade em 1982 e fui designada segundo-tenente no Exército dos Estados Unidos como oficial de inteligência. Escolhi o exército em parte porque vinha de uma família que queria retribuir, que amava o que os Estados Unidos representavam e acreditava no serviço a um país fundado nos princípios da liberdade e da oportunidade. Também queria fazer alguma coisa diferente na vida e via uma carreira na inteligência como um meio interessante de tentar fazer a diferença.

Na época em que eu levantava a mão direita para fazer o juramento de "apoiar e defender a Constituição dos Estados Unidos contra todos os inimigos, estrangeiros e nacionais", na Cidade Karl Marx Cordula fazia um juramento inteiramente diferente. Uma adolescente entrando na idade adulta, ela levantava a mão direita para o juramento Jugendweihe, prometendo dedicar a vida a servir ao regime da Alemanha Oriental. Desde que a mãe, Heidi, tinha feito o juramento em 1964, este mudara e agora tinha um tom muito mais militante, com as palavras "abraçar os amantes da paz" substituídas por "defender o socialismo contra qualquer ataque imperialista".

Cordula ainda treinava com outras novas recrutas no programa de natação juvenil da Alemanha Oriental. Heidi e Reinhard trabalhavam em seus empregos durante a semana e aproveitavam os fins de semana no bangalô, fazendo melhorias constantes e embelezando seu mundinho privado, que ficava cada vez mais exuberante com o passar dos anos.

As famílias de Roland, Tiele, Manni, Helga e Tutti cuidavam da vida, trabalhavam, criavam os filhos da melhor maneira possível, tiravam férias dentro da Alemanha Oriental quando podiam, iam ao lago Arendsee, à costa do mar Báltico ou à floresta da Turíngia.

Opa passava os dias tranquilamente em Klein Apenburg, na maior parte do tempo no banco "lugar de descanso do Opa". Aos 83 anos, quando não pôde mais cuidar de si mesmo, foi colocado em um asilo em Poppau. Lá, pediu a Roland que lhe arrumasse um gravador, para que pudesse "registrar a história da família".

Ele encheu as fitas com detalhes sobre seus ancestrais, falou da história e da filosofia alemãs e recitou poesia. Não mencionou nada sobre suas lutas sob o regime, preferindo falar de coisas que o fizeram feliz durante a vida, em particular a esposa, os filhos e os netos. Talvez mais notadamente, lembrou-se com muita ternura dos alunos que ensinou durante anos, recordando-se com prazer e carinho de suas divertidas travessuras, por exemplo, quando "Karl Schinkel, com 6 anos, encontrou um filhote de pardal e queria colocá-lo em uma caixa e ensiná-lo a cantar e botar ovos".

Depois da formatura na faculdade, eu me apresentei para o treinamento na inteligência.

Era a primeira vez que eu via o deserto. Fiquei hipnotizada com o céu aberto, a beleza vasta de grande angular. Em um dia quente em uma rodovia remota do Texas, a estrada parecia infinita.

Caminhões buzinavam e acenavam quando eu passava, uma jovem despreocupada, com as janelas abertas, cantando com o rádio em um Ford Granada azul de dez anos com placa da Virgínia, o velho carro da família que meus pais me deram para a viagem ao Oeste. Foi o primeiro passo da minha jornada para a vida adulta. Agora eu me afastara 2.500 quilômetros de casa e era meu terceiro dia de travessia do país sozinha. Em algum lugar pelo longo trecho de estrada, em grande parte desabitada, entre Amarillo, no Texas, e Albuquerque, no Novo México, meu cabelo soprando loucamente ao vento, eu cantava, a esmo e despreocupada, a música country que mal conhecia ao seguir para o Oeste pela Interstate 40.

Ficar descontraída e independente na rodovia aberta do Texas rural era libertador para uma jovem de 21 anos. Repleta de otimismo juvenil, eu estava empolgada para chegar ao mundo e enfrentar as aventuras que me viessem pela frente. O céu sem fim, o horizonte vasto e o mistério e a sedução do deserto pareciam as boas-vindas perfeitas ao grande desconhecido que eu tinha pela frente.

Os tempos mudavam para as mulheres nas forças armadas. Embora muitos homens ainda ficassem desconfortáveis com isso, algumas portas se abriam e as mulheres começavam a ter mais importância no exército. Em 1973, formou-se a primeira mulher na Escola de Aviação do exército americano e, no início dos anos 1980, as primeiras cadetes se formaram na Academia Militar de West Point; o Women's Army Corps, o WAC, corpo feminino do exército, foi extinto e mulheres soldados e oficiais tiveram permissão para se juntar às fileiras do exército comum, servindo em um número limitado de áreas. Para minha sorte, a inteligência era uma delas. As mulheres ainda eram impedidas, porém, de servir em combate ou em solo inimigo.

Depois de nove meses de treinamento em inteligência no Fort Huachuca, no Arizona, fui enviada à Escola de Aviação no Fort Benning, na Geórgia, onde eu era uma das três mulheres em minha turma de treinamento aéreo de mais de 250 aspirantes a paraquedistas.

O treinamento era liderado por instrutores durões e experientes chamados Boinas Negras, cujo trabalho era estabelecer um alto padrão e eliminar os treinandos que não fossem mental ou fisicamente aptos para a tarefa. Como oficial mulher na turma, eu estava constantemente na mira dos Boinas Negras. Eles me colocavam sob os holofotes, pareciam gostar de me testar incansavelmente, obrigando-me a fazer flexões a mais quando qualquer outro de meus colegas era considerado culpado de alguma infração menor. Colocaram-me como líder do primeiro esquadrão, comandante do primeiro avião e sempre me davam o "privilégio" de ser a primeira a saltar. Depois de três semanas de treinamento, eu me formei. Meu irmão Albert, na época capitão do exército, e meu pai, que vestia sua farda, foram "prender minhas asas" na cerimônia de formatura.

Depois da Escola de Paraquedismo, recebi minha primeira missão: Berlim, bem dentro da Alemanha Oriental.

Minha família, especialmente minha mãe, ficou chocada com a missão, uma vez que eu tinha falado de parentes alemães orientais em meus formulários de segurança. Eddie, meu pai, aconselhou que, se alguém do Leste tentasse entrar em contato comigo, eu deveria relatar aos meus superiores imediatamente. Se a inteligência estrangeira, inclusive a Stasi, se aproximasse de mim, ameaçando prejudicar minha família no Leste se eu não cumprisse suas exigências, eu deveria responder de forma convincente: "Não conheço essas pessoas. Elas não significam nada para mim", para evitar qualquer ameaça à família.

No outono de 1983, peguei um avião comercial da Lufthansa a Berlim. Depois de sobrevoar a Alemanha Ocidental, nosso avião entrou no espaço aéreo da Alemanha Oriental, sobrevoando um dos três corredores prescritos de 32 quilômetros de largura a 10 mil pés de altitude exigidos para o tráfego aéreo civil e militar dos Aliados ao entrarem e saírem de Berlim.

Ao sobrevoarmos a fronteira interna alemã, bem abaixo ficava a divisão pesadamente fortificada de 1.400 quilômetros que separava as duas metades da Alemanha, sua extensão correndo do mar Báltico, no norte, à Tchecoslováquia, no sul. Do lado oeste da fronteira, forças aliadas e alemãs vigilantes patrulhavam, atentas contra uma invasão soviética.

Durante o voo, muitos pensamentos disparavam por minha cabeça enquanto eu imaginava o que esperava por mim quando pousasse. Tentei me concentrar no guia turístico de Berlim Ocidental que tinha no colo, mas tive dificuldades. Olhei pela janela enquanto a mente vagava e perguntas sobre minha família alemã oriental entravam em meus pensamentos. Além do que soubemos pela breve visita de Albert e pelas cartas esporádicas e nada informativas que recebíamos do Leste, pouco sabíamos sobre a família.

Quem eles eram? Quem realmente eram? Como era a vida deles? Como aguentavam viver em um Estado policial? Será que sofreram alguma consequência pela fuga da minha mãe? Eles foram visados e assediados por outros motivos? Minha mãe tinha um espírito lutador. Eles também tinham? Se sim, sua coragem um dia os colocara do lado errado do regime? Será que confrontavam o regime, ou sobreviviam sendo discretos e evitando atenção, seguindo a linha do Partido? Eu me perguntei se algum deles era um verdadeiro comunista ou se faziam esse jogo para sobreviver.

Percebendo que nunca teria a resposta a nenhuma dessas perguntas, afastei os pensamentos, peguei novamente o livro e tentei me concentrar na incrível aventura em que estava prestes a embarcar. Mas logo minha mente vagou de novo e voltei a baixar o livro no colo. Tinha esperanças de que eles estivessem bem e fossem corajosos diante das adversidades.

É claro que eu estava estritamente proibida de tentar fazer contato com a família no Leste. Qualquer contato que eles tentassem fazer comigo seria uma provável provocação da Stasi ou, se feito por livre vontade da família, poria a vida deles em risco. As cartas da minha mãe a eles não falavam nada da minha carreira no exército, na inteligência, nem da minha missão em Berlim.

Não pude deixar de pensar na ironia da minha situação: cerca de três décadas antes, aos 20 anos, minha mãe tinha fugido do Leste, e agora, aos 22, eu voltava para o mesmo país do qual ela havia escapado. Eu era grata a minha mãe por ter se arriscado a fugir. Como teria sido minha vida se eu tivesse nascido atrás da Cortina de Ferro?

Enquanto descíamos em Berlim Ocidental, olhei os campos e vilarejos abaixo. De súbito, o Muro de Berlim entrou em meu campo de visão. Pontilhado por torres de vigia, arame farpado e guardas armados patrulhando a faixa da morte, era assustador e completamente sinistro.

Apresentei-me no Comando de Berlim e passei o primeiro fim de semana aprendendo a configuração do terreno. Berlim Ocidental era viva e explodia de atividade. No Kurfurstendamm, ou Ku'Damm, o principal bulevar comercial de Berlim, berlinenses ocidentais desfrutavam de uma incrível variedade de restaurantes, bares e cafeterias, galerias, teatros e parques. Fui ao Kempinski para comer um *Kuchen*, depois ao zoológico. Centenas de pessoas faziam suas compras na manhã de sábado, no ar frio de outono. Por toda parte, havia aromas deliciosos de café recém-preparado, produtos de confeitaria, frangos inteiros assados em rotisseries e *Würstchen* fritando em grelhas ao ar livre.

A Kaufhaus des Westens, ou KaDeWe, a "Loja de Departamentos do Ocidente" em Berlim, a maior loja de departamentos da Europa continental, era uma grande exibição de opulência, um exemplo fantástico do consumismo que mostrava a abundância e a riqueza de livre mercado de Berlim Ocidental. Seus oito andares impressionavam pelo que havia de mais refinado em cristais, louças e eletrodomésticos; cada andar tinha prateleiras completamente abastecidas de cosméticos, perfumes, a última moda de Versace e Armani. O último andar tinha uma seleção de cair o queixo de alimentos alemães e importados, as melhores carnes, frutos do mar, queijos, champanhes, vinhos, frutas exóticas do mundo todo e as sobremesas mais requintadas que já vi. Eu ainda tinha de conhecer os 130 quilômetros quadrados de lagos, florestas, parques e praias de Berlim Ocidental.

Berlim Ocidental era um lugar para ver e ser visto. Com a vida noturna cintilante e as festas, os festivais de cinema e espetáculos de cabaré, uma cultura de vanguarda eclética, atraía gente de todas as camadas sociais, de toda parte do mundo, inclusive famosas estrelas de cinema e do rock. Sua economia claramente prosperava, a cidade era um símbolo do progresso, da liberdade e da prosperidade.

Enquanto eu andava pelo Ku'Damm, berlinenses ocidentais e muitos turistas se agitavam sob os coloridos enfeites natalinos, desfrutando da vida em uma cidade que amavam. Em meio às placas e luzes do distrito de compras e os letreiros de teatros, Berlim Ocidental era uma cidade moderna e reluzente.

No dia seguinte, fui ao Muro de Berlim. O lado ocidental do Muro estava coberto de grafite. Artistas urbanos, usando a fachada de concreto como tela, criaram um caleidoscópio de energia criativa, de expressão política e artística. Pelas imagens de cores vivas, às vezes caricaturais, as mensagens espirituosas apelavam por "Liberdade!" ou faziam comentários simples, como: "Por quê?" Outras mensagens, como "Deixem que eles saiam!", censuravam a Alemanha Oriental não tanto como um país, mas uma prisão. Pessoas do mundo todo vinham compartilhar com outras um senso de repulsa pelo que representava o Muro, ou simplesmente derramar cores para compensar o cinza sem vida e opressor do outro lado.

Assim como outros turistas, subi em uma plataforma de observação e olhei o Leste por cima do Muro. A diferença entre os dois lados da cidade era gritante. Onde o coração de Berlim Ocidental batia forte, o de Berlim Oriental havia praticamente parado. Com exceção de patrulhas de segurança da VoPo e de pouquíssimos carros, as ruas da cidade eram escuras e cinzentas, e o vazio se estendia até onde a vista alcançava. Parecia um cenário abandonado de algum filme em preto e branco dos anos 1930. *(Ver imagem 9.)*

Naquele outono, os soviéticos derrubaram um jato comercial sul-coreano que se desviara para o espaço aéreo soviético, matando todos os 269 passageiros e tripulantes a bordo. O presidente Reagan referiu-se ao abate descarado como um massacre e um crime contra a humanidade. Em discursos naquele ano, Reagan passou a se referir à União Soviética como um "império do mal", dizendo que o comunismo era "o foco de todo mal que há no mundo moderno". Reagan também revelou a iniciativa de defesa por mísseis "Star Wars", que pretendia desenvolver novas tecnologias para proteger os Estados Unidos de um ataque nuclear soviético. Em resposta à mobilização soviética de mísseis nucleares SS-20 de alcance intermediário, capazes de atingir a Europa ocidental, os Estados Unidos começaram a mobilizar, na Alemanha Ocidental, mísseis Pershing de alcance intermediário, um moderno sistema de mísseis nucleares que preocupou os soviéticos.

Os dois lados continuaram a introduzir um fluxo constante de capacidades militares modernas em um jogo perigoso de supremacia militar. O tanque T-80 soviético, com sua blindagem reativa e explosiva jamais vista, fez frente aos novos tanques Abrams M1 americanos e aos veículos de infantaria Bradley dos dois lados da fronteira interna alemã.

A maior e mais concentrada força armada do mundo agora estava em solo alemão oriental, pronta para atacar a Otan através do chamado Passo de Fulda, na Alemanha Ocidental. Cinco exércitos, cerca de vinte divisões, regimentos aéreos, unidades de mísseis e quase meio milhão de soldados, todos apoiados pelas forças do Pacto de Varsóvia na Polônia e na Tchecoslováquia, faziam frente a uma força muito menor da Otan, superada em efetivo e em armamento. Com uma força tão grande e pronta para a batalha, a Otan temia que Moscou desferisse um ataque contra o Ocidente a qualquer momento. As forças dos dois lados ficavam em vigilância constante.

Em novembro de 1983, a Otan realizou um jogo de guerra em larga escala, simulando um ataque nuclear, o que alarmou os soviéticos. No Exercício Able Archer, dezenas de milhares de soldados dos EUA e da Otan participaram do treinamento, que usou falsas ogivas que pareciam reais e praticou protocolos de lançamento realistas. Com as tensões Leste-Oeste já elevadas e em vista da mobilização contínua de mísseis Pershing na Europa, Moscou ficou preocupada que o exercício fosse um possível prelúdio para a guerra.

Quando as forças da Otan silenciaram os rádios e os soviéticos não conseguiram mais rastrear as comunicações, Moscou ficou alarmada com a iminência de um ataque preventivo da Otan. Colocaram as forças em alerta máximo. Dez dias depois que começou, o exercício terminou, deixando os soviéticos muito aliviados, mas a Otan não deve ter se dado conta plenamente de como os dois lados se aproximaram de uma guerra. Muitos historiadores concordam que isso talvez tenha sido o mais próximo que o mundo chegou de uma guerra nuclear.

Em vista do caráter imprevisível da ameaça soviética, era fundamental que os Aliados tivessem um quadro claro e contínuo das intenções e atividades do inimigo. A Alemanha Oriental, uma área com o tamanho aproximado do estado de Ohio, fervilhava de atividade militar hostil que os Estados Unidos e seus Aliados precisavam acompanhar atentamente para se proteger de um ataque.

Não era nenhuma surpresa, assim, que no fim de 1983 Berlim fosse um viveiro de espionagem e tenha ficado conhecida como a "capital mundial dos espiões". Agências de inteligência ocidentais usavam Berlim como base principal para a coleta de informações, em geral resultando em um perigoso jogo de gato e rato. Cada método de coleta de informações que se possa imaginar era usado para monitorar os soviéticos, de ouvir as comunicações do Exército Vermelho e da diplomacia soviética a recolher relatórios de uma rede de agentes recrutados para trabalhar do outro lado da Cortina de Ferro. Era um ambiente implacável em que, em alguns casos, um pequeno erro ou movimento em falso podia tranquilamente colocar em perigo a vida de alguém.

Encravada na Alemanha Oriental, Berlim Ocidental era uma plataforma de lançamento perfeita para operações da inteligência em território controlado pelos soviéticos. Agências nacionais de inteligência dos Estados Unidos, da Grã-Bretanha e da França usavam uma ampla gama de métodos de coleta para desenhar um quadro mais claro das intenções do Pacto de Varsóvia em sua fronteira mais a oeste. Para uma oficial de inteligência recém-designada, era o lugar certo para estar.

Sem ficar para trás, agências de inteligência soviéticas e alemãs orientais — KGB, GRU e HVA, o braço de inteligência estrangeira da Stasi — espionavam agressivamente os Aliados em Berlim Ocidental e na Alemanha Ocidental. Nada era proibido para eles, inclusive tentativas de chantagear soldados e diplomatas dos EUA e da Otan, não muito diferente do que faziam com o próprio povo, usando métodos sofisticados para obter informações, depois explorar qualquer ponto fraco percebido, inclusive problemas no trabalho, dificuldades financeiras ou vulnerabilidades sexuais. Tramas complexas eram lançadas para enredar as vítimas e aprisioná-las em círculos entrelaçados de fraudes.

Na Normannenstrasse, em Berlim Oriental, como as engrenagens de uma maquinaria imensa em constante movimento, o quartel-general da Stasi funcionava a todo vapor. O complexo gigantesco, composto de quarenta prédios de concreto e labirintos de corredores e salas, abrigava uma equipe de mais de 30 mil agentes, que trabalhavam em cerca de quarenta departamentos, designados 24 horas por dia para espionar, ler a correspondência das pessoas, ouvir conversas telefônicas particulares, identificar alvos e recrutar agentes.

O Departamento Central VIII, conhecido como Vigilância, ficava de olho em cidadãos alemães orientais por intermédio de sua vasta rede de informantes, em que agentes da Stasi pensavam em novas maneiras de manipular as pessoas e pressioná-las a espionar umas às outras. O Departamento Central II, de Contrainteligência, realizava vigilância, inclusive rastreamento e grampos em diplomatas estrangeiros. A Stasi tinha até um departamento para espionar seu próprio pessoal.

Por todo o Leste, a Stasi agora empregava cerca de 90 mil pessoas em tempo integral, além de quase 175 mil informantes não oficiais e cerca de 1.500 outros como espiões em escritórios e no governo da Alemanha Ocidental.

A vários quilômetros do quartel-general da Stasi, do outro lado do Muro, eu trabalhava no centro de operações americano. O Quartel-General Lucius D. Clay, um antigo quartel da Luftwaffe alemã durante a Segunda Guerra Mundial, recebeu o nome do comandante das forças americanas na Europa depois da derrota alemã. O imenso complexo de três alas agora abrigava o Departamento de Estado dos EUA e o Comando de Berlim americano.

Em meu primeiro trabalho como oficial de informações de inteligência no Comando de Berlim, informei muitos oficiais de alta patente e políticos, inclusive deputados e senadores de visita, sobre operações de inteligência baseadas em Berlim que tinham como alvo soviéticos e alemães orientais.

Um dia, reuni-me com o diretor da CIA do presidente Reagan. Bill Casey não parecia especialmente intimidador ao se sentar à cabeceira da mesa longa e polida na sala de reuniões do subchefe da equipe de inteligência. Casey foi educado, mas incisivo, e fez algumas perguntas cortantes. Na conclusão do informe, Casey e sua comitiva foram embora, e o principal responsável por gerir vários projetos que eu tinha acabado de informar se aproximou de mim e perguntou se eu queria trocar meu emprego burocrático por uma chance de realizar operações reais de inteligência. Aceitei prontamente, mas nós dois sabíamos que seria uma batalha, porque eu seria a primeira mulher a ingressar na equipe. Para meu grande alívio, minha nomeação foi aprovada. Fiz a mudança para meu novo escritório no subterrâneo do prédio, um porão sem janelas.

A Seção de Operações cuidava de vários programas de coleta de informações, inclusive missões de inteligência por terra e ar. As missões aéreas usavam um helicóptero e um pequeno avião de asa fixa.

Era um desafio voar alto, em particular em dias de vento, em um minúsculo avião UV20 Pilatus de turbo-hélice, e ao mesmo tempo se concentrar no chão através de uma lente de mil milímetros. A aeronave pequena e leve, conduzida por pilotos experientes do exército dos EUA, quicava e arremetia no vento, obrigando os observadores a combaterem o movimento e engolirem o enjoo para tirar a foto perfeita. Pela porta lateral escancarada, presos por arneses à aeronave, os fotógrafos da missão se curvavam para fora do avião para fotografar alvos de interesse na Alemanha Oriental: complexos industriais, depósitos de equipamento, áreas de treinamento, ferrovias.

Nossas fotos em geral colhiam informações valiosas, mas as missões tinham seus riscos. Um dia, enquanto voávamos alto sobre Berlim, nossos pilotos acompanhando atentamente a margem do espaço aéreo em que, por tratado, tínhamos permissão de operar, um biplano AN-2 soviético apareceu quase que do nada e voou a pouca distância de nós. Enquanto nosso piloto mantinha o controle do avião, vimos a cara do piloto soviético que tentava nos intimidar, dando guinadas repetidas na aeronave, aproximando-se dentro da distância de corte, depois recuando em um jogo louco. Com ordens de evitar confrontos, nossos pilotos viraram a aeronave e voltamos ao Aeroporto Tempelhof.

Visitar a Alemanha Oriental era proibido a todo o pessoal dos EUA e dos Aliados que não tivessem ordens oficiais. O Acordo Huebner-Malinin de 1947, porém, permitia a um pequeno número de representantes de cada um dos quatro países se aventurar nos setores dos outros. Assim, EUA, Grã-Bretanha e França tinham equipes que entravam regularmente na Alemanha Oriental; do mesmo modo, os soviéticos tinham equipes com permissão para entrar em Berlim Ocidental e na Alemanha Ocidental.

A missão oficial dessas equipes era exercer os direitos, garantidos pelo tratado, de viajar e circular. Mas todos realmente sabiam que o propósito principal dos dois lados era coletar informações.

Os americanos tinham dois programas de reconhecimento terrestre que entravam no Leste quase diariamente.

As Incursões de Sinalização dos EUA no Setor Soviético coletavam informações no setor soviético em Berlim Oriental, e a Missão de Ligação Militar dos EUA, mais conhecida como USMLM ou Missão, no restante da Alemanha Oriental. Os britânicos tinham um programa semelhante, o BRIXMIS; os franceses, o FMLM.

Fui nomeada chefe da equipe de Incursões de Sinalização no Setor Soviético. Devido aos perigos da missão, antes de mim, os integrantes da equipe sempre eram homens.

A equipe de Sinalização consistia em cerca de quinze soldados americanos da infantaria, especialistas em inteligência e motoristas profissionais escolhidos a dedo pela capacidade de manter a frieza sob pressão e por terem uma boa capacidade crítica. Os soldados vinham de todas as esferas e formações — um garoto do Texas rural, alto, com um forte sotaque sulista, um latino descolado do Bronx, um afro-americano estudioso com diploma universitário, um criador de cavalos barulhento da Geórgia.

Era fundamental à missão que todos trabalhassem como uma equipe muito unida e dessem apoio aos outros o tempo todo. Equipes de dois, um líder de incursão e um motorista, iam de carro ao Leste em sedãs americanos verde-oliva. Embora o acordo exigisse que fossem identificáveis por placas dos Aliados e um adesivo da bandeira nacional, o adesivo era pequeno e os carros eram discretos, projetados para se misturar e não chamar atenção.

As Incursões de Sinalização e a USMLM viajavam no Leste pelas ruas das cidades, em rodovias e em estradas rurais e de terra — qualquer lugar em que pudessem ter uma boa foto ou coletar uma informação valiosa. Essas missões eram uma oportunidade vital para Washington obter informações em primeira mão atrás das linhas inimigas. Nosso trabalho era dar uma boa olhada no lugar, observar sem ser vistos, monitorar e fotografar qualquer coisa que ajudasse os Aliados a entender melhor a ameaça representada pelos soviéticos e os alemães orientais.

As missões da Sinalização atravessavam para o Leste pelo Checkpoint Charlie, o ponto de travessia da fronteira que ficou famoso nos romances de espionagem de John le Carré e em vários filmes da Guerra Fria.

Agentes de segurança soviéticos e alemães orientais caíam em cima de nós no momento em que atravessávamos para o Leste. Como as missões coletavam informações valiosas, constantemente acrescentando novas peças ao quebra-cabeça, às vezes enfrentavam riscos na forma da Stasi, da VoPo ou da KGB, em perseguições de carro, detenções, até batidas deliberadas nos nossos carros para nos obrigar a nos retirar ou nos intimidar. Soldados soviéticos e alemães orientais tinham a ordem de informar quando vissem a Sinalização e eram encorajados a nos deter, em particular se fôssemos encontrados em áreas delicadas, chegando perto demais de algo que eles não queriam que víssemos. Constantemente pesávamos os riscos contra os ganhos, mas era difícil calcular o perigo de qualquer situação e às vezes éramos apanhados, ou integrantes da nossa equipe se feriam. Os cidadãos alemães orientais eram instruídos a informar quando vissem a Incursão de Sinalização americana, para que fôssemos rastreados. Éramos espiões, diziam, presentes para coletar informações que seriam usadas para atacar e destruir a Alemanha Oriental.

Como chefe da Incursão de Sinalização, eu me reunia regularmente com a USMLM em sua sede administrativa em Berlim Ocidental para coordenar e planejar operações no Leste.

Em uma das minhas primeiras idas a seus escritórios, conheci o major Arthur Nicholson. Nicholson era um jovem oficial de aparência acadêmica, com um jeito simpático e sorriso fácil. Veterano de mais de cem incursões, era um astro em ascensão que tinha a fama de ser um dos melhores, membro dos especialmente treinados Oficiais de Relações Exteriores com a Rússia. Era casado e tinha uma filha pequena.

Desde o começo, ficou claro que Nicholson apoiava minha seleção como a primeira mulher a servir no cargo, quando outros não concordavam com minha nomeação e até se ressentiam do fato de ter uma mulher como chefe da equipe de operações de inteligência no Leste. Um profissional consumado, gentil e solidário, Nicholson era um dos poucos que reservavam tempo para aconselhar e orientar profissionalmente os novos agentes de inteligência, inclusive eu. Eu ainda era nova no trabalho quando conheci o major Nicholson, que me mostrou o lugar e me apresentou aos integrantes da equipe da missão. Foi durante essa visita que eu soube que, vários meses antes, Philippe Mariotti, ajudante em chefe da missão francesa, tinha morrido em uma das batidas deliberadas entre carros na Alemanha Oriental.

Duzentos e quarenta quilômetros a sudoeste de Berlim, na Cidade Karl Marx, o Bangalô Paraíso agora produzia muitos alimentos, permitindo a Heidi e Reinhard se tornarem independentes do Estado para obter comida. Eles saboreavam a liberdade recém-descoberta e naquele ano tiveram uma ótima safra de vegetais e frutas, incluindo abobrinha, ervilha e uma variedade de frutas vermelhas que se transformaram em uma grande quantidade de molhos e conservas. Logo as ameixeiras e cerejeiras também estariam com tamanho para frutificar.

Outros horticultores ergueram galpões e cabanas, e assim Reinhard ajudou a ligar a colcha de retalhos de bangalôs privados às linhas de eletricidade municipais próximas, dando-lhes total acesso a energia elétrica para os rádios e luzes à noite.

Agora adolescente, Cordula ainda frequentava a escola especial esportiva e treinava na seleção nacional juvenil. Como a maioria dos jovens de sua idade, ansiava por boa música. Um dia, fez uma descoberta surpreendente e muito bem-vinda.

Ela sintonizou o rádio KR 450 da família para ouvir Honecker fazer um discurso no Festival Nacional da Juventude.

"Vocês, os guardas revolucionários", exclamou ele, "combatentes da paz e do socialismo! Sua vontade inabalável é necessária, agora mais do que nunca." Desinteressada, Cordula girou o seletor, indo e voltando pelos guinchos até sintonizar um leve vestígio de música. Com a recepção fraca, ela chegou mais perto, girando o seletor para melhorar o sinal, e de repente conseguiu. Pegou a transmissão da Bayern 3 de Munique, na Alemanha Ocidental, e a emissora, ao que parecia, transmitia algo chamado *Parada de Sucessos Internacional*. Pela primeira vez, Cordula ouviu Michael Jackson, Madonna e Nena, da Alemanha Ocidental, cantando "99 Luftballons". Ouviu entrevistas com celebridades e histórias sobre equipes esportivas do Ocidente, questões sociais e relacionamentos adolescentes. A *Parada de Sucessos*, ela soube, ia ao ar no mesmo horário toda semana. Rapidamente passou a ser o programa preferido de Cordula, que ela ouvia sempre que podia.

Em Berlim, uma das minhas primeiras missões abriu meus olhos para os perigos que acompanhavam o novo trabalho. Em Berlim Oriental, tínhamos sido orientados a nos aproximar de uma ferrovia onde a USMLM nos dera uma dica para observar trens que passavam carregados dos mais recentes sistemas de defesa aérea soviética, de alta tecnologia. Sabíamos que havia exercícios de treinamento militares na área e nos disseram para ter a máxima cautela. O sol se punha quando pegamos uma estrada sinuosa, que corria por entre as árvores e por vias secundárias.

Para chegarmos à ferrovia sem ser detectados, tivemos de passar por uma estrada secundária, por um trecho de sítios. A estrada de terra, feita para os minúsculos carros e carrinhos de mão alemães orientais, era muito estreita, e o motorista manobrava nosso carro com cautela, tomando todo cuidado para não raspar em uma cerca nem dirigir sobre a estimada horta de alguém.

Uma mulher de joelhos, trabalhando em sua horta, levantou a cabeça quando nosso sedã passou lentamente. Ao notar a bandeira americana no adesivo mínimo em nosso carro, levantou-se devagar. Em vez de medo ou agressividade, postou-se em toda sua altura, com uma expressão de solidariedade no rosto. Ao nos deslocarmos devagar, ela me olhou e meneou a cabeça de forma discreta, mas proposital e determinada, em uma demonstração de apoio, o canto dos lábios virado para cima em um leve sorriso.

Tudo seguia de acordo com os planos. O ambiente estava em silêncio enquanto avançávamos com cautela. De súbito a quietude foi rompida pelo ronco de um grande motor a diesel a uma curta distância, o veículo disparado em nossa direção. De um local oculto na mata, a cerca de quinze metros, um caminhão Tatra verde-militar, de oito toneladas, arremeteu de seu esconderijo na floresta e veio rugindo a uma velocidade alucinante, com potência e tamanho facilmente capazes de esmagar nosso sedã.

Meu motorista engatou a ré e aceleramos para trás em um borrifo de cascalho e terra. O Tatra arremeteu de novo, lutando para nos alcançar, e por pouco não bateu no lado do passageiro enquanto esmagava hortas cuidadosamente cultivadas, levando uma cerca de tela com ele. Foi por pouco. Ficamos aliviados quando voltamos à estrada principal, depois fomos verificar outros pontos de interesse, antes do retorno ao Checkpoint Charlie. *(Ver imagens 11, 12 e 13.)*

Não contei a ninguém da minha família o que eu fazia em Berlim, só ao meu irmão Albert, agora piloto de helicóptero do Exército dos EUA (com credenciais de segurança). Quando ele me visitou em Berlim, eu o coloquei em uma missão de Sinalização, que felizmente transcorreu sem incidentes.

20
CARA A CARA COM HONECKER
MISSÃO EM LUDWIGSLUST
(1984-1985)

A situação no mundo atual é muito complexa, muito
tensa. Eu me atreveria a dizer que é explosiva.

— *Mikhail Gorbachov, secretário-geral
da União Soviética*

Certo dia, o major Nicholson me convidou, com alguns outros novos oficiais da inteligência, à sede da USMLM em Potsdam, na Alemanha Oriental. A Potsdam House era o ponto de partida para as equipes da USMLM que saíam em incursões na Alemanha Oriental e era também onde o pessoal da missão fazia recepções e cerimônias oficiais para promover a cooperação com as contrapartes soviéticas.

No mundo das operações de inteligência contra os soviéticos, os oficiais da USMLM e suas contrapartes britânicas, a BRIXMIS, eram considerados os melhores no segmento. Eram oficiais altamente treinados do exército, da aeronáutica e da marinha, em geral com a patente de major, que falavam russo e tinham formação acadêmica em estudos soviéticos, muitos com pós-graduação nas universidades de maior prestígio. Os franceses também tinham equipes de coleta de informações renomadas pela ousadia.

Marquei a visita iminente em minha agenda e fiquei ansiosa para ver a Potsdam House pela primeira vez.

A essa altura, Cordula, com 15 anos, nadava diariamente, em treinos intensivos entre os melhores atletas juvenis do país, e torcia para um dia ter a oportunidade de competir por uma vaga na seleção nacional. A Alemanha Oriental entrava em todas as competições internacionais com algo a provar. Na Olimpíada de 1980, com o boicote norte-americano em protesto pela invasão soviética do Afeganistão, os alemães orientais alcançaram um forte segundo lugar na contagem total de medalhas e nas medalhas de ouro, pouco atrás da delegação soviética. Em 1984, a União Soviética, assim como outros países do Bloco Oriental, inclusive a Alemanha Oriental, revidou, deixando de participar dos Jogos Olímpicos de Los Angeles devido ao que chamaram de "histeria antissoviética instigada nos Estados Unidos". Apesar da ausência nos Jogos de Verão de 1984, a contagem total de medalhas da Alemanha Oriental entre 1968 e 1988 fazia par com a da União Soviética e a dos Estados Unidos, e superava a contagem da Alemanha Ocidental em uma relação de três para uma.

Com os esportes alemães orientais voando a novas altitudes, o mundo prendia a respiração sempre que competia com atletas da Alemanha Oriental; todos esperavam que acontecesse algo de espetacular e que recordes fossem quebrados. Os cidadãos imensamente orgulhosos da Alemanha Oriental aplaudiam em êxtase seus sucessos atléticos fenomenais, distraindo-se temporariamente das limitações da vida e das dificuldades que infestavam o país.

Porém, nos bastidores, o que Honecker e o grupo de treinadores do país sabiam e o restante do mundo, os cidadãos alemães orientais e até os próprios atletas em geral não sabiam era que, enquanto o regime e o país se deleitavam com o novo status de superastro, os alemães orientais trapaceavam o tempo todo. Esse foi o primeiro exemplo de doping patrocinado pelo Estado no mundo. Embora alguns êxitos dos atletas inquestionavelmente pudessem ser atribuídos a puro talento, a abordagens radicais e de vanguarda para estender os limites do corpo humano e a práticas de treinamento superintensivas, alguns dos maiores atletas também ganhavam uma vantagem injusta ingerindo drogas que melhoravam o desempenho.

Quando essa informação veio à tona, caiu uma mortalha sobre todas as realizações atléticas da Alemanha Oriental e os holofotes do exame atento lançavam dúvidas sempre que um alemão oriental batia um recorde mundial. Agora o Estado policial com péssimo histórico na questão dos direitos humanos acrescentava outro defeito à sua lista e via afundar sua reputação global.

Em 7 de outubro, mais uma vez os tons cinzentos e fantasmagóricos do país deram lugar a uma explosão de cores para exibir o poder das forças armadas do Estado comunista, dessa vez em comemoração ao trigésimo quinto aniversário da fundação da Alemanha Oriental. Como sempre, Honecker fabricou o progresso do país, declarando: "Este país é hoje uma das nações industriais mais avançadas do mundo".

Roland, Tiele e todos os outros irmãos da minha mãe, com suas famílias, compareceram ao desfile anual nas cidades em que moravam. Heidi, Reinhard, Cordula e Mari, agora uma Jovem Pioneira, estiveram presentes na Cidade Karl Marx, como sempre.

Em Berlim Oriental, eu estava em um pequeno grupo de representantes oficiais dos Estados Unidos autorizados a comparecer ao desfile. Em uma manhã gelada e ensolarada, dezenas de milhares de pessoas lotaram a Karl Marx Allee, em Berlim Oriental, depois de chegarem de ônibus dos distritos e da periferia da cidade. As multidões estavam espremidas, ocupando cinco filas. À paisana, a Stasi e milicianos da polícia se integravam à reunião popular e rondavam para ficar de olho nos espectadores, um mar ondulante de bandeiras de papel: algumas azul-celeste com pombas brancas; outras vermelho-vivo com o martelo, a foice e a estrela; e a bandeira nacional, vermelha, preta e amarela, com o martelo e o compasso cercados por um ramo de trigo. No alto, faixas vermelhas proclamavam: "*Starker Sozialismus, Sicherer Frieden*" ("Quanto mais forte o socialismo, mais segura é a paz").

Ao lado, toda uma seção da arquetípica juventude comunista, crianças de cara saudável vestidas em roupas de cores vivas e imaculadas e bandanas vermelhas e azuis, acenava, servindo de animadoras para as massas reunidas. No alto, no palanque, estava o mestre de cerimônias, o líder do país, Erich Honecker. O ministro soviético das Relações Exteriores, Andrei Gromyko, e fileiras de autoridades do Partido cumprimentavam a multidão com acenos e movimentos de cabeça enquanto o povo aplaudia ruidosamente em um espetáculo forçado de entusiasmo, os rostos, em sua maioria, inexpressivos. Para além do palanque dos dignitários importantes, prédios no estilo bloco de concreto em vários estágios de abandono ladeavam a rua em uma estranha justaposição com a exibição exagerada de confiança e capacidade que se desenrolava no trajeto do desfile.

Um general galardoado com fileiras de medalhas deu as boas-vindas oficiais em um pequeno discurso que reverberou pelo sistema de som alto. Enquanto autoridades do partido faziam discursos carregados de propaganda política, animadores plantados na multidão diziam ao povo quando gritar, quando aplaudir e acenar suas bandeirinhas, enquanto a polícia e a segurança disfarçada monitoravam a cena, atentas a arruaceiros. A minha direita estava um grupo de adolescentes com cara de tédio. Quando um deles notou que era observado por um monitor à paisana, o garoto assentiu e de repente fingiu interesse, agitando a bandeira, com os amigos seguindo seu exemplo.

Por fim, o desfile começou. Tambores, bandas, porta-bandeiras, soldados do NVA em grupos compactos de farda cinza, usando luvas brancas e capacete cinza fosco, o fuzil atravessado no peito, o queixo erguido em uma lealdade resoluta, fizeram o trajeto do desfile, as botinas pisando com precisão na batida da música nacionalista aos berros. Fileiras de soldados passaram marchando, seguidos pelas armas mais poderosas do arsenal da

Alemanha Oriental. Obuses de fabricação soviética com autopropulsão e tanques T-72 com canhoneiras MI-24 fluíam numa impressionante formação compacta sobre nossas cabeças. Poucos pareciam notar minha presença discreta entre eles. Em vez disso, as pessoas se concentravam no que deveriam fazer: prestar atenção, aplaudir e agitar suas bandeirinhas.

Com a multidão, assisti ao equipamento passar. Já havia visto parte dele de perto. Três horas antes, enquanto os veículos eram posicionados mais adiante na rua, nossa equipe esteve fotografando. Desviamos cuidadosamente dos jovens soldados alemães orientais que tentavam evitar que nos aproximássemos do equipamento. A certa altura, os membros da minha equipe fingiram um súbito interesse em algo ao longe e correram para lá, animados, distraindo os soldados alemães orientais, que saíram em seu encalço. O truque deu certo e fiquei, sem guarda nenhum, para tirar fotos de perto de um novo modelo de veículo de combate da infantaria, rastreado, de fabricação soviética. *(Ver imagem 17.)*

No final do desfile, depois que o último veículo passou e a multidão começou a se dispersar, fiquei por ali um pouco mais e me deparei com um grupo de dignitários de aparência importante. Aproximei-me para investigar. Cerca de cem autoridades imponentes de terno escuro — a elite do Partido, supus — agruparam-se perto de um memorial de guerra. Ficaram parados em um silêncio estoico e parecia que esperavam por alguém ou alguma coisa. Despreocupadamente, fui na direção do grupo, desviando-me de seguranças, e busquei um lugar entre eles, que recuaram um pouco para abrir espaço para mim, aparentemente acreditando que eu deveria estar ali. *(Ver imagem 18.)*

Depois de alguns minutos, uma frota de limusines pretas e reluzentes, de fabricação russa, chegou ao meio-fio, parando com grande precisão a centímetros umas das outras. Homens de preto saíram, apressadamente abrindo portas para dignitários de cabelos grisalhos. Entre eles estava um homem magro, o cabelo branco bem penteado, os óculos firmes nas têmporas, emoldurando um rosto branco e solene.

Reconheci-o imediatamente. Era Erich Honecker, e ele estava a três metros de mim. Completamente cercado por um destacamento de segurança muito atento, Honecker, seu vice, Egon Krenz, e outros andaram rapidamente como uma unidade, passando por mim e pelo restante do grupo, e foram ao memorial. Ninguém se mexeu; não houve aplausos, nenhum som, apenas silêncio.

No memorial, Honecker colocou uma coroa e baixou cerimoniosamente a cabeça em um tributo silencioso. Segundos depois, ele e a comitiva voltaram ao comboio. Enquanto Honecker passava de volta, quando estava a uma curta distância, eu me separei um pouco do grupo. Por uma fração de segundo, o líder da Alemanha Oriental e eu nos olhamos nos olhos e eu tirei uma foto.

Foi um momento épico para mim. Durou segundos. Eu estava lá. Ele passou por mim. Olhou para mim. Depois acabou.

De volta ao escritório, a foto revelou o olhar contemplativo de um homem perdido em pensamentos.

Para seu povo, Honecker parecia confiante e no comando. Na verdade, porém, estava preocupado. Agora o movimento trabalhista Solidariedade, da Polônia, ganhava ímpeto, e a liderança da Alemanha Oriental temia que os protestos crescentes se espalhassem para seu país. Para piorar as coisas para Honecker, a União Soviética tinha um líder novo em folha, um jovem de mentalidade reformista. Mikhail Gorbachov, reconhecendo ter uma nação em declínio, a corrupção desenfreada e o país asfixiado pelo peso da ineficiência da própria burocracia comunista, decidira implantar uma série de reformas políticas, econômicas e sociais na União Soviética.

Os alemães orientais começaram a prestar atenção quando ouviam os discursos de Gorbachov. Com muito interesse, acompanhavam suas ideias sobre a mudança na União Soviética, na esperança de um dia verem reformas semelhantes também em seu país. Mas Honecker não tinha a intenção de seguir o exemplo do líder soviético. Rejeitava as ideias de Gorbachov, opunha-se a qualquer mudança que pudesse dar fim ao seu regime totalitário. Porém agora teria de encontrar um jeito de se dirigir a um povo confuso que fora condicionado a ver a União Soviética como um exemplo e um irmão mais velho a ser seguido. A liderança alemã oriental não podia criticar a União Soviética, mas também não podia estimular seus cidadãos a seguirem o exemplo de Gorbachov. Assim, Honecker esclareceu sua posição: seguir os soviéticos, disse ele, não significava mais seguir *cada* movimento deles. Com esse sentimento, o governo da Alemanha Oriental se entrincheirou, decidido a resistir.

Em Berlim Ocidental, eu e alguns poucos oficiais nos reunimos com o major Nicholson, que nos levou à histórica sede da USMLM em Potsdam. De Berlim Ocidental, entramos na Alemanha Oriental pela Ponte Glienicke, rigorosamente controlada.

Ao prosseguirmos, o carro solitário no trecho vazio daquele monumento lendário, o major Nicholson falou do papel da ponte durante a Guerra Fria. Metade no Leste, metade no Oeste, a Ponte Glienicke era conhecida como "Ponte dos Espiões" por ser o lugar escolhido para as principais trocas de espiões e prisioneiros, inclusive a famosa troca, em 1962, do piloto americano Gary Powers pelo espião soviético coronel Rudolf Abel.

Na Potsdam House, passeamos pelo terreno bem cuidado e ali dentro vimos os ambientes espaçosos da mansão, onde a missão dava recepções diplomáticas para dignitários americanos e soviéticos. Fizemos uma excursão pela casa e almoçamos antes de atravessar a Ponte Glienicke de volta, retornando aos nossos escritórios em Berlim Ocidental.

A menos de 150 quilômetros de distância, em uma Klein Apenburg remota e tranquila, a saúde de Opa declinava. Aos 86 anos, estava enfraquecido pela idade e o diabetes. Roland o levou ao hospital de Apenburg, onde, como resultado de complicações da doença, ele passou por uma cirurgia para amputar a perna. Na mesa de cirurgia, meu avô veio a falecer.

Agora o patriarca da família se fora. A vida de Opa cobriu a maior parte do século XX, em um período de mudanças inacreditáveis. Ele fora soldado nas duas guerras, tentara se adaptar primeiro ao nazismo — privadamente, chamava Hitler de "um louco que desprezava os seres humanos" — e depois ao comunismo, para terminar combatendo o sistema. A família o colocou para descansar ao lado de Oma em um cemitério perto de Apenburg. Roland anunciou por carta a Hanna o falecimento de Opa.

Cordula sentiu fortemente a perda do avô. Ela compareceu ao enterro, mas teve de voltar logo depois ao treinamento. O ciclismo feminino tornara-se esporte olímpico em 1984, e os treinadores tinham acabado de lhe dar uma oportunidade de passar da natação ao ciclismo. Embora Cordula tivesse pouca experiência além de pedalar a velha bicicleta sem marchas da família, disciplinou-se para ter foco e mostrou um progresso extraordinariamente rápido. Trabalhou duro para dominar a bicicleta de corrida Diamant alemã oriental e logo competia em corridas por todo o país.

Na União Soviética, o secretário-geral Gorbachov emergiu como um novo tipo de líder. O presidente Reagan reconheceu em Gorbachov uma mentalidade diferente e o potencial para ajudar a forjar uma nova era nas relações entre os dois países, de progresso autêntico entre as duas principais potências mundiais. Embora ainda existissem abismos fundamentais entre as duas superpotências, as relações, na maior parte, assumiram um tom mais civilizado, e pela primeira vez se sentia que a mudança era possível.

E então algo inesperado aconteceu na Alemanha Oriental, que mais uma vez aguçou as tensões nas relações URSS-EUA.

Em uma manhã no fim de março de 1985, fui para o trabalho a fim de me preparar para as operações do dia em Berlim Oriental e me informaram que tinha havido um incidente envolvendo um oficial da USMLM em missão na Alemanha Oriental. O major Nicholson estava morto.

21
ALÉM DO POSTO DE CONTROLE
PASSAGEM
(1985)

> Só podemos torcer para que a União Soviética compreenda que esse tipo de comportamento internacional brutal põe diretamente em risco a melhoria das relações que eles professam buscar.
>
> — *George H. W. Bush, vice-presidente dos Estados Unidos, por ocasião do traslado do corpo de Arthur Nicholson para o país*

O major Nicholson foi baleado por uma sentinela perto de uma área de treinamento soviética enquanto estava em missão nos arredores de Ludwigslust, no norte da Alemanha Oriental. Tendo o motorista como seus olhos e ouvidos, Nicholson saíra do veículo e se aproximara do depósito usado para abrigar tanques. Nem Nicholson, nem o motorista perceberam que eram observados por um soldado soviético, um jovem recruta do exército com um fuzil AK-47 que acompanhou os dois de sua posição oculta na margem da floresta.

De repente, o jovem soldado apontou o fuzil e puxou o gatilho. A primeira bala zumbiu sobre a cabeça da equipe da incursão. A segunda atingiu Nicholson no abdome, derrubando-o. Quando o motorista saiu às pressas do carro com o kit de primeiros socorros, a sentinela se aproximou com o fuzil apontado para a cabeça do motorista, gritando que ele voltasse ao carro. Enquanto a sentinela mantinha o motorista na mira, uma dúzia de oficiais e soldados soviéticos chegava à cena, mas ninguém se aproximou de Nicholson, que jazia no chão, sangrando. Mais de uma hora depois dos disparos, finalmente apareceu um socorrista, agachou-se ao lado de Nicholson, tomou sua pulsação e disse simplesmente: "*Nyet*".

O corpo do major Nicholson foi entregue aos Estados Unidos na Ponte Glienicke.

"Tiros fatais sem advertência", "Baixa da Guerra Fria", "Soviéticos pedem desculpas pela morte de major americano". O incidente ganhou as manchetes no mundo todo e levou o progresso nas relações URSS-EUA a uma parada súbita, enquanto Gorbachov enfrentava a primeira crise como líder da União Soviética. O governo Reagan confrontou Moscou, alertando que o episódio punha em risco a melhora nas relações entre os dois países. Logo, porém, o incidente foi minimizado como um evento infeliz que não deveria perturbar um período tão crítico nas relações entre as superpotências, em uma época em que os dois lados aguardavam os primeiros passos verdadeiros rumo ao fim da Guerra Fria.

Na União Soviética, Gorbachov começou a instituir seus planos de reestruturação (*Perestroika*) e abertura (*Glasnost*).

Enquanto explorava as mudanças em seu país, ele passou a procurar os Estados Unidos e outras nações ocidentais. Os Estados Unidos acolheram bem o desejo de mudança do novo líder soviético. O mundo assistia com otimismo renovado e as relações entre as duas superpotências mostravam sinais de melhoria.

Fiel a seus planos, Gorbachov começou a instituir mudanças na União Soviética, exortando outros países do Bloco Oriental a seguirem seu exemplo. Os soviéticos agora admitiam uma economia arruinada, infraestrutura decadente, habitações ruins, escassez de alimentos, alcoolismo e aumento nas taxas de mortalidade, assim como a infame história do país de crimes do Estado contra a população. Temas como o legado da KGB, antigamente um tabu, agora eram debatidos abertamente.

Honecker, enquanto isso, não admitia as deficiências de seu país. Continuava inabalável, recusando-se a alterar o *status quo* na Alemanha Oriental, dizendo publicamente: "Fizemos nossa *Perestroika*. Não temos nada a reestruturar".

Apesar de parecer inabalável em público, Honecker se sentia traído por Gorbachov. Ele fugia de conversas sobre reformas e começou a censurar a mídia soviética em seu país, até mesmo proibindo a revista *Sputnik* e filmes soviéticos, ordenando que os novos livros didáticos evitassem o tema das transições que ocorriam na Rússia.

Inflexível e obstinado, Honecker ainda se agarrava à sua causa, jurando, se necessário, ser o único líder do comunismo linha-dura no Leste Europeu.

Ao completar 16 anos, Cordula decolou no ciclismo e entrou para as fileiras da seleção nacional da Alemanha Oriental. Integrante mais nova e mais recente, ela treinava três vezes ao dia, seis dias por semana com as colegas mais experientes, todas atletas olímpicas testadas e esperançosas que Cordula se esforçava muito para imitar.

Seus dias eram passados em treinamento intensivo, com horários regrados. Ela fazia tudo com as novas colegas de equipe: treinava, comia, dormia e voltava a treinar. Corrida, levantamento de peso, ginástica e ciclismo em pista, estacionário e em estradas comandavam seus dias. A hora de dormir era às nove, as luzes se apagavam às dez em ponto e elas despertavam bem antes do amanhecer. O programa esportivo investia em seus atletas, sem poupar esforços, atento aos detalhes para monitorar cada aspecto da vida das meninas, para impelir o sucesso. Influências externas, inclusive televisão e cinema, eram avaliadas e não eram permitidas se distraíssem e não servissem para inspirar e motivar. Além dos doces ocasionais, as meninas não podiam consumir nada que interferisse na modelação de uma psique esportiva extraordinariamente soberba e um físico ideal.

Para Cordula, era um começo promissor. Nos meses seguintes ela fez progresso extraordinário, e sua diligência e determinação foram recompensadas quando ela foi escolhida para correr em suas duas primeiras competições, na Polônia e na Tchecoslováquia. Para grande satisfação dos treinadores, ela continuava a conquistar medalhas em eventos locais e nacionais por todo o Leste Europeu.

E então um dia a família recebeu uma notícia espetacular. Heidi atendeu o telefonema que Cordula fazia da instalação de treinamento atlético em Leipzig.

— *Mutti* — disse ela. — Eu consegui. Entrei para a seleção.

Num torpor, Heidi se sentou lentamente. A Alemanha Oriental tinha outorgado uma de suas mais altas honrarias a Cordula. Ela conseguira uma cobiçada vaga na equipe olímpica de treinamento. Catapultada ao nível máximo da elite desportiva mundial da Alemanha Oriental, agora competiria em campeonatos mundiais e lutaria por uma das três vagas na equipe de ciclismo olímpico feminino.

O ingresso na elite do sistema esportivo alemão oriental implicava que Cordula teria de adotar não só os rigores do treinamento e as pressões do desempenho, mas também os ideais do regime. Por outro lado, significava que Cordula provavelmente teria uma chance de viajar ao Ocidente. Talvez, pensou Heidi, a filha conseguisse ver o que a própria Heidi vira uma vez, aos 5 anos: como era realmente a vida do lado de fora. O orgulho foi grande em toda a família quando souberam que uma entre os seus, sua filha, irmã, sobrinha, prima Cordula, tinha conquistado uma rara oportunidade, com que muitos só podiam sonhar, e eles comemoraram o fato como uma imensa vitória para toda a família.

Na pista, Andrea, uma das estrelas da equipe e líder não oficial, e as demais integrantes da equipe feminina de ciclismo deram os parabéns a Cordula com um cumprimento pragmático que sublinhava a seriedade com que todas levavam seus papéis. Foi um dia que Cordula jamais esqueceria. Seu país acreditava que Cordula tinha potencial para ser uma atleta de ponta, que estava entre os melhores que a nação tinha a oferecer, que podia trazer uma medalha de ouro para a Alemanha Oriental. Pelos padrões alemães orientais, ela conseguira chegar ao topo.

Algumas semanas depois, após muita deliberação, Heidi enfim tomou uma decisão dolorosa. Sem querer pôr em risco a oportunidade única de Cordula, cortou toda a comunicação, as trocas de cartas que aconteciam uma ou duas vezes por ano, com a irmã mais velha que mal conhecia, mas adorava.

Sentada no pequeno apartamento na Cidade Karl Marx, Heidi escreveu uma última carta a Hanna contando apenas o que podia, sabendo que a Stasi examinaria atentamente a formulação das frases e duplos sentidos furtivos.

"Cordula recebeu a oportunidade de uma boa vida", escreveu ela, "assim, este será nosso último contato. Sei que você vai compreender." Se as autoridades lessem a carta, sem dúvida ficariam satisfeitas, mas Heidi ficou arrasada.

Depois de romper os laços com a irmã que só vira pessoalmente uma vez, mas que passara a ser uma fonte de forças, seu exemplo de coragem e independência, Heidi se consolou sabendo que tinha tomado a atitude certa por Cordula. Ela pediu aos irmãos que a mantivessem informada de qualquer notícia a respeito de Hanna.

Em Washington, minha mãe recebeu a carta e não entendeu o que significava, mas sabia que algo grande devia ter acontecido para Heidi cortar contato.

Nas instalações de treinamento esportivo nacionais em Berlim Oriental, reuniam-se atletas de todo o país, de Leipzig, Erfut, Cottbus e da Cidade Karl Marx. Um diretor de Esportes, com status de ministro, subiu ao palco e a sala ficou em silêncio. Segurando o microfone, dirigiu-se ao salão lotado da mais recente safra dos melhores atletas da nação. Com a voz ponderada, o discurso estudado, ele declarou com um efeito muito calculado:

> Vocês não são mais cidadãos comuns da Alemanha Oriental. Agora vocês são a elite da nação.
> Vocês foram escolhidos para representar o nível mais alto da nossa sociedade. Seu desempenho em sua modalidade esportiva trará grandes recompensas a vocês, a suas famílias e ao seu país.
> Esta honra é acompanhada de grande responsabilidade. Cada um de vocês foi escolhido pela capacidade atlética para serem não só os melhores da Alemanha Oriental, mas os melhores do mundo.
> Sua tarefa é trabalhar mais duro do que todos os outros. Não permitam que ninguém os supere. Comprometam-se plenamente e sem reservas, todo dia, com cada tarefa. Vocês são o orgulho do nosso país. Deixem seus treinadores orgulhosos. Deixem seu país orgulhoso.

Os atletas que treinavam para a Olímpiada tinham benefícios especiais. Além de viagens, tinham acesso a artigos estrangeiros, coisas que estavam indisponíveis à média dos cidadãos alemães orientais, como os mais modernos aparelhos eletrônicos e eletrodomésticos, calçados e roupas, carros e alimentos especiais ocidentais. Enquanto a média dos cidadãos ficava na fila para obter uma seleção limitada ou irregular de alimentos, os atletas desfrutavam da nutrição necessária para formar força e massa muscular, e as dietas incluíam importados ocidentais, como banana, laranja e uma variedade de carboidratos energéticos e proteínas para induzir a força.

Também tinham acesso a equipamento atlético de primeira. Para Cordula, isso significava pedalar bicicletas primorosamente projetadas, com quadros italianos feitos a mão e componentes japoneses de última geração. Os trajes esportivos eram projetados com as mais avançadas fibras sintéticas aerodinâmicas da época: poliuretano, lycra e misturas de poliéster, inclusive tecidos leves de alto desempenho. Os calçados para ciclismo e corrida eram da Adidas, marca mundial disponível na Alemanha Ocidental, os calçados esportivos de vanguarda da época.

Os atletas treinavam em condições ideais, tinham uma dieta rigorosamente controlada e eram constantemente tratados pelos melhores médicos esportivos e fisioterapeutas do país, que sempre estavam no local para tratar, curar e atender cada necessidade deles. Cerca de 12 mil treinadores serviam aos atletas alemães orientais, contra os 1.500 que administravam os atletas da Alemanha Ocidental — quase dez vezes mais. Centenas de psicólogos eram responsáveis pela dinâmica individual e de grupo e para se certificarem de que os atletas seguiam uma linha ideológica rigorosa.

Para Cordula e todos os atletas, era um turbilhão de empolgação. Embora as vantagens fossem incríveis, mais do que qualquer coisa ela se sentia orgulhosa por estar entre os melhores atletas em um dos programas esportivos mais rigorosos, bem-sucedidos e exigentes do mundo.

Incorporando plenamente suas metodologias esportivas de vanguarda, em cada sessão os treinadores levavam os atletas ao limite absoluto, exigindo que dessem o máximo todo santo dia, e os próprios atletas sentiam-se compelidos a se superar, conscientes de que qualquer coisa aquém de um desempenho consistentemente superior os expulsaria do programa e eles seriam substituídos, num estalar de dedos, por alguém que conseguisse alcançar um patamar mais alto. Constantemente pressionados a alcançar resultados soberbos e com o regime implacável que os impelia, os atletas podiam ver cartazes e faixas carregados de propaganda política pendurados em quase toda a superfície do ginásio de treinamento olímpico, exortando-os a continuar e lembrando a cada volta: "SOMOS OS CAMPEÕES MUNDIAIS!" e "VENCER! VENCER! VENCER!!!"

Em certo dia do outono de 1985, Cordula, a equipe de treinamento olímpica e o pessoal técnico foram a Berlim Oriental para treinar em um velódromo não muito distante de onde eu realizava operações da inteligência.

Depois de uma boa noite de descanso no alojamento perto do Complexo Esportivo de Marzahn, em Berlim Oriental, elas tomaram café da manhã e começaram o dia com uma surpresa. Antes do treino, os técnicos presentearam as meninas com uma excursão VIP por Berlim Oriental.

Como sempre, as ruas de Berlim Oriental eram de uma desolação sinistra, sem pedestres e trânsito de veículos, além do ocasional policial ou carro-patrulha. Com os estilosos casacos cerúleos da equipe adornados com as letras brancas *DDR* (Alemanha Oriental) e o emblema do país com a insígnia do Estado, as atletas privilegiadas, flanqueadas pelos treinadores e alguns seguranças, andavam pela famosa Unter den Linden. Antes o coração do centro comercial de Berlim, a lendária rua fora um centro cultural próspero, um bulevar elegante ladeado de tílias em flor e frutos, fervilhante de vida, com as pessoas passeando na grama ou por animados cabarés, embaixadas e cafeterias lotadas, a caminho da ópera ou de museus. Porém, como o restante de Berlim Oriental, a Unter den Linden caíra no abandono.

Apesar da construção recente de altos edifícios de apartamentos e da restauração de algumas construções antigas, o bulevar ainda era uma rua sombria, com fachadas insípidas e prédios sem inquilinos, a área inteira sem a vida que antes florescera ali. Cordula e o grupo foram para oeste pela avenida. Antes de chegar ao fim da rua, ela viu.

Elevando-se em uma névoa ao longe, ficava o colossal Portão de Brandemburgo, o símbolo icônico da força e da unidade alemãs. Construído originalmente como um portal pelo coração de Berlim e entrada da cidade, que levava ao palácio dos monarcas prussianos, o imponente monumento de arenito dourado de trinta metros de altura, com suas doze colunas dóricas e a quadriga patinada — uma estátua da deusa da vitória controlando uma biga —, agora ficava no Leste, todo o acesso pela colunata bloqueado por uma grossa e maciça estrutura de concreto, o Muro de Berlim. Depois do Portão e do Muro, ficava a cidade de Berlim Ocidental.

A cinquenta metros do monumento, os treinadores pararam as atletas junto da corda que impedia o acesso. Tão perto da fronteira, o local era estritamente proibido para o povo alemão oriental. Nesse dia a área estava deserta, a não ser pela presença das aclamadas atletas, seus supervisores e alguns guardas armados que ficaram por perto, preparados para agir se alguém tentasse fugir. Paradas na neblina cinzenta matinal, as atletas olhando, Cordula viu a fronteira pela primeira vez.

Elas ficaram em silêncio, contemplando a visão, vendo o trecho imaculado de concreto do Portão, o Muro, e foram mais para oeste, enquanto os treinadores guardavam silêncio por perto, lançando olhares furtivos às meninas, tentando detectar a mais leve expressão de desejo em seu semblante.

Um dos treinadores rompeu o silêncio, lembrando às meninas como eram afortunadas por morarem em um país que construíra uma barreira para proteger seu povo do mal e das depravações à espreita além dele. Enquanto ele falava, Cordula olhou, nervosa, berlinenses ocidentais e turistas em uma plataforma de observação espiando o lado leste por cima do Muro e ficou aliviada por estar a uma distância confortável do Ocidente assustador. Com a competição internacional a poucas semanas, o treinador declarou os costumeiros clichês sobre a deserção, ridicularizando as "pobres almas desorientadas que tentaram fugir para o Ocidente". Acrescentou o alerta de sempre: "Só pode resultar em tragédia para quem tenta e para aqueles que ficam". E as deixou com uma última mensagem, que as atletas há muito sabiam de cor: "Deixar o Leste é traição. É a traição definitiva para consigo mesma, para com sua família, suas colegas de equipe, os treinadores e especialmente para com seu país, que depositou completa confiança em vocês e lhes deu tudo".

A essa altura, os treinadores tinham bons motivos para ficar preocupados, porque centenas de atletas já haviam desertado.

Depois de ver a cidade, Cordula e a equipe foram ao velódromo Werner Seelenbinder, onde treinaram no ginásio e na pista nos dois dias que se seguiram. Mais ou menos na mesma época, em Berlim Ocidental, nossa equipe de dois homens da Incursão de Sinalização no Setor Soviético partiu para outra missão de coleta de informações em Berlim Oriental.

Pela manhã a neblina tinha se dissipado, substituída por um dia frio e nublado. A menos de um quilômetro e meio do Portão de Brandemburgo e seis quilômetros a oeste do velódromo, meu motorista e eu nos aproximamos do Checkpoint Charlie em nosso sedã. Ele pegou o microfone e fez uma verificação das comunicações com nossa base em Berlim Ocidental. Verifiquei uma última vez para garantir que nosso equipamento, câmeras, binóculos, mapas e anotações estivessem fora de vista, as janelas fechadas, as portas trancadas, depois fechei o zíper de meu casaco, puxando a gola para mais perto do rosto. Assenti a meu motorista, ele respondeu da mesma forma e avançamos.

Como sempre, o Checkpoint Charlie estava silencioso, desolado e carregado de uma tensão arrepiante e sinistra. Toda a cor parecia desbotar quando alguém se aproximava do infame posto de fronteira, a linha de frente mais perigosa do mundo na Guerra Fria e o limite absoluto de onde o Ocidente livre e o Leste comunista ficaram frente a frente em um duelo ideológico. Preparando-nos para entrar em território hostil, sempre encarávamos a realidade de que qualquer missão podia ter uma guinada inesperada e nos colocar bem no meio de uma detenção violenta, um abalroamento perigoso no carro ou coisa pior. Sem tábua de salvação além da conexão ocasional e irregular por rádio com nossa sede, nossas equipes entravam no Leste sozinhas, entendendo perfeitamente os riscos e sabendo que poderia haver pouca chance de resgate se algo desse errado.

Quando nos aproximamos do lado ocidental do posto de fronteira, avançamos lentamente, desviamo-nos da polícia militar americana armada e continuamos em frente. Além da PM, só outra pessoa estava no lado ocidental do posto, uma jovem alemã esquelética segurando uma placa que dizia: "Greve de fome até que me devolvam meu filho".

Seguimos em frente, passando por barreiras de concreto e arame farpado e a placa escrita em quatro línguas: "Você está saindo do Setor Americano", alertando aqueles que fossem além de que não estariam mais protegidos pela segurança do Ocidente.

Enquanto passávamos pelo corredor árido, bem no alto, na torre de vigia, atiradores de elite alemães orientais vigiavam o Muro em busca de fugitivos na faixa da morte, agora com a atenção apontada para nós. Por binóculo, eles nos acompanharam, seguiram nosso movimento cauteloso e moderado enquanto chegávamos aos guardas de fronteira alemães orientais. No posto do lado leste, um guarda de cara amarrada pegou o receptor do telefone e fez uma ligação, alertando a vigilância sobre nossa travessia. Depois ergueu a barreira de metal e entramos em território alemão oriental.

Como sempre, a vigilância nos localizou prontamente depois de atravessarmos. Às vezes eram VoPos, às vezes outros serviços de segurança ou inteligência dirigindo carros Lada, Volga ou Trabant, mas desta vez era a Stasi, dois homens em um pequeno Wartburg alemão oriental verde-claro sem identificação, que ficou colado em nossa traseira e nos seguiu a uma curta distância. Entramos em uma rua principal, a Leipzigerstrasse. Diante de nós, as ruas de Berlim Oriental se abriam, como sempre, sem trânsito. Aceleramos, depois entramos em uma rua secundária. Eles continuaram conosco, mas aumentamos a velocidade. Depois viramos novamente e pisamos no acelerador, a equipe em nossa cola se esforçando para nos acompanhar, o que fizeram por algum tempo, até que impusemos três quilômetros entre nós, e seu pequeno motor de dois tempos e com pouca potência não foi páreo para nosso potente Ford.

Na estrada, como esperávamos, outro seguidor aguardava em uma transversal, pronto para continuar de onde o último havia parado. Ele entrou em ação, voou do esconderijo e correu atrás de nós por um tempo, triturando as engrenagens ao tentar acompanhar nosso ritmo. O carro nos seguiu por um trecho, mas, depois de mais ou menos um quilômetro e meio, pifou no acostamento, soltando fumaça do motor.

Depois de livres, dirigimos por alguns quilômetros pelo centro de Berlim Oriental, respirando o ar pesado, denso do cheiro acre de carvão queimado, ao seguirmos para um trecho vazio da rua que, apesar de ficar no meio de uma cidade, tinha poucos carros e só uma ou outra silhueta humana. Contra um céu tomado de fuligem cor de bronze, o outono sempre fazia Berlim Oriental parecer ainda mais triste e sem vida. Ruas, calçadas e fachadas de lojas estavam todas praticamente desertas, janelas lacradas com blocos de concreto, telhados com arame farpado, alguns com cacos de vidro afiados.

Mais para dentro da cidade, os edifícios utilitários no estilo soviético, construídos em massa, presumivelmente estavam cheios de alemães orientais, mas estranhamente poucas pessoas podiam ser vistas. Condizente com um Estado policial, Berlim Oriental, a capital da Alemanha Oriental, era uma cidade desprovida de cor, composta dos tons severos de preto e cinza, um microcosmo de toda uma nação que se escondia sob um estranho véu de sigilo. *(Ver imagem 19.)*

No velódromo, Cordula e o restante da equipe feminina de ciclismo da Alemanha Oriental se preparavam para uma sessão de treinamento intensivo. Os treinadores começaram o dia colocando as meninas em uma série de exercícios curtos. Depois de ter as bicicletas de uma só marcha cuidadosamente calibradas e inspecionadas por um grupo de técnicos, as atletas, vestidas com lycra colante, assumiram posição na pista. Montadas nas bicicletas, equilibrando-se e firmando-se entre os treinadores e o alambrado, elas se preparavam para a largada, a primeira de doze corridas que fariam naquele dia.

Com o cronômetro na mão, um dos treinadores tocou um apito e as meninas partiram, acelerando enquanto davam a volta pela pista de pinho de 250 metros, os pneus finos fixos pela força centrífuga na superfície íngreme e escorregadia da pista. Dando a volta na pista, elas aceleraram enquanto os treinadores gritavam, exigindo uma técnica melhor e máximo esforço. As meninas se esforçaram mais, aumentando a velocidade na reta, inclinando-se para fazer a curva. Na segunda passagem, começaram a se colocar em posição e no início da volta seguinte os treinadores gritaram: "*Weiter! Schneller!*", estimulando-as a pedalar mais rápido. As meninas reagiram com pressão no pedal, acotovelando-se para controlar a pista e finalmente explodir para terminar o aquecimento.

Quando a parte do treinamento estava perto do fim, as seis integrantes foram colocadas umas contra as outras em uma série de corridas que pretendiam criar competição interna e manter as melhores corredoras na linha.

A poucos quilômetros dali, meu motorista e eu chegamos ao distrito de Karlshorst, lar do quartel-general militar soviético e da Sexta Brigada Motorizada Independente soviética na Alemanha Oriental. Acreditando que não éramos seguidos, continuamos rumo ao nosso alvo.

Saímos da estrada principal e pegamos uma trilha estreita que atravessava uma densa floresta, um caminho que nossa equipe tinha usado e fora cuidadosamente escolhido durante horas de planejamento da missão para ajudar a ocultar nossos movimentos e, assim, podermos chegar ao alvo sem ser observados. Entramos mais fundo na floresta, esquivando-nos de buracos na estrada e costurando pelo caminho de terra acidentada, que não fora feito para um carro de passageiros, o tempo todo examinando a mata em busca de sinais de perigo.

Tudo parecia sair de acordo com os planos ao nos aproximarmos algumas dezenas de metros do nosso objetivo.

Justo quando avançávamos para a posição de onde íamos observar a atividade que acontecia perto do quartel-general, um único soldado soviético, de arma erguida, colocou-se bem no caminho do nosso carro, dando-nos espaço suficiente apenas para pisar no freio e parar. Outros soldados apareceram, tomando posição em torno do carro, cercando-nos e impedindo qualquer possibilidade de fuga. Agora a uma boa distância dentro da floresta e fora do alcance do rádio da nossa sede em Berlim Ocidental, tínhamos um probleminha.

Com o soldado na frente ainda bloqueando o caminho, outro veio ao meu lado do carro, segurando uma pistola enquanto a engatilhava. Lentamente, levantei a cabeça e vi que era um tenente, pouco mais velho que eu e que, como eu, estava no comando. Com um ar de presunção exagerado, ele assentiu, saboreou sem pressa o momento, sua captura, uma realização que provavelmente lhe renderia elogios do comandante e dos companheiros soldados. Um sorriso malicioso e condescendente se abriu em seu rosto.

Voltei a olhar para a frente e fiquei imóvel. Quando vi, o cano de sua pistola carregada batia no vidro, a centímetros da minha cabeça. Ele ordenou:

— *Atkroy okno.* (Abra a janela.)

Lentamente, levantei as mãos em um gesto de derrota, mas não obedeci à sua ordem.

— *Seychass!* (Agora!) — gritou ele, o cano da arma fixo no vidro, apontado para minha cabeça.

Não mostrei reação à sua agressividade, mas minha mente disparava para processar o problema. Bem no fundo de uma floresta da Alemanha Oriental, tínhamos poucas opções, mas eu sabia que quanto mais tempo ficássemos parados, detidos na mira de uma arma por aquele bando de soldados soviéticos jovens e nervosos, maior a probabilidade de que as coisas saíssem de controle.

Lentamente, observei a cena, tentando apreender quaisquer detalhes que pudesse transformar em uma possível vantagem. Notei que eles não pareciam ter um rádio, assim, devagar, levei a mão ao nosso rádio Motorola, com o cuidado de não provocar, de sentir a cada centímetro do caminho a reação dele, enquanto ele ficava parado ali, todos eles parados ali, com as armas em punho, olhando fixamente, fixados em cada movimento meu.

Embora estivéssemos fora do alcance de transmissão, peguei o microfone e, ainda com muita cautela, fingi responder à nossa base em Berlim Ocidental, apostando que o tenente pensaria duas vezes antes de tomar uma atitude precipitada se acreditasse que eu tinha informado o problema e a localização.

— Base, aqui é um-zero-quatro. Temos um problema. Estamos sendo detidos nos arredores de Karlshorst por soldados soviéticos armados.

No velódromo de Marzahn, Cordula e as colegas de equipe preparavam-se para a rodada seguinte de corridas. Na pista, as atletas mais uma vez montaram nas bicicletas. O cronômetro disparou, o apito soou, os treinadores liberaram e as ciclistas deram a largada. Essa corrida era um exercício para sincronizar técnica com velocidade, e elas deram as primeiras voltas em um ritmo comedido. Aumentando as rotações, elas aceleravam, ganhando mais velocidade. Na quarta volta estavam a toda, pressionando com tudo, os pneus desafiando a gravidade nas paredes inclinadas da pista, enquanto elas bloqueavam e se posicionavam para ter a vantagem. E então, justo quando acreditavam estar no máximo esforço, um dos treinadores apertou o botão de um toca-fitas conectado a um sistema de alto-falantes e aumentou o volume, a música alta sinalizando para acelerar ainda mais. O treinador continuou a aumentar o volume até que os alto-falantes não suportaram mais e o som ficou distorcido. Isso incitou uma reação, aquela que os treinadores queriam, a velocidade e o impulso das ciclistas agora forçados a um nível impossível enquanto elas aceleravam cada vez mais, com tudo que tinham, pedalando com a letra de estourar os tímpanos de "We Will Rock You", do Queen, o *tum-tum-tá, tum-tum-tá* da bateria servindo-lhes de combustível. Pressionando, esticando-se, pedalando com a maior velocidade possível, lutando ofegantes, ficando um pouco para trás, elas avançavam, tentavam desesperadamente controlar as bicicletas, por fim explodindo em um último surto de velocidade até que os treinadores pararam os cronômetros com Andrea, como sempre, numa pedalada limpa para a linha de chegada, vencendo a corrida, as outras meninas passando continuamente, uma depois da outra, em formação.

Em Karlshorst, tudo estava em um impasse. Só havia silêncio, carregado e intenso, como o momento de choque antes de seu paraquedas se abrir. Com a arma apontada para minha cabeça através do vidro do carro, fiquei sozinha com meus pensamentos, repassando arquivos mentais e dependendo dos instintos para avaliar o estado de espírito do soldado e sua maturidade como líder. Durante e depois do incidente com Nicholson, os soviéticos reagiram com desrespeito patente pela perda de uma vida, assim era difícil prever o que ele faria, mas continuei tentando sentir se era provável que ele puxasse o gatilho. Será que ele tinha algum respeito por mim como adversária, como uma americana, como uma oficial, uma mulher, outro ser humano?

Segurei o microfone, tentando ganhar tempo, fingindo falar e ouvir instruções da nossa base. Eu sabia que precisava controlar a situação de algum modo, para acalmar o tenente antes que ele ou seus homens cometessem alguma imprudência. Senti que ele esperava que eu saísse. Enquanto "me consultava com a base", virei com cuidado para ele e olhei em seu rosto.

A arma, ainda apontada para minha cabeça, agora tremia e batia no vidro, como se ele estivesse nervoso ou confuso. Aproveitei o momento, virei devagar para minha falsa transmissão de rádio, falei e assenti, depois, gentil e decisivamente, coloquei o microfone no suporte. Reconhecendo com um leve gesto de cabeça que o tenente tinha a vantagem, fiz um movimento lento mas firme, o gesto mais ponderado que já fiz, apontando para mostrar a ele minha intenção de avançar com o carro.

— Avance um pouco com o carro — eu disse ao meu motorista.

— Senhora, tem um russo com uma AK parado na nossa frente.

— Avance um pouco com o carro — repeti. — Ele vai sair.

Meu motorista pisou cuidadosamente no acelerador e o carro avançou devagar contra o soldado com o fuzil que bloqueava nossa escapada. Seus olhos se arregalaram. Ele reagiu segurando a arma mais firme e a lançando para a frente, batendo resolutamente na frente do carro. Olhou o tenente, procurando orientação.

— Continue — ordenei —, bem devagar.

Enquanto avançávamos, houve uma troca de palavras nervosa entre o soldado na frente, agora forçado a recuar por nosso carro, e o tenente, que começou a andar para nos acompanhar, tentando manter a pistola apontada para minha cabeça. De súbito ele parou, gritou uma ordem e o soldado saiu do nosso caminho com uma expressão decepcionada, como se uma raposa tivesse escapulido da mira de sua espingarda de caça.

22
IMAGINE
A ESTRADA PELA FRENTE
(1986)

> A história provou que Lênin tinha razão.
> — *Livro de moral e cívica do décimo ano
> da Alemanha Oriental*

A arma disparou e demos a largada: dez mil corredores no início da 13ª Maratona de Berlim. Era um ambiente festivo, eletrizado de energia, o percurso ladeado de espectadores, a música berrando, anúncios publicitários no alto, enfeites decorando as ruas — tudo bem à sombra do Portão de Brandemburgo e do Muro de Berlim.

Enquanto a corrida começava, logo depois do Muro, guardas de fronteira alemães orientais, alguns com binóculos, outros com pastores alemães nas trelas, estavam empoleirados em um talude, olhando para o nosso lado. A quietude lúgubre e vazia do Leste formava um forte contraste com o clima festivo, colorido e animado que acompanhou a largada da corrida de 42 quilômetros. Como sempre, parecia que dois filmes, um em preto e branco e outro em cores, dividiam a tela; era sempre impressionante o estranho contraste entre uma sociedade aberta e livre e outra fechada.

Enquanto eu corria, Cordula e a equipe feminina de ciclismo olímpico da Alemanha Oriental permaneciam reclusas em Marzahn, em Berlim Oriental, a alguns quilômetros do Portão de Brandemburgo e da linha de largada da maratona.

Diferentemente de um típico percurso de maratona, que dá uma volta graciosa pela cidade, a rota da Maratona de Berlim de 1986 foi traçada inteiramente em Berlim Ocidental, um serpentear sinuoso e entrelaçado pelos limites do Muro de Berlim.

Inicialmente agrupados em uma formação compacta, começamos a nos espalhar, seguindo para oeste pela Strasse des 17 Juni, a Rua 17 de Junho, que deve seu nome à Revolta dos Trabalhadores da Alemanha Oriental de 1953. Passamos pela Siegessäule, a Coluna da Vitória, adornada por uma estátua dourada da Vitória, que se eleva no alto de um pilar de pedra, dando para oeste, como se vigiasse a cidade. Saboreei cada passo, sabendo que minha missão em Berlim logo chegaria ao fim. Depois de passar por Tiergarten e Charlottenburg, o percurso virava para leste e corremos para o Checkpoint Charlie. Quantas missões nossas equipes começaram e terminaram naquele local infame, que teve um papel tão importante em minha vida nos últimos anos?

Enquanto o percurso passava pela Rathaus Schöneberg, a prefeitura de Berlim Ocidental, um espectador animado levantou um cartaz: "Ich bin ein Berliner!", uma referência ao discurso do presidente Kennedy no dia em que ele se colocou na frente do tribunal em 1963 e disse: "Todos os homens livres, onde quer que vivam, são cidadãos de Berlim e, portanto, como um homem livre, eu me orgulho em dizer: '*Ich bin ein Berliner!*'"

Dali, o percurso ia para ao sul, atravessando o setor americano em Zehlendorf, passando pelo meu prédio e pelo verde exuberante da floresta Grunewald, onde eu costumava correr ou abrir uma manta, fazer um piquenique solitário e ler um bom livro. O percurso deu outra guinada e contornou meu escritório no Quartel-General Clay.

Enquanto me aproximava do último longo trecho antes da linha de chegada, em meio a todo o barulho da corrida e da multidão, ouvi: "Vai, tenente!" Levantei a cabeça e vi alguém da minha equipe de Sinalização torcendo por mim, um dos meus soldados empoleirado bem alto na rua, pendurado perigosamente no braço de um imenso poste de luz, o que ao mesmo tempo me deu medo e um prazer infinito.

Pouco tempo depois, meus pais foram me visitar. Mostrei a Eddie e Hanna meu apartamento e o complexo onde eu trabalhava. Eles sabiam que eu estava na inteligência, mas nada sobre o que envolvia meu trabalho ou que às vezes eu operava no Leste, e sabiam que não deviam fazer perguntas. Mostrei meus lugares preferidos no centro de Berlim Ocidental.

Sem ter como saber que Cordula treinava no velódromo Marzahn ali próximo, levei meus pais a Berlim Oriental em um ônibus de turismo das Forças Aliadas, uma excursão limitada e cuidadosamente orquestrada que levava visitantes autorizados a alguns pontos turísticos no centro de Berlim Oriental. Depois que atravessamos o Checkpoint Charlie, minha mãe de imediato começou a transpirar, morta de medo de que ainda fosse apanhada pela Stasi e arrastada de volta ao Leste, quase quarenta anos depois de ter fugido. Apesar das minhas garantias de que não haveria nenhum problema para ela enquanto estivesse aos cuidados de uma oficial do Exército dos EUA com farda completa, depois que desembarcamos do ônibus, em Unter den Linden, ela ficou muito nervosa, constantemente olhando para saber quem se aproximava. Depois de tirar uma foto rápida do Portão de Brandemburgo, ela se apressou para a proteção do ônibus e se recusou a sair. Minha mãe só soltou um suspiro de alívio quando estávamos de volta ao solo de Berlim Ocidental. *(Ver imagem 20.)*

No Leste, as notícias eram boas para a família. Heidi ficou eufórica quando soube que Cordula era considerada para sua primeira competição fora do Bloco Oriental, na Itália, um "país capitalista". E havia outras notícias boas. Reinhard ficou exultante porque, treze anos depois de tê-lo encomendado, enfim recebeu o carro novo.

Em uma das minhas últimas missões de Sinalização antes de retornar aos Estados Unidos, tive uma experiência deveras surreal.

Sob um céu escuro como breu e sem lua, em uma parte rural nos arredores de Berlim Oriental, nosso carro passava por uma área de floresta para chegar a uma ferrovia. Ao avançarmos para nossa posição, ocultos na linha das árvores, mas com uma visão clara dos trilhos, notei uma pequena cabana de madeira por perto, sem luzes acesas.

Desligamos o motor. Nosso objetivo naquela noite, um pedido da USMLM, era observar os trilhos em busca de movimento de sistemas de artilharia de defesa aérea que pudessem passar por Berlim Oriental. Da mata saiu um único soldado alemão oriental, armado, cujo trabalho era proteger aquela parte da ferrovia de olhos curiosos, inclusive os nossos. *Especialmente* os nossos. Meu sargento, que tinha "feito amizade" com o soldado naquela tarde, quando fez a observação desse local específico, dera de presente ao soldado um distintivo de metal do Exército dos EUA e seu isqueiro Bic. Depois de saber que o soldado alemão oriental estaria ali na mesma noite, meu sargento prometeu a ele que traria mais "presentes".

Lá estava ele, um jovem soldado alemão oriental de olhos inocentes, não muito além de 20 anos. A arma estava atravessada no peito e apontada com segurança para baixo.

Meu sargento e o soldado alemão oriental se cumprimentaram, até trocaram um aperto de mãos. Depois o soldado tirou do bolso um cigarro artesanal. Abriu um sorriso meigo enquanto o entregava ao meu sargento, que o passou a mim ao me apresentar como sua chefe. Então o sargento deu ao soldado um maço de Marlboro e uma barra de Snickers. Ao ver os presentes, os olhos do soldado se iluminaram e seu semblante se abriu em um largo sorriso. Ele agradeceu profusamente ao sargento, fez várias mesuras e lhe deu tapinhas nas costas. O jovem desapareceu no escuro do posto de guarda e voltamos ao nosso carro para esperar que algo passasse pela ferrovia naquela noite. Acompanhamos o soldado alemão oriental pelo brilho dos cigarros acesos, que ele fumou um depois do outro, sem dúvida imaginando as repercussões de ser apanhado mais tarde de posse de cigarros americanos.

Em algum momento por volta da meia-noite, ouvimos um ruído leve. Não era o trem que esperávamos. Era música e vinha da pequena cabana às escuras perto dali. Alguém se arriscava sintonizando música do Ocidente. E a música que ouvia era "Imagine", de John Lennon.

Pouco antes da minha partida de Berlim para uma nova missão nos EUA, a equipe de Sinalização me convidou para um jantar de despedida em um restaurante alemão aconchegante e rústico.

Sempre foi importante para mim que a equipe entendesse que o meu gênero não tinha importância em meu papel de chefe. Mas estávamos em meados dos anos 1980, quando as mulheres nem sempre eram vistas pelos colegas homens como aptas para suas tarefas. E lá estava eu — uma líder não só de profissionais da inteligência, mas também de soldados da infantaria, de soldados de combate durões do exército americano, um domínio masculino.

No restaurante, jantamos e brincamos alegremente sobre a vida no escritório, as incursões na estrada e os quase acidentes que tínhamos vivido em missões no Leste. Mais para o fim da noite, justo quando eu pensava que as coisas estavam terminando, um vendedor de flores apareceu com um cesto de rosas. Detestei quando o primeiro-sargento, o epítome de um soldado de infantaria, chamou o vendedor e comprou umas quinze rosas vermelhas e cor-de-rosa, que depois entregou a cada um dos integrantes da minha equipe.

Ele falou em voz baixa e vi que aprontavam alguma coisa, sem dúvida organizando como me presentear com as flores, o que seria um gesto adorável, mas francamente me irritava, porque eu não queria terminar meu período como sua líder ganhando um buquê de flores, algo que eles não teriam feito com um chefe homem. Mas me controlei, preparando-me para agir com elegância.

Cada um deles disse algumas palavras, fez brindes, alguns sérios, outros cômicos, erguendo dramaticamente as rosas ou agitando-as na minha direção enquanto falavam, sabendo muito bem que me deixavam sem graça com aquele tributo, especialmente ao acenar com as flores.

Depois que foram ditas as últimas palavras gentis, justo quando eu esperava que reunissem as rosas em um buquê e me dessem de presente, o primeiro-sargento disse: "À senhora", e todos teatralmente viraram as rosas para mim e comeram as flores, mastigando com exagero e engolindo, depois reuniram os caules e me deram.

Após três anos em Berlim, decidi partir de trem, não de avião, porque seria minha última chance de viajar pelo Leste. Reservei um lugar na alternativa mais lenta e menos popular para sair de Berlim, o Trem de Serviço do Exército dos EUA.

Na partida, um dia frio de inverno, ao pôr do sol, embarquei no trem na estação do Setor Americano. Enquanto me acomodava na cabine, a polícia militar americana trancava os vagões, uma medida de segurança exigida pelos soviéticos para impedir que alemães orientais tentassem embarcar e fugir enquanto o trem seguia pelo Leste. Em Potsdam, a locomotiva foi trocada para um antiquado modelo alemão oriental, outra exigência dos soviéticos, uma medida que tornou desconfortável e aflitivamente lento o trecho de 185 quilômetros ao Oeste. Com os polegares para cima da tripulação indicando estar tudo liberado, o trem saiu da estação e entrou na paisagem rural da Alemanha Oriental.

Vi pela janela o interior do país, hipnotizada pelo movimento ondulante do trem, que rodava pelos campos áridos e baldios de fim de outono, contornando vilarejos, povoados e lavouras pálidas e castanhas.

Ao cair da noite, refleti sobre o tempo que passei no Leste. Ocorreu-me que tinha vindo a Berlim em busca de alguma coisa. E agora, ao que parecia, enquanto partia, em minhas últimas horas de meu último dia na Alemanha Oriental, ainda estava à procura.

Com uma escuridão de breu do lado de fora, olhei pela janela e vi se havia algo que pudesse discernir em meio às sombras. Pelas vidraças meio cobertas de gelo e o ocasional grupo de árvores sem folhas que ladeavam os trilhos, olhei fixamente a noite, enxergando pouco mais que uma ou outra luz solitária de uma casa ou o brilho revelador de uma fogueira ao ar livre.

Enquanto o trem retumbava pela área rural gélida, não consegui deixar de imaginar o que estaria reservado para o povo da Alemanha Oriental, em particular porque outros países do Bloco comunista faziam mudanças. Honecker, aquele soldado durão do comunismo, deixara claro que não vacilaria na decisão de permanecer no curso. Entristecia-me pensar que a família da minha mãe estava destinada a suportar o isolamento e a repressão pelos anos seguintes, enquanto os cidadãos das nações do Bloco Oriental em volta deles estavam prestes a desfrutar de um alívio depois de décadas do rígido regime comunista.

Em algum lugar perto de Magdeburgo, subi em meu beliche e tentei ficar confortável pelo restante da viagem noturna. Li por um tempo, tentei clarear a mente. Depois me enfiei embaixo do cobertor e apaguei a luz, porém o sono me escapava. O tempo passou, mas o balanço do trem não me tranquilizava e eu não tinha vontade de dormir.

A certa altura, o trem soltou um apito longo e estridente, um som sinistro e oco que teve eco ao longe, reverberando pelo campo. Anos depois eu saberia que os alemães orientais que ouviam o apito penetrante na noite desejavam ser os passageiros no trem americano que ia para o Ocidente, rumo à liberdade.

Por volta da meia-noite, o trem reduziu, parando com um tremor. Tínhamos chegado à última parada na Alemanha Oriental antes de atravessar para o Ocidente, o posto de controle da fronteira soviética Leste-Oeste em Marienborn e Helmstedt.

Debaixo do clarão de luzes fortes, o comandante do trem americano e seu intérprete desembarcaram e ficaram na plataforma à espera de uma resposta dos soviéticos. Depois de quase trinta minutos, um guarda soviético finalmente saiu de uma cabine. Claramente saboreando sua autoridade, andou muito devagar para encontrar a tripulação do trem americano, pegou a papelada oficial e os documentos de identificação de todos a bordo, depois desapareceu na cabine, onde ele e sua equipe não tiveram pressa nenhuma para examinar meticulosamente cada documento a fim de encontrar o erro que pudessem. Qualquer discrepância mínima, por menor que fosse, uma letra errada, um erro de data, um número fora de lugar, podia levar o trem a ser retido por horas. Era simplesmente outra forma de assédio que pretendia dificultar as coisas para os americanos pela última vez antes de eles deixarem o Leste.

Minha atenção não se sustentou por muito tempo nessa cena e meus olhos foram atraídos por uma luz bruxuleante que vinha de uma cabana pouco depois da plataforma da estação, perto da floresta. Na janela iluminada por trás, eu divisava uma cortina e a silhueta de uma pessoa, uma idosa, pensei, sentada, recurvada e imóvel, como se esperasse alguém. *A avó de alguém.*

Depois um rosto espiou de trás da cortina de renda que emoldurava a janela. Outra figura ao fundo, *talvez a filha*. Não consegui distinguir detalhes dos rostos, mas meus pensamentos se descontrolaram e imaginei que as duas eram Oma e minha tia Heidi. Fiquei cativada e não desgrudei os olhos. Embora eu soubesse que era impossível que fossem Heidi e Oma, que morrera quase dez anos antes, um anseio cresceu dentro de mim, e por um momento breve e exultante me permiti considerar a ideia. Olhei a idosa na cadeira pela janela e imaginei o rosto de Oma enquanto eu encarava a noite, meu próprio rosto refletido no vidro.

Abaixo de mim, o guarda soviético saiu da cabine e lançou um olhar lento e furtivo aos vagões de passageiros. Devolveu os documentos, deu as costas à tripulação americana e se afastou. Fomos dispensados pelos soviéticos e estávamos livres para passar à Alemanha Ocidental.

O trem voltou a andar. *Não*, tive vontade de dizer. *Me deixe ficar mais um pouco aqui*. Mas logo o trem avançou, hesitante, dolorosamente, pelos trilhos rumo ao Oeste.

23
"DERRUBE ESTE MURO"
OS VENTOS DA MUDANÇA
(1987-1988)

Quem quer nos convencer a mudar, e por quê?

— *Erich Honecker*

Nos Estados Unidos, o presidente Reagan continuava a discursar contra o comunismo. Na União Soviética, o secretário-geral Gorbachov trabalhava na promoção de seu ambicioso programa de transformação. Outros países do Bloco Oriental seguiam seu exemplo. Honecker, porém, permanecia inabalável, recusando-se a mexer no caminho que traçara para o país. Mas, com Gorbachov agora ganhando popularidade em todo o mundo e um número cada vez maior de alemães orientais procurando noticiários ocidentais, muitos deram ouvidos ao chamado pela mudança de Gorbachov.

Como parte do Tratado de Forças Nucleares de Alcance Intermediário (ou Tratado INF, Intermediate-Range Nuclear Forces), Gorbachov e Reagan concordaram em eliminar mísseis de alcance intermediário na Europa e cortar pela metade o arsenal nuclear geral. Pouco depois, concordaram em retirar da Europa mísseis nucleares Pershing e SS-20.

Em junho de 1987, o presidente Reagan visitou Berlim, colocou-se à sombra do Portão de Brandemburgo e fez o que se tornou um de seus discursos mais famosos. Diante do vidro à prova de balas que o protegia de possíveis atiradores de elite em Berlim Oriental, ele proclamou: "Secretário-geral Gorbachov, se quer a paz, se quer a prosperidade para a União Soviética e o Leste Europeu, se quer a liberalização, venha até este portão. Sr. Gorbachov, abra este portão. Sr. Gorbachov, derrube este Muro".

Com o restante do mundo, assisti ao discurso de Reagan da minha televisão em casa, em Fort Meade, Maryland, onde eu havia sido designada para um cargo na inteligência estratégica, depois de ser promovida a capitã. Minha mãe assistiu ao discurso em sua casa em Washington, D.C. Os alemães orientais também sintonizaram, ouvindo o chamado de Reagan pelo fim da repressão na Alemanha Oriental e da Guerra Fria.

Na Cidade Karl Marx, Heidi ouvia o discurso traduzido de Reagan na Alemanha Ocidental. Por um momento fugaz, perguntou-se se a profecia de Oma sobre a família se reencontrar com minha mãe poderia se tornar realidade. Mas, na época, descartou a ideia com igual rapidez, pensando que não havia possibilidade, que nada na Alemanha Oriental poderia mudar enquanto Honecker, seus companheiros comunistas linha-dura e a polícia secreta permanecessem no poder.

Antes de saber se poderia se unir à seleção da Alemanha Oriental na viagem à Itália, Cordula, agora com 17 anos, teve de se submeter a um exame especial de segurança.

Todo ano, desde que ingressara no programa, ela precisava preencher fielmente um questionário sobre suas ligações com pessoas no Leste e no Oeste e responder a perguntas que investigavam parentes em "países capitalistas". Ela sempre foi franca e sincera sobre o relacionamento que não tinha com a tia Hanna, e os supervisores do Estado sempre pareceram satisfeitos com as respostas. Mas sair do Bloco Oriental era outra questão, e eles precisavam ter certeza da lealdade dos atletas e determinar se não estavam interessados em desertar.

A liderança da Alemanha Oriental contava com seu aparato de segurança para erradicar possíveis riscos de fuga. Uma deserção poderia criar um grande constrangimento ao regime. A Alemanha Oriental não suportaria mais publicidade negativa. O oficial de segurança a fez entrar.

— Com que frequência sua família tem contato com a irmã de sua mãe ou com qualquer parente no Ocidente? — perguntou o oficial, sem dúvida já sabendo a resposta.

— Minha mãe não se comunica mais com a irmã.

— Você gostaria de morar em outro país?

— Nem imagino morar em outro país — respondeu Cordula com sinceridade. — Tenho tudo aqui. Minha família está aqui. Minha vida é aqui. Por que iria querer ir para o Ocidente, se aqui eu tenho tudo?

— É bem verdade — disse ele. — Sua família *está* aqui, e eles são muito importantes para você, não são?

O oficial então lhe contou sobre uma atleta que desertara um ano antes.

— Ela não tinha nada quando foi embora. Nem dinheiro, nem apoio. Nada. Agora passa necessidade, talvez nem esteja viva. Ela decepcionou o país, a família e a si mesma. Depois de tudo que fizemos por ela... — Ele meneou a cabeça e olhou para Cordula. Sem dizer mais nada, a dispensou, deixando-a insegura, sem saber se tinha passado no exame e se teria a chance de competir internacionalmente em solo ocidental.

E então, certa tarde, seus treinadores a chamaram e lhe contaram a novidade. Ela fora selecionada para competir no mundial em Bérgamo, na Itália.

Ela foi telefonar aos pais, que preparavam o Skoda para o fim de semana no bangalô.

As instruções eram claríssimas. A equipe tinha de permanecer unida, teriam de ficar juntas o tempo todo. Ninguém podia sair sozinha. Depois que chegassem à Itália, elas só poderiam conversar com compatriotas do

Bloco Oriental. Era estritamente proibido falar com pessoas do Ocidente. Falar com qualquer alemão ocidental resultaria na volta para casa e na expulsão da equipe.

— Fiquem focadas — os treinadores lembraram às meninas. — Vocês estão aqui por um único motivo: representar seu país com orgulho e vencer.

Com os treinadores pairando sobre as seis atletas, em julho de 1987 eles pegaram um avião a Bérgamo a partir do Aeroporto de Schönefeld, em Berlim Oriental, de uma companhia aérea estatal, a Interflug. No avião, quando Cordula precisava usar o banheiro, os treinadores mandavam uma colega de equipe com ela.

Na Itália, elas ficaram juntas, andando como um grupo unido aonde quer que fossem. Os treinadores vigiavam cada movimento.

Cordula ficou perplexa com as diferenças entre a Itália e a Alemanha Oriental. Era como se tivesse voado para outro planeta. As pessoas sorriam em todo lugar, até riam abertamente. Havia um clima de abertura, leveza e felicidade descuidada, coisas que Cordula nunca vira. As pessoas se olhavam nos olhos, davam abraços exagerados e demonstravam afeto com entusiasmo. Havia calor humano, cor e energia em toda parte, em forte contraste com o frio e o cinza da Alemanha Oriental.

Os treinadores, porém, esforçavam-se para desprezar os aspectos positivos, apontando constantemente às meninas o que chamavam de "deficiências dos países capitalistas". Quando um grupo de turistas italianos bem-vestidos parou e pediu informações com simpatia, os treinadores os enxotaram. Voltando-se para as meninas, um deles disse:

— Viram isso? Eles estavam pedindo dinheiro. São sem-teto. Estão mesmo em péssimo estado.

As meninas se olharam furtivamente, mas assentiram para mostrar que compreendiam. Cordula, porém, nova nesse jogo, em sua ingenuidade, deixou passar as dicas e soltou:

— Eles não me pareceram tão mal assim.

Andrea lhe deu uma cotovelada. Um olhar penetrante de um treinador e meneios de cabeça das colegas de equipe e Cordula entendeu que precisava guardar para si o que pensava.

Para ajudar na motivação das atletas, os treinadores deram às meninas dinheiro para comprar o que quisessem, mas havia restrições. Elas estavam proibidas de comprar qualquer coisa com logomarca ocidental e deveriam manter as compras fora de vista quando voltassem ao Leste, sendo proibidas de compartilhar ou mesmo mostrar aos outros o que comprassem no Ocidente. A aprovação para possuir objetos de luxo vinha com um alerta para que não os ostentassem, para não despertar as necessidades e os desejos das pessoas.

Com o dinheiro que receberam, Cordula e a colega de equipe Andrea compraram walkmans da Sony, toca-fitas portáteis com fones de ouvido leves, uma coqueluche da época nos Estados Unidos e em todo o mundo.

Emocionada com a primeira compra fora do Leste, Cordula se virou para Andrea.

— Isso é incrível! — sussurrou, e Andrea sorriu.

Depois de um desempenho admirável, a equipe da Alemanha Oriental voltou para casa, os treinadores aliviados ao devolveram as atletas a solo alemão oriental. Eles lembraram às meninas que minimizassem a experiência e não dessem a ninguém a impressão de que a viagem para fora do Leste tivera algo de especial. Elas deveriam dizer que fora estritamente profissional, comum e rotineira.

Ao longo do ano seguinte, Cordula e as colegas de equipe continuaram a competir em torneios nacionais e internacionais, na Áustria, França, Tchecoslováquia e Bulgária. Tendo recebido medalhas ou sido classificada em algumas corridas importantes, Cordula foi selecionada para treinar para a Olimpíada de 1988, em Seul, na Coreia do Sul. Ela e as colegas de equipe passaram os meses seguintes em treinamento intensivo em acampamentos e torneios de ciclismo. Um mês antes dos Jogos Olímpicos, três das seis integrantes da seleção nacional foram escolhidas para representar a Alemanha Oriental. A menos experiente e mais nova da equipe, aos 18 anos, Cordula não ficou entre as três primeiras, mas foi selecionada como reserva.

Na Olimpíada, a Alemanha Oriental ganhou mais medalhas no ciclismo que qualquer outro país e ficou em segundo lugar no quadro geral de medalhas, com a União Soviética tendo ganhado 132 medalhas, a Alemanha Oriental, 102, os Estados Unidos, 94, e a Alemanha Ocidental, 40.

Depois da Olimpíada, Cordula continuou na seleção nacional, treinando e participando de competições internacionais.

A essa altura, no Bangalô Paraíso e no apartamento na cidade, Heidi e Reinhard sintonizavam regularmente noticiários do mundo todo para acompanhar as mudanças que aconteciam fora da Alemanha Oriental. Ouviam atentamente os discursos de Gorbachov. O programa alemão oriental *Aktuelle Kamera*, às sete e meia da noite, vinha antes de *Tagesschau*, da Alemanha Ocidental, às oito horas. Enquanto o noticiário alemão oriental menosprezava as mudanças que ocorriam na União Soviética e em outros países do Bloco Oriental e louvavam o progresso dentro de suas fronteiras, a mídia ocidental elogiava as amplas mudanças na União Soviética e glorificava Gorbachov. Honecker ainda estava inteiramente inabalável.

"Nossa política de reformas [...] deu frutos e continuará", insistia ele. "Quem quer nos convencer a mudar, e por quê?"

Com plena consciência de que muitos alemães orientais sintonizavam emissoras ocidentais, Honecker temia que as notícias de mudanças rápidas que aconteciam em outros países do Bloco Oriental solapassem sua posição de poder, então tentou distraí-los. Adotou uma estratégia que dava a aparência de mudança, introduzindo comédias leves e filmes vibrantes com propaganda suavizada, em uma campanha mais sutil para desacreditar a necessidade de reformas.

Em 1988, no auge da fama e no meio da turnê mundial Bad, Michael Jackson deu um show ao ar livre em Berlim Ocidental, no gramado do Reichstag, tendo como pano de fundo o Muro de Berlim. As autoridades da Alemanha Oriental, sabendo muito bem que seus jovens cidadãos seriam atraídos pela música, montaram um festival de rock em Berlim Oriental apresentado pela superestrela alemã oriental da patinação artística olímpica Katarina Witt. Mas isso não impediu que alguns tentassem chegar perto o bastante do Oeste para ouvir o Rei do Pop.

No início, as forças de segurança alemãs orientais não fizeram nada, até pareciam permitir, mas, quando mais gente começou a se aproximar do Muro, de súbito tudo mudou. A VoPo pegou seus cassetetes e caiu violentamente sobre a multidão. Enquanto quem estava no show do lado oeste do Muro tinha a maior diversão da vida, dançando e cantando "Thriller" e "Man in the Mirror", do outro lado do Muro, sob o manto da escuridão, centenas de jovens alemães orientais eram espancados e levados dali.

Em meados dos anos 1980, depois que se aposentou, Roland começou a escrever com mais frequência. Embora suas palavras fossem cuidadosamente escolhidas, as cartas vagas e sem nenhuma informação real, Hanna ficou nas nuvens por enfim estar em contato com o amado irmão mais velho, contato que lhe fora inteiramente roubado e lhe fazia uma falta terrível.

Porém, em 1988, notícias chocantes chegaram do Leste. A esposa de Roland escreveu contando que ele tinha morrido. Hanna ficou arrasada. Ela nem sabia que ele sofria de diabetes. Ele tinha apenas 62 anos.

A esposa de Roland, o filho e toda a família se reuniram para o sepultamento em Valfitz, onde ele servira com orgulho como diretor de escola e professor por tantos anos.

Com todas as mudanças que aconteciam no Leste Europeu, Heidi e muitos outros se perguntavam o que aconteceria na Alemanha Oriental se Honecker fosse o único líder do bloco soviético a resistir às mudanças. Ela pensou na Revolta dos Trabalhadores de 1953 e não conseguiu imaginar uma revolução na Alemanha Oriental sem derramamento de sangue.

Heidi via fotos da nossa família, meus pais e nós seis, os filhos. Nos Estados Unidos, minha mãe via fotos da família no Leste. Via Gorbachov na televisão e tentava imaginar o que tudo aquilo acabaria por significar para a Alemanha Oriental e, em última análise, para sua família. Logo descobriríamos, mas Gorbachov tinha pouca influência na liderança da Alemanha Oriental e, embora Honecker permanecesse entrincheirado, tudo indicava que haveria mudanças.

Na verdade, os ventos da mudança já sopravam, mesmo sem o consentimento de Honecker.

24
"GORBY, NOS SALVE!"
UMA NAÇÃO DESMORONA
(1989)

> Se não eu, quem? E, se não agora, quando?
>
> — Mikhail Gorbachov, secretário-geral
> da União Soviética

No Leste, as nações do Pacto de Varsóvia reagiram ao chamado de Gorbachov para a mudança. Na Hungria, o parlamento votou para permitir a liberdade de associação e reunião, permitir a criação de partidos políticos e marcar uma data para eleições pluripartidárias no ano seguinte. Essa atitude ousada, se tentada trinta anos antes, provocaria uma brutal repressão soviética. Dessa vez, Moscou não interferiu.

Na Polônia, o movimento Solidariedade, lutando para se livrar dos grilhões do comunismo e criar uma democracia, ganhava ímpeto. Honecker ainda se recusava a ceder.

Em fevereiro de 1989, um alemão oriental de 20 anos chamado Chris Gueffroy, cujo maior desejo era conhecer os Estados Unidos, acreditando que os guardas de fronteira tinham recebido a ordem de baixar as armas e não atirar para matar, tentou fugir pulando o Muro. Tal ordem não havia sido dada, e os guardas balearam e mataram Gueffroy.

Um mês depois, Winfried Freudenberg conseguiu fugir em um balão caseiro, mas morreu quando o balão caiu no setor americano em Zehlendorf, não muito longe do apartamento em que morei por três anos.

Em junho, em uma derrota esmagadora do comunismo polonês, o Partido Solidariedade, de Lech Walesa, venceu as eleições de lavada. Quando as autoridades polonesas telefonaram a Gorbachov para saber o que fazer, se deveriam respeitar os resultados das eleições, ele disse: "Chegou a hora de entregar o poder".

Na China, líderes linha-dura apelaram ao exército para conter um movimento democrático em uma repressão brutal e sangrenta na Praça da Paz Celestial, em Pequim. Honecker assistiu a tudo, imaginando que uma ação repressiva semelhante deveria acontecer na Alemanha Oriental se as coisas se descontrolassem. Porém perguntou-se como a falta de apoio dos soviéticos afetaria sua capacidade de manter o controle.

Para a maioria dos alemães orientais que sabiam, pela TV e pelo rádio, das transformações que aconteciam em volta, a vida continuava como sempre, em particular à luz do fato de que alguns meses antes Honecker tinha declarado: "O Muro ainda estará de pé daqui a cem anos".

Para Heidi e Reinhard, a vida continuava. No trabalho, ninguém falava de revolução ou da possibilidade de mudança na Alemanha Oriental. O restante da família também tocava a vida, dando aulas e trabalhando nas cidades grandes e pequenas em que moravam.

Cordula e a seleção nacional continuavam a treinar, competir e vencer corridas em seu país e no exterior.

Em junho de 1989, Cordula tornou-se campeã nacional em uma competição por pontos, um evento de ciclismo envolvendo dezenas de atletas de elite da Alemanha Oriental, cobrindo cerca de cem voltas.

Em julho, Cordula e a seleção feminina de ciclismo da Alemanha Oriental pegaram um avião à Suíça.

Agora uma integrante experiente da equipe, ela conhecia a rotina.

As meninas vestiram seus uniformes cinza e azuis de competição no vestiário, depois foram para a pista em grupo. Enquanto os treinadores enfileiravam as bicicletas na pista, elas se preparavam, alongando-se e ouvindo as últimas palavras de motivação dos treinadores.

De súbito, houve um tumulto. Todos os treinadores da Alemanha Oriental correram da pista e desapareceram, deixando a equipe terminar a preparação sozinha.

Com a largada a segundos, as integrantes da equipe se posicionaram e tentaram se concentrar. Mas uma das meninas perguntou:

— Onde está Andrea?

Olhando em volta, elas perceberam que Andrea não estava ali. A corrida começou e as ciclistas largaram, com a equipe alemã oriental lutando para recuperar o foco.

No fim da corrida, um dos treinadores esperava pelas meninas. Os outros só apareceram horas depois e não deram explicações.

Na manhã seguinte, anunciaram a notícia às meninas. Andrea tinha desertado.

Cordula e as outras ficaram perplexas. Era incompreensível e inteiramente inesperado. Andrea era uma atleta modelo da Alemanha Oriental e nunca deixara transparecer suas intenções.

E assim a equipe de ciclismo feminino alemão oriental voltou para seu país sem uma das integrantes mais fortes, mais capazes e mais talentosas.

Menos de um mês depois, as peças do dominó começaram a cair.

Em agosto de 1989, a Hungria desativou as defesas de fronteira, inclusive as cercas eletrificadas com a Áustria, abrindo efetivamente a passagem para a Europa ocidental. A notícia da abertura para o Ocidente se espalhou pela mídia. Em setembro, mais de 13 mil "turistas" alemães orientais na Hungria já tinham fugido para a Áustria. Honecker os chamou de escória e ingratos que abandonaram a causa.

Dentro da Alemanha Oriental, muitos começaram a agir. De um pequeno grupo em uma reunião de orações pela paz na igrejinha de São Nicolau, em Leipzig, começou uma manifestação de cerca de mil pessoas, rapidamente reprimida pela VoPo. Porém, em vez de se dispersarem, chegaram mais manifestantes, reacendendo o protesto, e logo dezenas de milhares tomavam as ruas da cidade, sobrepujando a polícia e apelando pela paz, pela ordem democrática na Alemanha Oriental e entoando em uníssono: "Queremos sair!"

Em meados de setembro de 1989, nos Estados Unidos, fiquei colada à televisão em casa, em Maryland, acompanhando atentamente os eventos extraordinários no Leste Europeu. Agora casada com um companheiro oficial militar, que também era oficial de Relações Exteriores com a Rússia do Exército dos EUA, eu estava no nono mês de gestação do meu segundo filho quando meu marido e eu assistimos a milhares de alemães orientais fugirem para Polônia, Hungria e Tchecoslováquia e aqueles que procuravam asilo nas embaixadas na Alemanha Ocidental.

Em Washington, minha mãe também assistia às famílias que fugiam da Alemanha Oriental abandonarem seus Trabants nas ruas de Praga e pularem muros para entrar no território da embaixada da Alemanha Ocidental, passando crianças pequenas e de colo, malas e carrinhos de bebê pela cerca dos fundos da embaixada para as mãos receptivas de companheiros refugiados que já tinham conseguido passar e esperavam do outro lado.

Nos dias e semanas que se seguiram, essa multidão aumentou em milhares de pessoas, acampadas no gramado, preocupadas, esperando algum sinal de que os alemães ocidentais não os mandariam de volta à Alemanha Oriental, onde enfrentariam consequências terríveis como traidores do regime.

Em 30 de setembro, com o destino dessas pessoas ainda incerto, o ministro das Relações Exteriores da Alemanha Ocidental, Hans-Dietrich Genscher, apareceu na sacada da embaixada e olhou a multidão. Apavorados, mas esperançosos, com os nervos em frangalhos, os alemães orientais se levantaram e esperaram no mais completo silêncio, atentos a cada sílaba que ele falava.

"Caros companheiros alemães", começou ele lentamente. "Estamos aqui para informar que hoje vocês estão livres para partir para a Alemanha Ocidental..." Antes que conseguisse terminar, a multidão explodiu em um alvoroço retumbante. Gritos desenfreados e exultantes tragaram o discurso de Genscher enquanto as pessoas caíam aos prantos e se abraçavam. Ele concluiu orientando as famílias com bebês a entrarem no primeiro trem rumo à liberdade na Alemanha Ocidental.

Com a Polônia e a Hungria agarrando a liberdade e os alemães orientais começando a se rebelar, não havia sinais de que Honecker renunciaria ao seu reinado e libertaria o povo. Nos Estados Unidos, minha família supunha que o resultado provável seria uma repressão violenta.

Na Cidade Karl Marx, Heidi e Reinhard viam pelos noticiários alemães ocidentais os refugiados escaparem pela Hungria. Como nós, nos Estados Unidos, eles também acompanhavam o turbilhão de acontecimentos na Áustria, na Polônia e na Tchecoslováquia, sem entender inteiramente ou mesmo acreditar que alguma coisa ali fosse real.

Tentei não ficar excessivamente otimista, relutando em pensar que mais de quarenta anos de autoritarismo simplesmente desapareceriam da noite para o dia.

Sem convite de Honecker, Gorbachov foi à Alemanha Oriental e subiu em um palco em público. Honecker, muito ensimesmado, estava a seu lado. O povo do Leste Europeu, disse o líder soviético, tinha o direito de decidir o próprio futuro. Honecker permaneceu inexpressivo, mas as palavras de Gorbachov incendiaram a multidão.

As pessoas começaram a entoar, no início com cautela, os gritos rapidamente adquirindo ímpeto: "Gorby, Gorby, Gorby!" Gritaram mais alto e mais forte, a cadência aumentando à medida que mais gente participava e o coro ficava mais provocador.

"Gorby, Gorby!" Com o aparente apoio do líder da União Soviética, as multidões de repente perderam o medo do próprio líder, continuaram a entoar em uníssono e algumas vozes se destacaram no barulho: "Gorby! Nos salve!"

Com grande parte da Alemanha Oriental se perguntando como ou mesmo se os líderes marcariam o quadragésimo aniversário da fundação do país, Honecker recusou-se a se deixar desviar. O palco estava armado para Honecker marcar quarenta anos de progresso comunista na Alemanha Oriental, louvar as realizações do país e promover os planos para o futuro.

Em 7 de outubro de 1989, enquanto as pessoas fugiam pela Hungria e a Tchecoslováquia, Gorbachov chegou a Berlim Oriental, tendo concordado vários meses antes em ser o convidado de honra da maior e mais importante comemoração na história da Alemanha Oriental.

Na Cidade Karl Marx, as festividades começaram com sua conterrânea campeã, Cordula, e a equipe nacional participando de uma corrida pelo centro da cidade. As comemorações mal tinham se iniciado e estouraram manifestações espontâneas. A VoPo caiu em cima do povo. Convencida de que haveria violência, Cordula escapou do explosivo centro da cidade e pedalou até o apartamento dos pais para esperar que Heidi, Reinhard e Mari voltassem para casa.

Nos dias que se seguiram, Cordula, os pais e Mari viram nos noticiários da televisão ocidental a polícia em toda a Alemanha Oriental tentar rechaçar manifestantes pela força física, usando cassetetes e canhões de água. Embora os manifestantes alemães orientais lembrassem a revolta de 1953, muitos perceberam que dessa vez as coisas eram diferentes. Eles se sentiam fortalecidos, sabendo que tinham o apoio de Gorbachov e do

Ocidente e que pegavam carona no ímpeto de outros países em transição no Bloco Oriental. Ainda assim, assistindo pela televisão ao desenrolar dos acontecimentos, Cordula, Heidi e Reinhard não conseguiam deixar de imaginar onde tudo aquilo ia parar e como terminaria.

Pessoas em toda a Alemanha Oriental tomaram as ruas, interrompendo as festividades de aniversário por toda parte. Com os distúrbios agora se espalhando, Honecker, agindo como se não estivesse acontecendo nada fora de comum, declarou que o show deveria continuar.

Em um dia revigorante e frio em Berlim Oriental, a Karl Marx Allee era ladeada de milhares de espectadores segurando bandeiras, diante de cartazes da altura de seis andares que proclamavam "40 Jahre DDR" (Quarenta anos de Alemanha Oriental).

No camarote VIP, o líder soviético Gorbachov assumiu seu lugar ao lado de Honecker, que tinha um sorriso estranhamente beatífico ao levantar a mão em um aceno majestoso para a massa reunida. As ruas principais, cobertas de propaganda política, eram ladeadas por enormes faixas vermelhas que farfalhavam ao vento. Com os alto-falantes posicionados, os dignitários sentados e a plateia atenta se preparando para comemorar, a parada começou. *(Ver imagens 21 e 22.)*

Soou um sino, sinalizando o início das cerimônias, e militares e paramilitares impecáveis marcharam. Atrás deles, a JLA e os Jovens Pioneiros enfeitados, bandas e outros grupos comunistas seguiam enquanto a multidão olhava e aplaudia. Passou então equipamento militar.

Nas horas que se seguiram, quando centenas de manifestantes que tentavam uma passeata pacífica nos arredores da reunião eram agarradas pela VoPo e afastadas dali, os dois líderes, sem saber do caos, estavam lado a lado assistindo à parada. Em um arrepiante estado de negação, Honecker tagarelava, querendo impressionar um irritado Gorbachov com ilusões sobre as realizações de seu país, afirmações em que agora poucos acreditavam. Logo depois da parada, Gorbachov diria a Honecker simplesmente: "A vida castiga aqueles que se atrasam".

Apesar da inquietação que tomava conta do povo e da euforia que varria o país, a grande maioria dos cidadãos da Alemanha Oriental ainda estava perplexa e preferiu manter distância do tumulto. Muitos decidiram não participar das manifestações, acreditando que só significaria problemas.

Muitos, inclusive Heidi, ainda acreditavam que os acontecimentos eram encenados, parte de um truque complexo que pretendia erradicar os que eram desleais. Mesmo que os manifestantes ganhassem ímpeto, pensavam eles, o Estado era todo-poderoso e qualquer ato de rebeldia estava condenado ao fracasso. Para muitos, tudo aquilo parecia um thriller distorcido em que toda a população do país fazia parte do elenco e, assim, mantiveram distância, na segurança de seus lares, tentando acompanhar as notícias.

De Leipzig a Dresden, as manifestações explodiram conforme centenas de milhares de pessoas agora saíam em passeatas, pedindo a mudança.

Só em Leipzig, 300 mil cidadãos marcharam nas ruas com faixas que afirmavam: "Nós somos o povo!" Invadiram o quartel-general local da Stasi, gritando seu ódio pelo regime, exigindo o fim do controle da polícia secreta. Honecker pediu que os protestos parassem imediatamente e o chefe da Stasi ordenou que suas forças reprimissem as turbas. Mas a polícia e as autoridades locais, vendo as massas de manifestantes avançarem para o quartel-general da Stasi, ficaram subjugadas e decidiram não intervir. Na Alexanderplatz, em Berlim Oriental, a multidão agora reunia meio milhão de pessoas, carregando cartazes que diziam: "CHEGA DE MENTIRAS", "UM NOVO POVO" e "QUARENTA ANOS JÁ BASTAM!"

25

O MUNDO SE ESPANTA

"SCHABOWSKI DISSE QUE PODEMOS!"
OU: CAI O MURO
(9 de novembro de 1989)

> O que é certo sempre triunfará.
>
> — *Ronald Reagan, presidente dos Estados Unidos*

Apenas onze dias depois de Gorbachov se colocar, constrangido, ao lado de Honecker para a comemoração dos quarenta anos do regime da Alemanha Oriental, acontecimento que deveria marcar uma realização brilhante para o governo de Honecker, o Politburo da Alemanha Oriental, em um esforço para restaurar a calma e com a aprovação de Gorbachov, obrigou Erich Honecker a deixar o gabinete.

Honecker foi substituído pelo vice, Egon Krenz, que tentou aquietar as massas e recolocar as coisas sob controle. Krenz apelou para que a população se acalmasse, prometendo mudanças na Alemanha Oriental. Mas era tarde demais.

Em todo o país, as pessoas tomavam as ruas. Só em Berlim Oriental, o número de manifestantes em passeatas pacíficas pela mudança cresceu a uma estimativa de 1 milhão de pessoas, extraordinário para um país de 16 milhões de habitantes.

∽

No início de novembro, Cordula e a equipe feminina de ciclismo voltaram a treinar em Marzahn, em Berlim Oriental.

— Talvez vocês notem coisas acontecendo nas ruas de Berlim — disseram os treinadores às meninas —, mas nada disso é da conta de vocês.

Ao que as atletas prontamente voltaram ao treinamento, concentradas unicamente nos treinos cronometrados, em trabalho de velocidade e exercícios de força.

Na Cidade Karl Marx, Heidi e Reinhard assistiam, aturdidos, às manifestações, a repressão, o caos, as pessoas fugindo do país. A profecia de Opa sobre a desintegração do regime parecia se realizar.

Ainda em novembro, a liderança da Alemanha Oriental enfim entrou em rede nacional para falar aos cidadãos do Leste sobre o caos. Heidi e Reinhard e a grande maioria dos cidadãos alemães orientais estavam completamente despreparados para o anúncio bombástico que o governo faria naquele dia. Ele mudaria a vida de todos para sempre e alteraria o curso da história.

Alarmado com o êxodo de alemães orientais pelas fronteiras recém-abertas na Hungria, o governo de Krenz lutou para pensar em um plano. Com a própria existência da Alemanha Oriental agora em risco, Krenz pediu ordem ao país e prometeu um afrouxamento nas restrições de viagem, dizendo que, com as permissões e a documentação corretas, os cidadãos teriam mais facilidade para sair do Leste para o exterior.

Günter Schabowski, autoridade do Partido Comunista, recebeu a tarefa de transmitir a política de Krenz para a imprensa e o público. Em uma coletiva internacional montada às pressas em 9 de novembro, diante de uma sala cheia de jornalistas, Schabowski, que não estava presente na reunião com Krenz, confundiu a intenção original da nova política quando declarou: "O regime decidiu colocar em vigor uma lei permitindo que cada cidadão da República da Alemanha Oriental emigre pelos postos de fronteira alemães orientais". Em essência, ele transmitiu erroneamente que todas as restrições de viagem estavam suspensas, dando a impressão de que os cidadãos da Alemanha Oriental eram livres para partir.

Mas então Schabowski parou, parecendo perplexo com o que acabara de ler, sem saber exatamente o que a ordem significava ou se tinha sido redigida corretamente.

Heidi e Reinhard se entreolharam.

Quando um jornalista — acredita-se que tenha sido Tom Brokaw, da NBC — perguntou em que momento o decreto entraria em vigor, um Schabowski de expressão confusa respondeu: "Até onde eu sei, imediatamente".

Naquele único instante, a ordem que prometia relaxar os procedimentos de viagem os dissolveu.

Meia hora depois da transmissão, os noticiários da Alemanha Ocidental anunciavam que a Alemanha Oriental tinha aberto suas fronteiras.

Confuso e subitamente zonzo, Reinhard mudou para o canal de TV ARD, da Alemanha Ocidental, justo quando o âncora começava o noticiário.

"Este é um dia histórico", disse ele. "A Alemanha Oriental anunciou que suas fronteiras estão abertas a todos, a começar imediatamente. A RDA está abrindo as fronteiras. Os portões no Muro de Berlim estão abertos."

Logo alemães orientais corriam aos postos de controle entre Leste e Oeste, inclusive o Checkpoint Charlie, exigindo que os guardas de fronteira abrissem imediatamente os portões. Os guardas, sem saber o que fazer, deram telefonemas frenéticos aos superiores, que ordenaram que eles pegassem as pessoas "mais agressivas" nos portões e marcassem seus passaportes com um carimbo revogando a cidadania e proibindo-as de um dia voltar à Alemanha Oriental. Os guardas voltaram-se para a multidão de dezenas de milhares que agora exigiam passar, gritavam "Schabowski disse que podemos!" e sacudiam a cerca aos gritos: "Abram os portões! Abram os portões!"

O pessoal de fronteira, em número muito menor e completamente dominado, não tinha como conter a imensa turba e enfim cedeu, abrindo os postos de controle e recuando, permitindo que as massas fugissem para o Oeste. Multidões de alemães orientais passaram pelos portões e foram recebidas com flores, champanhe e até dinheiro por alemães ocidentais que esperavam do outro lado do Muro, dando-lhes tapinhas nas costas, abraços fraternos e saudações: "Bem-vindos à Alemanha Ocidental!"

Heidi assistiu à cena se desenrolar pela televisão, viu as pessoas dançando no Muro, mas simplesmente não acreditava que aquilo fosse real. Reinhard ficou confuso. Ao ver pela TV as massas jorrando pelas fronteiras, Heidi não confiou em nada daquilo. Depois de viver a vida toda no sistema da Alemanha Oriental, suas defesas ainda eram afiadas, e ela estava convencida de que a transmissão era falsa, parte de um ardil complexo orquestrado pela polícia secreta alemã oriental para avaliar a lealdade dos cidadãos e desmascarar os inimigos do Estado.

Até mesmo quando ouviu música alta, vozes exultantes e embriagadas de felicidade jorrando de seu prédio, de alto a baixo na rua, Heidi ainda estava certa de que era só questão de tempo para o regime reprimir e tudo voltar ao que era. Em Salzwedel, Dresden e Naumburg, Manni, Tiele, Helga e Tutti assistiam, perplexos.

Em Berlim Oriental, ainda isoladas no centro esportivo, Cordula e as colegas de equipe não sabiam das massas que deixavam a cidade a poucos quilômetros de distância; os treinadores exigiam foco completo no treinamento. Naquela noite, orientaram as meninas a irem para a cama cedo, para que estivessem renovadas para o treino do dia seguinte. Depois que elas estavam dormindo, os treinadores escapuliram do prédio e foram ver com os próprios olhos o que acontecia no Muro. Atravessaram para o Oeste e festejaram com os milhares de outros que tinham se reunido; de manhã cedo, enquanto o sol nascia, voltaram ao centro esportivo.

Naquela manhã, na luz fraca de um novo dia, Cordula acordou com uma batida na porta, um treinador dizendo a ela e às outras meninas para se levantarem e se reunirem imediatamente.

Depois que a equipe estava reunida no salão, os treinadores, com um largo sorriso, colocaram-se diante delas, mal sendo capazes de conter a alegria. Um deles disse:

— A fronteira está aberta.

Eles observaram uma menina de cada vez, esperando pela reação. Mas as meninas não reagiram. Entreolharam-se. Cordula se perguntou que brincadeira era aquela dos treinadores. Será que estavam testando a lealdade delas, como às vezes faziam? Os treinadores as levaram para a frente de uma televisão e sintonizaram a cobertura ocidental das massas na fronteira e das pessoas no topo do Muro.

As meninas ficaram em silêncio, chocadas e em completa incredulidade.

— Fomos lá ontem à noite — disse um treinador, empolgado, apontando a cena que se desenrolava em Berlim Ocidental.

— Espere aí — disse Cordula, desconfiada, sabendo que mesmo uma rápida ida não autorizada ao Oeste poderia levar uma pessoa à prisão por anos. — O que significa isso, que as fronteiras estão abertas? Por quanto tempo?

— Para *sempre*! — gritou o treinador na cara de Cordula, seu olhar intenso cravado nela. — Prestem atenção no que estamos dizendo! — ele pediu. — *A fronteira está aberta! Estamos livres!*

A reação das meninas à notícia foi variada. Algumas ficaram extasiadas, não queriam perder tempo para se juntar à massa que experimentava a liberdade recém-descoberta em Berlim Ocidental. Outras, como Cordula, foram mais cautelosas. Ela tentou processar racionalmente a informação. O que aquilo realmente significava? Que impacto teria para ela e sua família, para sua vida de atleta em curto e longo prazos, e o que significaria para o futuro da Alemanha Oriental?

Por qualquer padrão, foi um dia extraordinário. Em um instante, o Muro de Berlim, a barreira de concreto impenetrável que dividira a Alemanha durante décadas, simplesmente deixava de existir.

Em um piscar de olhos, 16 milhões de alemães orientais inesperada e finalmente eram libertados.

Em questão de apenas algumas horas, o povo da Alemanha Oriental de súbito se viu cidadão de um país e de uma ideologia que não existia mais. Dezenas de milhares correram à fronteira com o Oeste em um misto de incredulidade, euforia e ansiedade, sem ter certeza do que encontrariam do outro lado. Onde horas antes qualquer um que se atrevesse a escalar o Muro de Berlim teria sido baleado ou preso, de repente milhares estavam em cima dele, comemorando, enquanto outros pegavam martelos e cinzéis, tentando destruir o símbolo mais reconhecido e odiado da opressão da Guerra Fria no mundo.

No fim, em meio a todas as mudanças rapidamente desencadeadas pelos atos do líder soviético Mikhail Gorbachov, o todo-poderoso Estado da Alemanha Oriental, um regime que tentou controlar e reclamar a responsabilidade por cada aspecto da vida de seus cidadãos, não tinha a resposta para a própria sobrevivência.

Nos Estados Unidos, ninguém da minha família conseguia assimilar que aquilo era mesmo verdade. A essa altura mãe de uma criança pequena e de um recém-nascido, fiquei assombrada ao ver o noticiário no sofá do nosso apartamento em Fort Meade, Maryland: pessoas dançando, bebendo champanhe, festejando no Muro de Berlim, no Ku'Damm, por toda Berlim Ocidental.

Em Washington, meus pais, Hanna e Eddie, assistiam em silêncio, olhando mudos e fixamente a televisão.

"Aqui é Peter Jennings, de Nova York. Há pouco tempo recebemos uma notícia espantosa da Alemanha Oriental: as autoridades do Leste essencialmente disseram que o Muro de Berlim não tem mais significado nenhum. O Muro que os alemães orientais ergueram em 1961 para prender seu povo agora será rompido por qualquer pessoa que queira ir embora."

Quarenta anos depois de a minha mãe ter fugido, a ideia de finalmente poder rever a família a subjugou. Aturdida, ela ficou sentada, processando a notícia.

Heidi foi a primeira a telefonar. Da Cidade Karl Marx, ela ligou para minha mãe em Washington. As irmãs, no início dominadas pela emoção, cumprimentaram-se gentilmente, hesitantes. A ligação estava ruim, mas elas conseguiram conversar, apesar do zumbido e do sinal fraco.

Heidi contou a Hanna que estava confusa, que não conseguia acreditar que a Alemanha Oriental realmente tinha caído e não existia mais. Como uma irmã mais velha reconfortando a mais nova, minha mãe lhe garantiu que era mesmo verdade. Quando Heidi disse que ainda não tinha ido dar uma olhada na Alemanha Ocidental, minha mãe a estimulou a ir, inicialmente fazer apenas uma viagem curta, para dissipar a confusão que sentia.

26

AMANHECER
A PARTIDA DO LESTE
(Outono de 1989)

Lembre-se desta noite... pois é o início da eternidade.

— *Dante Alighieri*

Heidi precisou de mais duas semanas para absorver plenamente que a Alemanha Oriental tinha caído e compreender que ela era realmente livre para sair.

Em um fim de semana no final do outono, em uma manhã clara e fria, Heidi e Reinhard acordaram ao nascer do sol e prepararam o Skoda para uma viagem de um dia. Em lugar de irem ao bangalô naquele fim de semana, partiram da Cidade Karl Marx e foram para a fronteira Leste-Oeste.

Nascidos no sistema comunista da Alemanha Oriental, eles passaram a vida atrás da Cortina de Ferro, ouvindo que o Ocidente era cheio de criminosos, agitadores e malfeitores empenhados na destruição deles.

Emocionados e nervosos, eles se aproximaram de uma travessia perto de Grosszöbern. Entraram na fila atrás de outros motoristas que lentamente iam para o Oeste com seus Trabants e Wartburgs. Alguns tinham parado no acostamento, esperando com ansiedade, preocupados, perguntando-se o que haveria à frente, com medo de deixar a única vida que conheciam.

Heidi e Reinhard dirigiam lentamente, olhando para eles enquanto eram olhados, alguns com lágrimas nos olhos, desnorteados e inseguros. À medida que os dois avançavam, a apreensão se misturou com a empolgação nervosa, e então, quando viram que não havia guardas armados para impedir a saída, seus temores deram lugar ao júbilo. Eles passaram pelo posto de fronteira abandonado, sem nenhuma obstrução, sem serem impedidos por ninguém. *(Ver imagem 23.)*

Já do outro lado, dirigiram por mais ou menos dois quilômetros. Depois pararam no acostamento e ficaram sentados em silêncio, olhando o horizonte. Ao lado da estrada havia uma lavoura desnuda pela colheita do outono. Eles saíram do carro e andaram por ela, respirando o ar fresco. Ao longe, um fazendeiro, sem dúvida consciente de onde eles vinham, acenou as boas-vindas.

Depois de um tempo, eles voltaram ao carrinho e entraram. Reinhard deu partida no motor. Heidi olhou para ele. Ele sorriu para ela e os dois seguiram, avançando para o belo desconhecido.

27
REENCONTRO E RENASCIMENTO
JUNTOS NOVAMENTE
(1990-2013)

> Talvez eu não viva para ver esse dia, mas vocês vão reencontrar Hanna.
>
> — *Oma em Klein Apenburg*

No Leste, a família alemã oriental se reuniu para discutir como melhor seguir com a vida e retomar o contato com Hanna.

Na primavera de 1990, mais de quarenta anos depois de ter visto a família pela última vez, Hanna, agora com 63 anos, e Eddie viajaram à Alemanha.

Só Manni e a esposa foram recebê-los no aeroporto de Frankfurt, em parte para não sufocar Hanna, mas também porque só cabiam quatro pessoas e uma mala no Trabant.

Chorando, Manni abriu um largo sorriso quando viu a irmã e a recebeu com um buquê de flores.

Ela o abraçou, vendo como os anos haviam marcado seu rosto. Fios prateados raiavam o cabelo escuro. Ele a olhou também. Ela era mais baixa do que ele se lembrava, e suas feições, antes impressionantes, ganharam rugas suaves, mas ainda tinha o mesmo sorriso, o sorriso da mãe deles.

Hanna conteve as emoções até ele dar vazão aos próprios sentimentos. Nada foi falado, mas eles ficaram abraçados por um longo tempo. Manni, com apenas 13 anos quando ela o vira pela última vez, agora estava em meados dos 50. *(Ver imagem 24.)*

Eles chegaram à casa de Manni, cheia de gente. Um momento aguardado por muitos anos, era o dia que eles sempre esperaram, mas nunca se atreveram a sonhar que aconteceria.

Todos estavam do lado de fora, esperando por ela.

Hanna saiu do carro e foi recebida por Tiele, Helga e Tutti, que a olharam fixamente. Eles sentiam que o momento não parecia real, mas depois caíram nos braços uns dos outros, liberando anos de emoções reprimidas.

Eram muitos sentimentos ao mesmo tempo: uma grande empolgação e assombro, alegria imensurável, mas também havia a dor por aqueles que faleceram, que não viveram para ver aquele dia. Havia raiva do sistema que separara a família. E havia tristeza pelo tempo que fora roubado deles, uma dor primitiva e profunda por tudo que fora perdido nos quarenta anos desde que se viram pela última vez. Havia ainda um grande conforto na crença de que Oma estava ali com eles, especialmente naquele momento, quando a família se reunia mais uma vez.

As irmãs a soltaram e se afastaram para que Hanna pudesse cumprimentar os outros.

Ela mal reconheceu a irmã caçula. Hanna olhou para Heidi, que já estava às lágrimas. Era adulta, alta e escultural, mas só o que Hanna via era o rosto daquela garotinha de tranças compridas que amou Heidelberg, a garotinha que ela só encontrara uma vez, em uma curta visita, quase quatro décadas antes.

Não havia olhos secos na sala quando Heidi e Hanna se reuniram — especialmente quando Heidi segurou a mão da irmã mais velha e não largou pelo restante da tarde. *(Ver imagem 24.)*

Hanna e Eddie conheceram Reinhard, Cordula e muitos outros parentes naquele dia e nos seguintes. Ela retomou o relacionamento com os irmãos e conheceu seus cônjuges, filhos, netos. Também conheceu as famílias de Roland, Klemens e Kai.

Naquela noite, todos se reuniram para comemorar formalmente um reencontro extraordinário.

Eles fizeram brindes, elogiando os pais pelo compromisso com a criação de uma família de laços fortes, apesar das condições desafiadoras. Prestaram tributo à coragem moral, à tenacidade e à vontade incansável de Opa ao falar contra a injustiça e em sua luta para viver a verdade. E celebraram o espírito de Oma, sua fé inabalável e a determinação de proteger a família contra influências destrutivas; sua força que sustentou a todos nos anos de isolamento e separação. E, por fim, a família homenageou minha avó como um anjo que ainda olhava por eles e sempre olhará.

A alegria foi imensa naqueles dias, comemorados com muito espumante Rotkäppchen. Às vezes a emoção era demais para comemorar ou mesmo conversar, embora eles se abraçassem constantemente e chorassem muito. Uma melancolia muda pairou sobre aquelas primeiras reuniões, todos querendo criar um novo senso de normalidade e, com isso, tentar se proteger de emoções cruas que só trariam tristeza e dor.

Alguns dias depois, os cinco irmãos de Hanna a acompanharam ao cemitério para visitar os túmulos de Oma e Opa. Deram espaço para que ela se aproximasse sozinha e em seu tempo. Hanna depositou flores na base das lápides e teve um momento de silêncio e privacidade para "conversar" com cada um deles.

Também visitaram os túmulos de Roland, Klemens e Kai, minha mãe particularmente triste por Roland ter morrido apenas um ano antes da queda do Muro.

Em uma caravana de Trabants, Wartburgs e um Skoda, eles foram a Klein Apenburg para ver o pequeno povoado e a casa que fora o lar de Oma e Opa quando estavam em exílio interno. Andando pelo terreno,

Hanna olhou o trecho de terra em que antes ficava o exuberante jardim de Oma e seu oásis de paz. Depois foi se sentar por um tempo no banco "lugar de descanso do Opa".

No dia seguinte, viajaram a Seebenau para ver a casa de Kallehn, sua fazenda e a área onde Hanna fez suas fugas iniciais fracassadas, pouco depois de os soviéticos assumirem o controle do Leste. Em Seebenau, ela se recordou do apoio inabalável de Kallehn ao encorajá-la, depois ajudá-la a fugir. Eles a levaram à área onde ela fez sua fuga derradeira.

Hanna e Eddie passaram os últimos dias desse primeiro reencontro com Heidi e Reinhard, no apartamento da Cidade Karl Marx. No último dia juntos, fizeram uma viagem à área rural, onde Heidi e Reinhard queriam mostrar a Hanna e Eddie o lugar que se tornara especial para eles durante os anos da Guerra Fria e ainda era, mesmo depois da queda do Muro. Estacionaram o carro em uma estrada rural e os quatro saíram.

Tomaram o caminho de terra seca, passando por árvores e cercas que separavam lotes de terra. No meio do caminho, Reinhard parou e destrancou um cadeado em um poste de ferro batido, abriu o portão e Hanna entrou no Bangalô Paraíso. Naquela tarde, eles se sentaram à sombra do abeto azul e das pereiras e começaram a se conhecer.

Em 1991, voltei à Alemanha com meu marido e meus filhos e conheci todos eles. Foi extremamente emocionante, mas também avassalador passar de parente nenhum a tantos deles.

Conheci todos, inclusive Cordula. Somente anos depois da queda do Muro saberíamos muito mais uns dos outros e de nossas vidas paralelas nos dois lados da Cortina de Ferro. Com o passar dos anos, formamos um vínculo que evoluiu para uma amizade especial.

E então, em setembro de 2013, fui a Berlim com Hanna e meu irmão, Albert, para o mais recente encontro da família e para correr de novo a Maratona de Berlim. Quase trinta anos depois de ter participado da maratona pela primeira vez, repeti o feito, e dessa vez foi épico, porque corri com Cordula e Albert em um percurso que não guardava vestígios do

Muro e passava por uma Berlim reunificada, aberta e livre, terminando no símbolo mundialmente renomado do Portão de Brandemburgo. *(Ver imagem 25.)*

A festa de reencontro de 2013 foi na floresta de Eberswalde, 45 quilômetros a nordeste de Berlim, em uma cabana de toras que fora usada para abrigar jovens alemães orientais em excursões de exploração da JLA. Compareceram mais de sessenta familiares dos Estados Unidos e da antiga Alemanha Oriental. *(Ver imagem 26.)*

No interior, a cabana era banhada por um brilho dourado de candelabros rústicos. A música era alta e as pessoas tomavam densamente o salão, cumprimentando-se com abraços fortes e emocionados. Garrafas de cerveja batiam e taças de champanhe tilintavam umas nas outras.

Na pista, Tiele dançava com Reinhard, Manni com a esposa. Os filhos de Kai cumprimentaram meu irmão Marcel, e Helga e Tutti papeavam com minha irmã Maggy. Os meninos de Manni fizeram alguma brincadeira com as filhas de Klemens, com meus filhos e Cordula, que levou a uma gargalhada de todos. Os filhos de Mari e da minha irmã Sachi brincavam juntos; perto dali, Albert e o filho de Roland estavam envolvidos em uma conversa.

À mesa principal, estavam sentados minha mãe e os irmãos. Quando o sistema de som começou a berrar uma velha canção popular alemã imediatamente reconhecida de sua infância, eles rapidamente se deram os braços, ligando-se em uma corrente, sorrindo radiantes e rindo como crianças ao se balançarem animadamente de lado, no ritmo da música. Fundidos em seu mundo privado, os seis pareceram se esquecer do restante de nós, cantando alto e alegremente, em completo relaxamento. Embora os alemães orientais tivessem sido libertados quase 25 anos antes, os irmãos ainda celebravam como se o Muro de Berlim tivesse caído naquele mesmo dia.

Vendo a família unida, minha mente começou a vagar e saí da comemoração para fazer uma pausa, para imergir por um momento em meus pensamentos ininterruptos. Eu olhava o salão, aprendendo tudo, quando minha cabeça oscilou de volta à Guerra Fria. Em 1985, a mera ideia de uma comemoração dessas teria sido uma fantasia imprudente.

No consolo da lareira, havia dois porta-retratos prateados com fotos em preto e branco. Uma era de Opa na meia-idade, altivo e distinto. Ele teria gostado deste dia, pensei, teria gostado de saber que os filhos e netos estavam bem.

A outra foto era de Oma. Era a mesma que eu vira ao pôr os olhos nela pela primeira vez, quando garotinha. Ela parecia serena e sábia, em cada detalhe a avó perfeita, como na primeira vez que a vi. Embora na época, em uma fantasia de menina, eu imaginasse que ela olhava para mim, agora ela parecia olhar todo o salão, como quem diz: *Meus filhos, minha família, agora vocês estão todos juntos... como eu sabia que um dia aconteceria.* (Ver imagem 27.)

EPÍLOGO

Oma, Opa, Roland, Kai e Klemens morreram na Alemanha Oriental durante a Guerra Fria. Manni, Tiele, Helga e Tutti se aposentaram como professores. Depois da queda do Muro de Berlim, muitos professores alemães orientais, inclusive diversos parentes meus, foram dispensados quando a Alemanha de repente se viu com um superávit de educadores.

Hoje, os irmãos e imãs de Hanna, seus filhos e netos se adaptaram à vida na Alemanha reunificada. Como Oma sempre insistira, eles permanecem próximos, entre eles e também de Hanna.

Hanna e Eddie criaram seis filhos. Agora viúva, Hanna ainda trabalha como professora de alemão, escritora e pintora. Recentemente publicou seu primeiro romance, *Christine: A Life in Germany After WWII*. Ela tem catorze netos. Desde a fuga, em 1948, agradece diariamente pela liberdade e, desde 1989, pelo reencontro com a família. Eddie faleceu em 2008.

Albert, coronel reformado do Exército dos EUA, agora trabalha como analista de assuntos chineses.

Depois da queda do Muro, a empresa em que Heidi trabalhava foi adquirida pela Rawema. Heidi, que nunca ingressou no Partido Comunista, foi a única funcionária além de Meier, seu chefe, a ser convidada a ficar e promovida a secretária executiva do presidente. Recentemente se aposentou, depois de 37 anos na empresa.

A Siemens adquiriu a empresa em que Reinhard trabalhava, incorporando-a a seus sistemas de controle eletrônicos em Erlangen, na Alemanha Ocidental, e manteve seus funcionários alemães ocidentais. Por conseguinte, todos os trinta funcionários alemães orientais, inclusive Reinhard, perderam o emprego. Embora as oportunidades secassem rapidamente para muitos alemães orientais depois da queda do Muro, Reinhard, tendo construído tão engenhosamente o bangalô durante a Guerra Fria com os recursos que conseguiu encontrar, ironicamente foi contratado como vendedor de material de construção.

Heidi e Reinhard desfrutam do Bangalô Paraíso e da liberdade todos os dias, inclusive viajando sempre que podem ao exterior.

Hanna e Heidi ainda são muito próximas. Em 2015, Hanna fez 88 anos. Sempre que estão juntas, Heidi, agora com 67, segura a mão da irmã mais velha, como se jamais quisesse soltá-la. *(Ver imagens 28 e 29.)*

Cordula continuou treinando e competindo em torneios internacionais, mesmo depois da reunificação da Alemanha. Foi a última campeã alemã oriental em corrida por pontos. Em abril de 1990, competiu pela primeira vez pela Alemanha reunificada. Competindo ao lado dela estava Andrea, a desertora, que tinha se tornado membro da equipe nacional de ciclismo da Alemanha Ocidental.

O verão de 1991 viu o primeiro Campeonato Nacional da Alemanha, com ciclistas do Leste e do Oeste competindo juntos. Em um final surpreendente, Cordula e sua equipe do Sportsclub Chemnitz (antes Cidade Karl Marx) venceram a corrida, tornando-se as primeiras campeãs em um importante torneio de ciclismo na Alemanha recém-reunificada. Em abril de 1992, Cordula disputou a última competição como atleta profissional. Atualmente ela é subgerente de banco.

NOTAS HISTÓRICAS
Depois da queda

O desmantelamento extraoficial do Muro começou quase imediatamente e, nos dias e semanas que se seguiram à abertura das fronteiras, os *Mauer-*

spechte, ou "pica-paus do Muro" — pessoas armadas de martelos e picaretas —, apareceram para tirar pedaços do Muro, alguns para destruí-lo, outros na esperança de preservar partes da história como suvenir. Nas semanas e meses que se seguiram, tratores demoliram partes do Muro, depois reconstruíram e reabriram ruas e vias de transporte entre o Leste e o Oeste.

Em dezembro de 1989, o Muro no Portão de Brandemburgo foi demolido e mais uma vez aberto para o trânsito. Em março de 1990, os alemães orientais votaram pela primeira vez em eleições parlamentares livres, com a União Democrata-Cristã, um partido não comunista, conquistando a maioria dos assentos no Parlamento. Em maio de 1990, os dois Estados alemães assinaram um tratado concordando com a união monetária, econômica e social, e as Alemanhas Oriental e Ocidental foram reunificadas em outubro do mesmo ano.

Mudanças profundas aconteceram por todo o Leste Europeu. Depois de 1990, todos os antigos regimes comunistas do Leste foram substituídos por governos democraticamente eleitos. Na Polônia, o líder do Solidariedade, Lech Walesa, e o dramaturgo tcheco Vaclav Havel, ambos dissidentes, foram eleitos presidentes de seus respectivos países.

Na Romênia, Nicolae Ceausescu, o único comunista linha-dura além de Honecker a rejeitar as reformas, ordenou a repressão violenta de manifestações, depois fugiu do país. Foi apanhado e devolvido a Bucareste, onde, com a esposa, foi executado.

Honecker fugiu para Moscou.

No final de 1991, a União Soviética se dissolveu, marcando oficialmente o fim da Guerra Fria.

O que aconteceu depois da queda?

O Muro
Hoje em dia, partes do Muro de Berlim estão em exposição em 140 países em todo o mundo para lembrar às pessoas o perigo dos regimes tota-

litários. Seções de concreto estão localizadas em todo o Leste Europeu: em Gdanski, na Polônia; Budapeste, na Hungria; Moscou, na Rússia. Nos Estados Unidos, entre outros locais, na Biblioteca Presidencial Ronald Reagan, em Simi Valley, Califórnia, e no Pentágono; e por todo o mundo ocidental: no Reino Unido, na Alemanha e na Coreia do Sul, não muito longe da fronteira com a Coreia do Norte.

O povo alemão oriental
Os alemães orientais tiveram de enfrentar e se adaptar a uma nova vida. Enquanto alguns acolheram a liberdade, outros ficaram melancólicos, com uma sensação de perda, e alguns ficaram temerosos pelas incertezas que tinham pela frente. A maioria concordaria, porém, ter se espantado ao saber até que ponto seu governo os traiu.

A liderança atual da Alemanha
Hoje em dia, Angela Merkel é chanceler da Alemanha. Ex-cientista da Alemanha Oriental e filha de um pastor do Leste, ela foi uma entre os milhares que cruzaram para Berlim Ocidental nas primeiras horas depois da queda.

Merkel, a primeira chanceler mulher, lidera a Alemanha reunificada desde 2005.

Joachim Gauck, antes pastor protestante na Alemanha Oriental, foi militante anticomunista pelos direitos civis durante o regime. Hoje Gauck é o presidente da Alemanha.*

O líder da Alemanha Oriental, Erich Honecker
Honecker e a esposa, Margot, fugiram para Moscou para evitar o processo por crimes da Guerra Fria. Em novembro de 1990, ele foi julgado *in absentia* por homicídio culposo, por ordenar que guardas de fronteira

---

* O livro foi escrito originalmente em 2016. Gauck foi presidente da Alemanha até 2017, sucedido por Frank-Walter Steinmeier. (N. do E.)

baleassem alemães que tentassem fugir. Depois da dissolução da União Soviética, em dezembro de 1991, Honecker se refugiou na embaixada do Chile em Moscou, mas foi extraditado pelo governo de Yeltsin à Alemanha, onde foi julgado e libertado devido a problemas de saúde. Mudou-se para o Chile e morreu de câncer em 1994, no exílio, sem remorsos e escapando dos processos por abusos dos direitos humanos cometidos durante seu regime.

A Stasi

No auge do poder, a Stasi empregava um informante para cada 66 habitantes; levando-se em conta os informantes que não pertenciam a seus quadros, o número se aproxima mais precisamente de um para seis cidadãos alemães orientais.

Durante o caos da queda, cidadãos enfurecidos invadiram e devastaram a sede da Stasi em Berlim Oriental, passando a destruir arquivos, mas essa atividade de forte carga emocional foi suspensa quando eles perceberam que os documentos seriam necessários para provar as atividades da polícia secreta.

Em 1992, os arquivos da Stasi foram disponibilizados ao público. As pessoas agora podiam ler os próprios dossiês e descobrir quem as espionara. Em 1995, muitos documentos, inclusive aqueles que foram picotados ou destruídos de outra forma pela Stasi ou por cidadãos furiosos que convergiram para o quartel-general, foram meticulosamente remontados, revelando milhões de crimes e violações sistemáticas dos direitos humanos.

A maioria dos oficiais da Stasi nunca foi processada. Hoje vivem em meio à população, muitos tiveram de procurar outros empregos e tornaram-se membros ativos da sociedade na Alemanha reunificada. Depois da queda, cerca de 85 mil agentes dos quadros da Stasi perderam o emprego praticamente da noite para o dia.

A VoPo, a Polícia Popular

Depois da reunificação, policiais da Alemanha Oriental foram requisitados a preencher questionários relacionados com seu histórico político e profissional antes de ser aceitos na força policial reunificada. Aqueles aceitos foram retreinados e recebiam uma fração do pagamento de suas contrapartes ocidentais. Como aconteceu com muitos empregadores que consideraram antigos cidadãos da Alemanha Oriental para empregos na Alemanha reunificada, a polícia alemã enfrentou desafios sobre como ensinar os princípios da lei democrática a policiais treinados em um Estado policial autocrático.

Guardas de fronteira

Depois de 1973, o serviço na guarda de fronteira era voluntário. Daqueles que se apresentaram, a maioria nunca foi processada nem considerada responsável por seus atos, afirmando que, segundo a lei da Alemanha Oriental, sua conduta era legítima e, portanto, eles não podiam ter responsabilidade criminal. No julgamento do guarda de fronteira alemão oriental que matou a tiros Chris Gueffroy, a última pessoa a morrer no Muro, o guarda disse ao tribunal: "Naquele momento, eu obedecia às leis e às ordens da República Democrática Alemã". Ele foi condenado, porém, com o juiz declarando: "Nem tudo que está de acordo com a lei é certo".

O NVA, Exército Nacional Popular ou Exército da Alemanha Oriental

O NVA foi dissolvido em 1990. Grande parte das instalações foi fechada, o equipamento vendido a outros países. A maioria dos 36 mil alistados e suboficiais do NVA foi solta, inclusive todos os oficiais com patente superior a tenente-coronel. Apenas 3.200 foram conservados pelo Bundeswehr, as forças armadas alemãs, depois do rebaixamento de pelo menos uma patente.

Soldados e oficiais da reserva do NVA receberam pensões mínimas depois da reunificação, o que deixou muitos ex-oficiais amargurados com o tratamento que receberam. Poucos foram capazes de encontrar emprego, e foram proibidos de usar sua patente no NVA como título profissional junto do nome.

O Grupo de Forças Soviéticas na Alemanha, GFSA, o exército soviético na Alemanha Oriental

Agosto de 1994 marcou o fim da presença militar soviética em solo alemão, quando o último soldado soviético voltou à Rússia. Em 1994, a Sexta Brigada Motorizada Independente de Karlshorst foi desativada e enviada para Kursk.

Os atletas

Alguns atletas continuaram participando e competindo no sistema esportivo da Alemanha reunificada. Outros se tornaram técnicos e treinadores. Alguns atletas entraram com processos contra o Comitê Olímpico da Alemanha e um fundo de indenização foi criado para as vítimas de doping. Entre 1950 e 1989, 615 atletas desertaram para o Ocidente.

Fugitivos e aqueles que tentaram

Não há estatísticas seguras sobre quantas pessoas tentaram fugir, quantas tiveram sucesso, quantas foram mortas ou presas.

Como o governo alemão oriental encobriu muitas mortes, não existem estatísticas definitivas, mas acredita-se que aproximadamente 140 pessoas foram assassinadas tentando atravessar a fronteira em Berlim entre 1961 e 1989, e cerca de mil tentando a travessia da fronteira em outros lugares, ou afogadas no mar Báltico ou no rio Spree, em Berlim. Cerca de 5 mil conseguiram fugir, usando meios criativos para ter êxito na viagem.

Aqueles que ajudaram fugitivos também estavam sujeitos a punições, entretando sentenças de prisão ou expulsão. Cerca de 50 mil alemães orientais sofreram esse destino entre 1952 e 1989.

Em alguns casos, os pretensos fugitivos eram executados na União Soviética.

Apenas uma fração das mortes devidas a tentativas de fuga foi processada judicialmente ou investigada. Atualmente, a responsabilidade pela grande maioria dessas mortes permanece inexplicada.

Presos políticos
Foram todos libertados.
Algumas antigas prisioneiras políticas do Castelo Hoheneck são defensoras ferrenhas de direitos e indenização para ex-prisioneiros políticos. Algumas escreveram livros sobre suas provações. As mulheres de Hoheneck enfrentaram o futuro com o apoio da irmandade prisional singular, e as mulheres ainda se reúnem regularmente para trocar apoio em Stollberg, no vale abaixo do presídio.

Os dissidentes
Ulrike Poppe, Bärbel Bohley e outros semelhantes têm o mérito de ter ajudado a deitar a fundação intelectual para o que foi chamado de Revolução Pacífica de 1989, a queda do Muro de Berlim.

Major Nicholson
Aos 37 anos, o major Arthur Nicholson tornou-se a última baixa da Guerra Fria. Foi promovido postumamente a tenente-coronel e está sepultado no Cemitério Nacional de Arlington, na seção 7A, lote 171, não muito longe do Túmulo do Soldado Desconhecido.

Presidente Ronald Reagan
Ronald Reagan será lembrado por sua postura firme contra o comunismo e a convicção intransigente em derrotá-lo. Suas iniciativas para o desarmamento nuclear e a insistência de que a União Soviética podia ser derrotada em vez de simplesmente negociada contribuíram significativamente para o colapso do comunismo na Europa. Os estudiosos concordam, porém, que foi sua campanha antinuclear e a liderança e as habilidades como negociador que se mostraram fundamentais para que se chegasse a um fim negociado para a Guerra Fria.

Secretário-geral da União Soviética Mikhail Gorbachov
Em 1990, Mikhail Gorbachov ganhou o Prêmio Nobel da Paz por seus esforços para dar fim à Guerra Fria. A revista *Time* o nomeou Homem do Ano e Homem da Década. Gorbachov continuou como secretário-geral até renunciar como o último chefe de Estado da União Soviética.

Em 1992, ele criou a Fundação Gorbachov. Sediada em San Francisco, a organização tem como objetivo contribuir para o fortalecimento e a difusão da democracia em todo o mundo. Naquele mesmo ano, o presidente Reagan entregou a Gorbachov o primeiro Prêmio da Liberdade Ronald Reagan.

Na Alemanha, Gorbachov ainda é um herói, e a maioria lhe dá o crédito por estabelecer as fundações do que acabou permitindo a reunificação das Alemanhas Oriental e Ocidental.

NOTA DA AUTORA

Por toda a Alemanha Oriental, existiram dezenas de milhares, se não milhões de pessoas como meus parentes, tentando criar uma família, trabalhar, preservar a dignidade e levar a vida da melhor forma possível nas circunstâncias que tinham. Esta é a história de apenas uma família, mas de certo modo é a história de milhões.

O lado humano desta história é parte fundamental da narrativa histórica da Alemanha Oriental. As privações nas mãos do sistema levaram muitas pessoas a se erguerem e evocarem o melhor do espírito humano. Controladas por um regime com uma polícia secreta que manipulava suas vidas e sem livre-arbítrio, frequentemente foram seu próprio espírito e a força da família que ajudaram a sustentá-los. Apesar do governo autoritário, a vida sob a repressão era grandemente amenizada pelo amor e a confiança de outros na mesma situação, e, no fim, foi a humanidade que norteou muitos.

A crônica da Alemanha Oriental e a narrativa que conto aqui não são história antiga. Ela está viva na memória de milhões que a viveram e vivenciaram, que estão vivos hoje e têm seus próprios relatos. Muitos da antiga Alemanha Oriental devem ter tido experiências diferentes daquelas dos meus familiares. Eles têm suas histórias. Esta é a nossa.

E, por fim, a história raras vezes é preto no branco. As perspectivas variam e em geral a história é mais complicada e nuançada do que é possível abordar em um único livro. Existem alguns nostálgicos pelos velhos tempos na Alemanha Oriental, em que, embora não fossem livres, alguns entendiam que a vida era mais simples, menos complicada, sem consumismo, em que a baixa criminalidade e os benefícios vitalícios eram garantidos.

Uma nota sobre a pesquisa

A pesquisa para este livro fez uso de uma variedade de recursos, inclusive arquivos, viagens de averiguação e entrevistas. As datas e a sequência de acontecimentos se baseiam em minha pesquisa e nas melhores recordações de entrevistados sobre um período de 65 anos.

Arquivos e documentos impressos

Graças a uma variedade de organizações, existe uma riqueza de material de arquivo disponível hoje, ajudando a documentar a história da Guerra Fria e da Alemanha Oriental.

Esses arquivos incluem Open Society Archives, RFE/RFL, Arquivo da Segurança Nacional, Projeto Histórico Paralelo sobre Segurança Cooperativa, Chronik der Mauer, Arquivos do Museu Imperial da Guerra, Instituto Hoover da Universidade de Stanford, Centro Davis para Estudos Russos e Eurasianos da Universidade de Harvard, os Arquivos Wilson da Universidade George Washington e os arquivos da Stasi.

Reuni informações de lembranças, cartas e diários de familiares, e analisei uma variedade de material de propaganda política, inclusive a que o regime forçava à população alemã oriental, incluindo meus parentes, para solidificar perspectivas ideológicas e alterar sua visão de mundo e dos acontecimentos nacionais.

Viagens de averiguação

Enquanto morei e trabalhei na Europa e no Leste Europeu, fiz viagens de pesquisa aos locais mencionados no livro, em geral várias vezes, para conhecer o terreno e aprender mais sobre a região e os acontecimentos durante a Guerra Fria, falando com moradores, historiadores e antigas autoridades do governo.

Andei pelo vilarejo de Schwaneberg, passei algum tempo no museu mínimo mas bem cuidado do vilarejo e conversei com moradores que viveram ali durante a Guerra Fria. Vi a escola onde a família da minha mãe morou e Opa serviu como professor e diretor, e a igreja onde a família comparecia aos serviços religiosos antes da ocupação soviética no Leste.

Visitei a remota Klein Apenburg e vi a casa em que meus avós moraram, o terreno onde Oma tinha seu jardim e a pequena igreja, e até me sentei no banco "lugar de descanso do Opa".

Em Seebenau, visitei a fazenda de Kallehn e passei pelo que antes eram seus campos de cultivo. Depois fui ver a área que fora a fronteira Leste-Oeste, onde um guarda de fronteira soviético atirou em minha mãe quando ela tentava fugir e onde ainda existe uma torre de vigia.

Em Stollberg, passeei no Castelo Hoheneck e conversei com ex-prisioneiras políticas que foram encarceradas ali. Também fiz uma excursão ao Castelo de Heidelberg, que é abençoado com um legado muito mais afortunado.

Em Trabitz, conversei com moradores idosos e vi a escola onde minha mãe nasceu e a família morou quando Opa começava a carreira de professor.

Chemnitz hoje em dia é uma cidade vibrante, próspera e moderna, com poucos remanescentes do passado comunista, quando era conhecida como Cidade Karl Marx, a não ser pelo busto de quarenta toneladas de Karl Marx e o prédio que antes sediava a Stasi.

O Bangalô Paraíso está vibrante e vivo, e cresceu. Hoje se assemelha a um pequeno vinhedo italiano, com treliças de videiras, um manto de flores e uma abundância de hortaliças e frutas. O terreno modesto que deram a Heidi e Reinhard para ajudar a cultivar alimentos para si e para os outros ainda é, em cada detalhe, o símbolo poderoso da liberdade e da engenhosidade que foi durante a Guerra Fria.

Estive em Berlim várias vezes desde a queda, uma vez com Cordula. Tudo mudou desde a queda do Muro. Visitamos o Portão de Brandemburgo e o Checkpoint Charlie, onde pouco resta dos tempos da Guerra Fria além da placa de alerta dizendo aos visitantes que estão deixando o setor americano. A passagem fria e cinza de entrada no Leste, que antes consistia em guardas de fronteira e torres de vigia, foi substituída por uma maquete da cabine da polícia militar, um museu, lojas de quinquilharias e comerciantes que vendem pins comunistas e capacetes de guardas de fronteira.

Voltei a Karlshorst, Unter den Linden, Karl Marx Allee e outras áreas que nossas equipes de inteligência percorreram no Leste. A Leipzigerstrasse hoje é cheia de cafés, lojas de roupas e energia vital, não é mais a rua cinzenta e quase abandonada em que antes costumávamos correr, tentando despistar a vigilância.

Voltei a Potsdam, onde se localizava a sede da USMLM, a Marzahn, onde Cordula treinou no velódromo, e ao Quartel-General Clay, onde trabalhei no porão.

Pelo caminho, enquanto morava e trabalhava na Europa e no Leste Europeu, fui afortunada por conseguir me envolver em muitas atividades que suplementaram minha pesquisa de formas inesperadas.

Em maio de 2003, morando em Moscou, celebrei com os russos na Praça Vermelha quando Paul McCartney deu um show histórico, marcando a primeira vez que um dos Beatles tocava na antiga União Soviética depois que a banda foi proibida de se apresentar ali durante a Guerra Fria. Em 2007 e 2008, por ocasião do aniversário da reunificação alemã, morando em Praga, compareci a recepções na embaixada da Alemanha Ocidental, onde vi o gramado para o qual os alemães orientais fugiram e se refugiaram nos últimos dias caóticos antes da queda.

Entrevistas

Morar na Europa Central e do Leste me deu acesso excelente à pesquisa para este livro. Além de extensas entrevistas com a família, conversei com muitos que viveram sob o governo comunista no Leste Europeu durante a Guerra Fria, inclusive diplomatas da Polônia, República Tcheca, Hungria, Romênia, Bulgária e Rússia. Em Moscou, passei algum tempo com antigos soviéticos que compartilharam suas experiências no serviço ao

Exército Vermelho, ou que viveram como cidadãos comuns na União Soviética ou na Alemanha Oriental.

Em meados dos anos 1980 e depois da queda do Muro, conversei com dezenas de soldados e civis americanos, britânicos e franceses que serviram em Berlim durante a Guerra Fria, inclusive pessoal da USMLM e da BRIXMIS. Entrevistei uma dúzia de ex-prisioneiras políticas sobre suas experiências no presídio feminino do Castelo Hoheneck e um homem que nasceu e viveu na prisão com a mãe.

Minhas conversas e entrevistas preferidas foram com Heidi, Reinhard e Cordula, comendo pão recém-assado com geleia caseira no Bangalô Paraíso.

AGRADECIMENTOS

Gostaria de agradecer àqueles que não hesitaram em me ajudar a contar esta história e a dar vida a este livro.

A amigos estimados e profissionais consumados, pelas generosas revisões e edições, mas especialmente pela amizade:

No Reino Unido, o general (da reserva) Peter Williams, ex-chefe da Missão de Ligação Militar da Otan em Moscou e da Missão dos Comandantes em Chefe Britânicos (BRIXMIS) durante a Guerra Fria.

No Canadá, o dr. Douglas Parker, professor pesquisador da Universidade Carleton e professor emérito de literatura inglesa da Universidade Laurentian, em Ontário.

Nos Estados Unidos e na Bielorrússia, Anne Grawemeyer e, na Nova Zelândia e na Bielorrússia, Juliet Campbell.

Meus amigos do Grupo de Escritores do Norte da Virgínia que ajudaram a avaliar o primeiríssimo rascunho deste livro, em particular George Vercessi, Clyde Linsley, Valery Garrett e Mary Wuest.

Um obrigada especial a minha família, pelo apoio durante todo o preparo deste livro. Ao meu irmão, dr. Albert Willner, que revisou e deu sugestões para melhorar os aspectos históricos e pessoais da narrativa, ao meu irmão Michael, pelas edições úteis, e a Marcel, Maggy e Sachi. Agradeço especialmente aos meus filhos, Alex, Kim e Michael, pelo apoio ao longo dos anos, e especialmente a Michael pelo design e pela orientação técnica.

À minha mãe, Hanna Willner, que foi meu braço direito neste processo, ajudando-me em cada passo do caminho. Sem seu apoio neste projeto, sua assistência na tradução, para decifrar informações e me dar perspectiva, este trabalho não teria sido concluído. Estou em dívida com ela por muitas coisas, e não é a menor delas a coragem para se separar do que ela mais amava, a família, para encontrar e proporcionar uma vida melhor para os filhos.

Ao meu pai, Eddie Willner, pela sabedoria, a coragem, o espírito indomável e a perseverança para se tornar um cidadão americano.

Sou profundamente grata aos meus parentes da antiga Alemanha Oriental por me ajudarem a recriar esta história. Desde a queda do Muro de Berlim e o fim da Guerra Fria, durante conversas junto a fogueiras, festas familiares, caminhadas no bosque e bate-papos em suas casas, foi por intermédio de suas recordações e dos lugares a que me levaram que passei a entender a história mais completa. Tenho uma dívida de gratidão para com minhas tias, tios, primas e primos — todos os meus parentes — pela disposição e transparência ao contarem suas histórias, e nem sempre foi fácil o processo de revivê-las e contá-las. Suas histórias, lembranças e opiniões pessoais proporcionaram uma sólida fundação sobre a qual este livro pôde ser construído. Um agradecimento especial àqueles que me permitiram usar fotografias, cartas e documentos pessoais, diários e memórias.

Gostaria de agradecer ao dr. Hope Harrison, pró-reitor de pesquisa e professor associado de história e relações internacionais na Escola Elliott de Relações Internacionais da Universidade George Washington, um dos primeiros acadêmicos ocidentais a ter acesso e traduzir documentos da Guerra Fria de arquivos soviéticos em Moscou, que fez uma revisão histórica dos meus originais.

Quero expressar minha mais sincera gratidão a toda a equipe da William Morrow na HarperCollins, e mais especialmente às minhas editoras, Emily Krump e Kelly O'Connor, que entenderam minha visão e levaram esta história ao leitor com muito profissionalismo. À minha editora alemã, Tanja Ruzicska, da Ullstein Propyläen, pela assistência e orientação.

Sou muito afortunada por ter uma agente excelente em Mackenzie Brady Watson, que se arriscou com uma autora desconhecida com uma história desconhecida, depois orientou e me defendeu com brilhantismo em cada passo do caminho.

Obrigada também ao governo regional de Sülzetal e ao vilarejo de Schwaneberg, em particular a Rudolf Wenzel, presidente da Associação para a História de Schwaneberg, que me permitiu esquadrinhar os amados artefatos e tesouros do museu do vilarejo e mergulhar no passado de Schwaneberg durante a Guerra Fria.

Meus agradecimentos àqueles que ajudaram em minha pesquisa de arquivo e fotográfica:

Dagmar Hovestädt e a equipe de pesquisa, que inclui Marieke Notarp, dos Arquivos e Registros da Stasi.

Aos pesquisadores da Coleção Histórica da Polícia (Polizeihistorische Sammlung), Chronik der Mauer, Fundação Muro de Berlim (Stiftung Berliner Mauer), Biblioteca Bodleian de Oxford, Biblioteca Fung de Harvard, Biblioteca do Congresso, Fundação Memorial Sachsen (Stiftung Sächsische Gedenkstätten) e Arquivos Federais em Berlim (Bundesarchiv).

Meus agradecimentos ao Exército dos Estados Unidos e ao pessoal da USMLM, pela verificação de fatos.

Sou grata a outros que ajudaram em minhas pesquisas e descobertas. Enquanto morava e trabalhava na Alemanha e em cargos diplomáticos na Rússia, na Bielorrússia e na República Tcheca, entrevistei dezenas de diplomatas e conhecidos que moraram nos países do Leste Europeu durante a Guerra Fria.

A Günter Wetzel, que fez voar seu balão sobre a fronteira para a liberdade, e a muitos outros como ele que tiveram a coragem de arriscar tudo pela chance de ser livres, os quais contaram generosamente suas histórias e forneceram fotos pessoais. Meus agradecimentos também a fotógrafos tchecos, alemães, britânicos, suíços e holandeses que documentaram a Guerra Fria e disponibilizaram suas fotos e informações sem hesitação e sem encargos, em particular Ed e Louise Sijmons, Bettina Rüegger, Ondřej

Klauda, Rüdiger Stehn, Reinhard Wolf, Roger Wollstadt e Mathias Donderer.

Uma nota especial em reconhecimento aos dissidentes e presos políticos de toda parte que se atreveram a enfrentar a tirania e lideranças autoritárias que governam pelo medo, pela brutalidade e pela opressão. Muitos pagaram o preço definitivo na busca pela liberdade e pela verdade em nome de seus compatriotas. Nessa linha, lembro-me das vítimas da revolta de 1953 na Alemanha Oriental, em Budapeste em 1956 e em Praga em 1968. Talvez elas possam descansar sabendo que, no fim, a liberdade triunfou sobre o autoritarismo.

Um reconhecimento especial deve ser dado também às muitas vítimas da Stasi, inclusive as corajosas prisioneiras do Castelo Hoheneck.

Aproveito a oportunidade para agradecer a Mikhail Gorbachov, Ronald Reagan e aos líderes mundiais que ajudaram a dar fim ao autoritarismo da Guerra Fria na Europa.

Aos guerreiros da Guerra Fria, soldados e aviadores, homens e mulheres dos Estados Unidos e de todas as forças armadas aliadas que tiveram papel fundamental para dar forma ao curso de uma nova história, cuja dedicação ao serviço ajudou a pôr fim definitivo à Guerra Fria.

A Opa, meu avô, que tentou ao máximo defender a verdade e a justiça. A Oma, que iluminou o caminho para que eu escrevesse este livro.

E, por fim, gostaria de agradecer ao meu marido, pela pesquisa, pelas edições e revisões, mas, ainda mais importante, por compreender minha visão. Sobretudo, sou grata por sua insistência de que, acima de tudo, eu contasse a história humana no contexto da história maior.

GLOSSÁRIO

Alemães ocidentais. Para simplificar para o leitor, refiro-me a todos os alemães da Zona Ocidental como alemães ocidentais, embora essa expressão só tenha passado a ser usada depois da criação da Alemanha Ocidental, em 1949.

Alemães orientais. Embora os cidadãos do Leste sejam descritos mais precisamente antes do estabelecimento da Alemanha Oriental, em 1949, como alemães da Zona Soviética ou da Zona Oriental, para os fins deste livro e para facilitar ao leitor, refiro-me a todos os cidadãos alemães do Leste, depois de 1945, como alemães orientais.

Alemanha Ocidental. Administrada por americanos, britânicos e franceses de 1945 a 1989. De 1945 a 1949, conhecida como Zona Aliada, Zona Ocidental ou Bizona.

Alemanha Oriental. Ocupada pelos soviéticos de 1945 a 1989. De 1945 a 1949, conhecida como Zona Soviética ou Zona Oriental. Depois de 1949, conhecida como Alemanha Oriental.

Aliados. Embora este termo tenha sido usado originalmente em 1945 para identificar as Quatro Potências que administravam Berlim (Estados Unidos, Grã-Bretanha, França e União Soviética), uso aqui para denotar apenas as potências ocidentais.

Berlim. Cercada pela Alemanha Oriental, Berlim era dividida em **Berlim Ocidental**, e esta dividida em três setores Aliados: o setor francês (norte), o setor britânico (centro) e o setor americano (sul); e **Berlim Oriental**, o setor soviético.

Comunismo, socialismo. Para os fins deste livro, uso os termos *socialismo* e *comunismo* de forma intercambiável.

Incursões de Sinalização dos EUA no Setor Soviético. Operações em Berlim Oriental.

JLA. Juventude Livre Alemã (Freie Deutsche Jugend), a organização juvenil comunista oficial para jovens entre 14 e 25 anos.

JP. Jovens Pioneiros (Junge Pioniere) e Pioneiros Thälmann, com idades entre 6 e 14 anos.

Jugendweihe. Cerimônia que marcava a entrada na idade adulta e, durante a Guerra Fria, incluía jurar lealdade ao regime.

Missão de Ligação Militar dos EUA (USMLM). Operações na Alemanha Oriental.

NVA. Exército Nacional Popular (Nationale Volksarmee), o exército da Alemanha Oriental.

Partido Comunista. O partido governante na Alemanha Oriental era o Partido da Unidade Socialista, o SED, criado em 1946 mediante a fusão dos partidos Comunista e Socialdemocrata em um único partido de esquerda, que essencialmente se tornou o que ficou conhecido como Partido Comunista da Alemanha Oriental.

Postos de Controle Aliados. Posto de Controle Alpha: Ponto de travessia em Helmstedt, entre as Alemanhas Oriental e Ocidental; **Posto de Controle Bravo:** Ponto de travessia em Dreilinden, entre a Alemanha Oriental e Berlim Ocidental; **Checkpoint Charlie:** Ponto de travessia em Berlim, entre Berlim Oriental e Ocidental; ponto de travessia para militares aliados e estrangeiros, inclusive diplomatas.

RDA. República Democrática da Alemanha, conhecida em alemão como DDR: Deutsche Demokratische Republik. Alemanha Oriental = RDA = DDR.

RFA. República Federal da Alemanha, conhecida em alemão como BRD: Bundesrepublik Deutschland. Alemanha Ocidental = RFA = BRD.

Stasi. A polícia secreta, Ministério para a Segurança do Estado, MfS (Ministerium für Staatssicherheit). Autoridades locais ou regionais no Leste = autoridades do Partido, Stasi, VoPo, ou outra autoridade de governo ou segurança. Para os fins deste livro, uso *Stasi, polícia secreta, autoridades* e *autoridades locais* de forma intercambiável porque não havia como distinguir que braço da lei era ativo em determinada situação.

VoPo. A Polícia da Alemanha Oriental, a Polícia Popular (Volkspolizei).

BIBLIOGRAFIA

"1956 Polish and Hungarian Crises." Wilson Center Digital Archive. http://digital archive.wilsoncenter.org/collection/9/1956-polish-and-hungarian-crises.

APPLEBAUM, Anne. *Iron Curtain*. Nova York: Doubleday, 2012.

AUBERJONOIS, Fernand. "East Germany's New Boss Seen as Ulbricht Shadow." *Toledo Blade*, 18 de julho de 1971. https://news.google.com/newspapers?nid=1350&dat=19710718&id=evFOAAAAIBAJ&sjid=1AEEAAAAIBAJ&pg=6615,1281095&hl=en.

BAUMGARTEN, Klaus-Dieter. "Wenn notwendig, dann treffen mit dem ersten Schuß, Rede-Konspekt von DDR-Grenztruppen-Chef Klaus-Dieter Baumgarten, 9. Juli 1982." Chronik der Mauer, 9 de julho de 1982. http://www.chronik-der-mauer.de/material/178862/wenn-notwendig-dann-treffen-mit-dem-ersten-schuss-rede-konspekt-von-ddr-grenztruppen-chef-klaus-dieter-baumgarten-9-juli-1982.

BECKHUSEN, Robert. "New Documents Reveal How a 1980's Nuclear War Scare Became a Full-Blown Crisis." *Wired*, 16 de maio de 2013. http://www.wired.com/2013/05/able-archer-scare/.

BEEVOR, Antony. *Berlin*. Londres: Viking, 2002.

BERNDT, Peter. "Views of Sport; East Germany: From Both Sides Now." *New York Times*, 10 de dezembro de 1989. http://www.nytimes.com/1989/12/10/sports/views-of-sport-east-germany-from-both-sides-now.html.

BIRCH, Adrian. "Iron Curtain's 100,000 Dead." *Independent*, 27 de outubro de 2001. http://www.paulbogdanor.com/left/eastgermany/dead.html.

BIRCH, Douglas. "The U.S.S.R. and U.S. Came Closer to Nuclear War Than We Thought." *The Atlantic*, 28 de maio de 2013. http://www.theatlantic.com/international/archive/2013/05/the-ussr-and-us-came-closer-to-nuclear-war-than-we-thought/276290/.

"BOOK OF REPORTS PRESENTED at an Official Conference Published by Dietz Verlag — 'Oral Agitation.'" German Propaganda Archive, Calvin College, 1984. http://research.calvin.edu/german-propaganda-archive/mund.htm.

BURANT, Stephen. *East Germany*. Washington, D.C.: Federal Research Division, Library of Congress, Country Study, 1987. http: //www.country-data.com/cgi-bin/query/r-5015.html.

BURKHARDT, Heiko. "Berlin, Berlin Wall and Germany Photographs and Pictures." Dailysoft.com, 2015. http://www.dailysoft.com/berlinwall/photographs/index.htm.

BYRNE, Malcolm. "Uprising in East Germany 1953 — Shedding Light on a Major Cold War Flashpoint." National Security Archive Electronic Briefing Book nº 50, 15 de junho de 2001. George Washington University National Security Archive. http://nsarchive.gwu.edu/NSAEBB/NSAEBB50/.

CAMPBELL, Bradley. "During the Cold War, Buying People from East Germany Was Common Practice." PRI the World, 11 de junho de 2014. http://www.pri.org/stories/2014-11-06/during-cold-war-buying-people-east-germany-was-.

"CHRONICLE OF THE BERLIN WALL 1961." Chronik der Mauer. http://www.chronik-der-mauer.de/en/chronicle/#anchoryear1961.

CHURCH, George. "Freedom! The Berlin Wall." *Time*, 20 de novembro de 1989. http://time.com/3558854/freedom-the-berlin-wall/.

"CIA CURRENT INTELLIGENCE REVIEW Analyzing the Communist 'New Look in East Germany' and 'Recent Unrest in Eastern Europe (Declassified).'" 17 de junho de 1953. Wilson Center Digital Archive. http://digitalarchive.wilsoncenter.org/document/111320.

CLARK, Zsuzsanna. "Oppressive and Grey? No, Growing Up Under Communism Was the Happiest Time of My Life." *Daily Mail*, 17 de outubro de 2009. http://www.dailymail.co.uk/news/article-1221064/Oppressive-grey-No-growing-communism-happiest-time-life.html.

CLAY, Lucius D. "Berlin." *Foreign Affairs* 41, nº 1 (1962): 47.

"COLD WAR HISTORY." Wilson Center Digital Archive. http://digitalarchive.wilsoncenter.org/theme/cold-war-history.

"COLD WAR ORIGINS." Wilson Center Digital Archive. http://digitalarchive.
wilsoncenter.org/collection/27/cold-war-origins.

"COMMUNISM: The Rise of the Other Germany." *Time*, 1º de outubro de 1971.

"COMMUNISTS: The Vopos." *Time*, 23 de junho de 1952.

CONNOLLY, Kate. "Stasi File Details Plans for Riot During 1988 Michael Jackson Concert." *Guardian*, 30 de julho de 2009. http://www.theguardian.com/music/2009/jul/30/michael-jackson-berlin-wall-germany.

COOLEY, John K. *Unholy Wars*. Londres: Pluto Press, 2000.

CRANE, Keith. "East Germany's Military: Forces and Expenditures." Rand Arroya Center, outubro de 1989. https://www.rand.org/content/dam/rand/pubs/reports/2007/R3726.1.pdf.

CROSSLAND, David. "Painful Memories of an East German Gulag: 'I Thought I Was in a Nazi Movie.'" *Spiegel Online*, 6 de maio de 2009. http://www.spiegel.de/international/germany/painful-memories-of-an-east-german-gulag-i-thought-i-was-in-a-nazi-movie-a-623008.html.

CURREY, Andrew. "Piecing Together the Dark Legacy of East Germany's Secret Police." *Wired*, 18 de janeiro de 2008. http://archive.wired.com/politics/security/magazine/16-02/ff_stasi?currentPage=all.

"DEATH STRIP: Berlin Pays Tribute to Last Person Shot Crossing Wall." *Spiegel Online*, 6 de fevereiro de 2009. http://www.spiegel.de/international/germany/death-strip-berlin-pays-tribute-to-last-person-shot-crossing-wall-a-605967.html.

DEMPSEY, Judy. "East German Shoot-to-Kill Order Is Found." *New York Times*, 13 de agosto de 2007. http://www.nytimes.com/2007/08/13/world/europe/13germany.html?pagewanted=print&_r=0.

"DIE VERMEINTLICHE ODER tatsächliche Pleite der DDR." Ddr-wissen.de, sem data. http://www.ddr-wissen.de/wiki/ddr.pl?Pleite.

DONOVAN, Barbara. "Radio Free Europe Background Report — Honecker Speaks Out on Soviet Reforms." Osaarchivum.org, 15 de outubro de 1987. http://www.osaarchivum.org/greenfield/repository/osa:f0e78a8a-cbae-4870-ab6f-72ac17101589.

_____. "Radio Free Europe Report — Honecker Continues to Reject Reform." Osaarchivum.org, 8 de maio de 1987. http://osaarchivum.org/files/holdings/300/8/3/text/27-4-97.shtml.

DRAKULIC, Slavenka. *How We Survived Communism and Even Laughed.* Nova York: Harper Perennial, 1993.

DULLES, Eleanor Lansing. *Berlin: The Wall Is Not Forever.* Chapel Hill: University of North Carolina Press, 1967.

"EAST GERMAN COMMUNISM vs. the Perils of the Free West." Deano's Travels, 29 de março de 2013. https://deanoworldtravels.wordpress. com/2013/03/29/east-german-communism-vs-the-perils-of-the-free-west/.

"EAST GERMAN MINISTRY of State Security, 'New Methods of Operation of Western Secret Services.'" Novembro de 1958. Wilson Center Digital Archive. http://digitalarchive.wilsoncenter.org/document/118653.pdf?v=4a d0b97faadcd76d0a5d940bf7d4eab8.

"EAST GERMAN UPRISING." Wilson Center Digital Archive. http:// digitalarchive.wilsoncenter.org/collection/35/east-german-uprising.

"EAST GERMANY: Alarm." *Time*, 18 de fevereiro de 1957.

"EAST GERMANY: Desolate & Desperate." *Time*, 4 de agosto de 1961.

"EAST GERMANY: Exile for Heretics." *Time*, 3 de outubro de 1977.

"EAST GERMANY: Intolerable Conditions." *Time*, 23 de fevereiro de 1962.

"EAST GERMANY: Making the Best of a Bad Situation." *Time*, 17 de outubro de 1969.

"EAST GERMANY: The Vanishing Intellectuals." *Time*, 1º de setembro de 1958.

"EAST GERMANY: They Have Given Up Hope." *Time*, 6 de dezembro de 1963.

"EAST-WEST: Life along the Death Strip." *Time*, 15 de setembro de 1980.

EINHORN, Barbara. *Cinderella Goes to Market.* Londres: Verso, 1993.

EMERSON, Steven. "Where Have All His Spies Gone?" *New York Times*, 12 de agosto de 1990. http://www.nytimes.com/1990/08/12/magazine/where-have-all-his-spies-gone.html.

"ESCAPES FROM EAST GERMANY." 4 de novembro de 1961. Vera and Donald Blinken Open Society Archives at Central European University. http://catalog.osaarchivum.org/catalog/osa: 57a3da27-abf0-4003-bb35-e0c07baf788e.

"ESCAPING THE EAST by Any Means — A Look at Ten of the Most Dramatic Escapes." Al Jazeera, 13 de novembro de 2009. http://www.aljazeera.com/focus/2009/10/200910793416112389.html.

"EUROMISSILES CRISIS." Wilson Center Digital Archive. http://digitalarchive. wilsoncenter.org/collection/38/euromissiles-crisis.

FEFFER, John. "Remembering the Calm Life Under Communism." *Huffington Post*, 12 de fevereiro de 2013. http://www.huffingtonpost.com/john-feffer/remembering-the-calm-life_b_2671955.html.

FISCHER, Benjamin. "A Cold War Conundrum: The 1983 Soviet War Scare." Central Intelligence Agency Library, 7 de julho de 2008.

FISHER, Marc. *After the Wall*. Nova York: Simon & Schuster, 1995.

"FREIE DEUTSCHE JUGEND Mitglied Im Weltbund Der Demokratischen Jugend (WBDJ) Seit 1948." Freie Deutsche Jugend. http://www.fdj.de/GESCHI.html.

FULBROOK, Mary. *Anatomy of a Dictatorship*. Nova York: Oxford University Press, 1995.

FUNDER, Anna. *Stasiland*. Londres: Granta, 2003.

FURLONG, Ray. "Honecker's Cars Under the Hammer." BBC News, 4 de novembro de 2003. http://news.bbc.co.uk/2/hi/europe/3240773.stm.

"FURTHER LOOSENING OF East German Straight-jacket: Economic Journal Warned for Too Rigid Approach." 30 de outubro de 1958. Radio Free Europe/Radio Liberty Research Institute, European Collections. http://www.europeana.eu/portal/record/2022062/10891_osa_72fb15e3_fa5d_4ab9_a1dd_8a80fdc7a810.html.

GADDIS, John Lewis. *The Cold War*. Nova York: Penguin Press, 2005.

"GDR OFFICIAL BROCHURE Published in Defense of the Berlin Wall (What You Should Know About the Wall)." 1962. German Propaganda Archive, Calvin College. http://research.calvin.edu/german-propaganda-archive/wall.htm.

"GDR OFFICIAL PAMPHLET Published by Bezirk Karl Marz Stadt Department for Propaganda Agitation) — 'Farmer Arnold and His Relationship to Socialism.'" 1960.

"GDR OFFICIAL PAMPHLET (*Sozialistische Bildungshefte*) published by Dietz Verlag — 'The Tasks of Party Propaganda.'" 1950. German Propaganda Archive, Calvin College. http://research.calvin.edu/german-propaganda-archive/sedprop.htm.

GERMAN PROPAGANDA ARCHIVE, Calvin College. http://research.calvin.edu/german-propaganda-archive/arnold.htm.

GRANT, R. G. *The Rise and Fall of the Berlin Wall*. Nova York: Mallard Press, 1991.

Gray, William Glenn. *Germany's Cold War*. Chapel Hill: University of North Carolina Press, 2003.

Gross, Daniel. "The Man Who Helped Dig a Secret Tunnel Under the Berlin Wall." *Slate*, 17 de março de 2003. http://www.slate.com/blogs/the_eye/2014/03/07/the_history_of_tunnel_57_a_secret_escapeway_under_the_berlin_wall.html.

Haines, Gavin. "East Germany's Trade in Human Beings." *BBC Magazine*, 6 de novembro de 2014. http://www.bbc.com/news/magazine-29889706.

Harrison, Hope. "After the Berlin War: Memory and the Making of the New Germany, 1989 to the Present." Manuscrito inédito, 2016.

_____. *Driving the Soviets up the Wall*. Princeton: Princeton University Press, 2005.

_____. *Ulbrichts Mauer*. Berlim: Ullstein Propyläen Verlag, 2011.

Hertle, Hans-Hermann e Nooke, Maria. *The Victims at the Berlin Wall, 1961-1989: A Biographical Handbook*. Berlim: Ch. Links Verlag, 2011.

Hignett, Kelly. "'Endut! Hoch Hech!': Confronting Stereotypes About Everyday Life in Communist Eastern Europe." The View East, 27 de julho de 2015. https://thevieweast.wordpress.com/2015/07/27/endut-hoch-hech-confronting-stereotypes-about-everyday-life-in-communist-eastern-europe/.

_____. "Paula Kirby on Life in the GDR." The View East, 14 de fevereiro de 2014. https://thevieweast.wordpress.com/2014/02/14/paula-kirby-on-life-in-the-gdr/.

"History of the United States Military Liaison Mission (USMLM)." USMLM Association. http://usmlm.us/history/.

Hoffman, Adolph. "Part 6: Berlin and the Two Germanies (East Germany During the Wall)." http://art.members.sonic.net/unify90/ber6.html.

Holbrook, James R. *Potsdam Mission*. Carmel: Cork Hill Press, 2005.

Honecker, Erich. "The FDJ — A Reliable Partner in the Struggle of Our Party." Discurso ao FDJ publicado em *Nueus Deutschland*, 13-14 de maio de 1989. http://research.calvin.edu/german-propaganda-archive/fdj.htm.

_____. "Party and Revolutionary Young Guard Firmly Allied." Discurso ao FDJ publicado em *Nueus Deutschland*, 13-14 de maio de 1989. http://research.calvin.edu/german-propaganda-archive/fdj.htm.

"How the Stasi Defamed Günter Litfin, the First Victim of the Wall." Federal Commissioner for the Records of the State Security Service of the Former German Democratic Republic. http://www.bstu.bund.de/EN/PressOffice/Topics/litfin.html?nn=3625808.

Huggler, Justin. "An Audacious Dig for Freedom Beneath the Berlin Wall." *Telegraph*, 5 de outubro de 2014. http://www.telegraph.co.uk/news/worldnews/europe/germany/11140109/An-audacious-dig-for-freedom-beneath-the-Berlin-Wall.html.

"Implications of Recent Soviet Military Political Activities." Declassified Special National Intelligence Estimate, 18 de maio de 1984. George Washington University National Security Archive. http://nsarchive.gwu.edu/NSAEBB/NSAEBB428/docs/6.Implications%20of%20Recent%20Soviet%20Military-Political%20Activities.pdf.

"Intelligence Operations in the Cold War." Wilson Center Digital Archive. http://digitalarchive.wilsoncenter.org/collection/45/intelligence-operations-in-the-cold-war/4.

"Iron Curtain Kid — A Boy's Life in the GDR." http://www.ironcurtainkid.com/.

Johnson, Marguerite. "West Germany Spies, Spies and More Spies, Kohl Moves to Limit the Damage as the Scandal Widens." *Time*, 9 de setembro de 1985. http://content.time.com/time/subscriber/article/0,33009,959796,00.html.

Johnson, Molly Wilkinson. *Training Socialist Citizens.* Leiden: Brill, 2008.

Jones, John Penman. "Voices Under Berlin: Night Train to Berlin." Extraído de "Night Train to Berlin", *Army in Europe*, agosto de 1969, pp. 26-27. http://www.voicesunderberlin.com/BerlinTravel/NightTraintoBerlin.html.

Jones, Nate. "1983 War Scare: 'The Last Paroxysm' of the Cold War." Partes 1-3. George Washington University National Security Archive, 16 de maio de 2013. http://nsarchive.gwu.edu/NSAEBB/NSAEBB426/; http://nsarchive.gwu.edu/NSAEBB/NSAEBB427/; http://nsarchive.gwu.edu/NSAEBB/NSAEBB428/.

Jones, Tamara. "Update: Honecker a Prisoner of the Past: Three Countries Are Deadlocked over the Fate of the Ailing Former East German Leader." *Los Angeles Times*, 2 de fevereiro de 1992. http://articles.latimes.com/1992-02-22/news/mn-1950_1_east-german.

KIRCHNER, Kurt. "Arbeitet So, Wie Die Agitatoren Wilk Und Porsch!" *Notizbuch Des Agitators* 3 (1953): 31-35.

KLEE, Ernst. "Psychiatrie in der DDR — eine erste Bestandsaufnahme: Wecken um halb vier." *Zeit Online*, 28 de junho de 1991. http://www.zeit.de/1991/27/wecken-um-halb-vier.

KLOTH, Hans Michael. "East German by Design: The ABCs of Communist Consumer Culture." *Spiegel Online International*, 23 de junho de 2009. http://www.spiegel.de/international/germany/east-german-by-design-the-abcs-of-communist-consumer-culture-a-631992.html.

KOEHLER, John O. *Stasi*. Boulder: Westview Press, 1999.

KOVALY, Heda Margolius. *Under a Cruel Star*. Trad. Helen Epstein. Cambridge: Plunkett Lake Press, 1986.

KRAMER, Jörg. "Escape via Elevator Shaft: East Germany's 'Traitor Athletes' Tell Their Stories." *Spiegel Online*, 22 de julho de 2011. http://www.spiegel.de/international/germany/escape-via-elevator-shaft-east-germany-s-traitor-athletes-tell-their-stories-a-775370.html.

KUSIN, Vladimir V. "Gorbachev in East Germany." "Shortage of Raw Materials in East Germany." Radio Free Europe/Radio Liberty Research Institute Report. Vera and Donald Blinken Open Society Archives at Central European University. 19 de outubro de 1989. http://catalog.osaarchivum.org/catalog/osa:bda3a8f2-5282-4b43-9ccd-314c57aa213e.

LANDER, Mark. "Stollberg Journal; to Onetime Political Inmates, This Jail Was No Vacation." *New York Times*, 19 de agosto de 2004. http://www.nytimes.com/2004/08/19/world/stollberg-journal-to-onetime-political-inmates-this-jail-was-no-vacation.html.

LARSON, Erik. *In the Garden of Beasts*. Nova York: Crown, 2011.

LATOTZKY, Alex. "A Childhood Behind Barbwire." http://alex.latotzky.de/Estart.htm.

LAVIGNE, Marie. *International Political Economy and Socialism*. Cambridge: Cambridge University Press, 1991.

LEWIS, Ben. *Hammer and Tickle*. Londres: Phoenix, 2009.

LUKAS, Karin. "East Germany's October 'Spring': A German Journalist Recalls Leipzig in 1989 and the Protests That Led to the Fall of East Germany." Al Jazeera, 9 de outubro de 2014. http://www.aljazeera.com/indepth/opinion/2014/10/east-germany-october-spring-201410813025891431.html.

Lynch, Denni. "The Berlin Wall, 1961-1989: A Timeline of a Divided Germany." *International Business Times*, 11 de outubro de 2014. http://www.ibtimes.com/berlin-wall-1961-1989-timeline-divided-germany-1721012.

Maaz, Hans-Joachim. *Behind the Wall*. Nova York: Norton, 1995.

Major, Patrick. "Holding the Line: Policing the Open Border." In *Behind the Berlin Wall: East Germany and the Frontiers of Power*. Nova York: Oxford University Press, 2010.

Mars, Roman. *Tunnel 57*. Episode 104 (vídeo). 99PercentInvisible.org. http://99percentinvisible.org/episode/tunnel-57/.

McKenna, David. *East Germany*. Nova York: Chelsea House, 1988.

Meyer, Michael. *The Year That Changed the World*. Nova York: Scribner, 2009.

"Military Parade Celebrating the 40th Anniversary of the GDR (October 7, 1989)." German History Through Documents and Images. http://germanhistorydocs.ghi-dc.org/sub_image.cfm?image_id=3025.

"Minutes No. 49 of the Meeting of the SED Politburo." Wilson Center Digital Archive, 7 de novembro de 1989. http://digitalarchive.wilsoncenter.org/document/113041.

Molloy, Peter. *The Lost World of Communism*. Londres: BBC, 2009.

"Nachdrückliche Warnung note der Britischen Regierung an Moskau — Die Luftkorridore." Chronik der Mauer. http://www.chronik-der-mauer.de/material/180307/antwortnote-der-westmaechte-auf-die-note-der-sowjetunion-vom-23-august-1961.

Naimark, Norman. "About 'The Russians' and About Us: The Question of Rape and Soviet-German Relations in the Soviet Zone." Washington, D.C.: National Council for Eurasian and East European Research, 1991. http://www.ucis.pitt.edu/nceeer/pre1998/1991-802-14-2-Naimark.pdf.

_____. *The Russians in Germany*. Cambridge, MA: Belknap Press of Harvard University Press, 1995.

Nettl, Peter. "German Reparations in the Soviet Empire." *Foreign Affairs* 29, nº 2 (1951): 300.

"Nie Wieder ein Krieg von Deuscher Erde!" *Volksstimme* (Magdeburgo, Alemanha Oriental), 23 de junho de 1966.

"Памятныйзнакжертве 'холоднойвойны.'" Grupo de Forças Soviéticas na Alemanha, 2 de outubro de 2013. http://www.gsvg.ru/2ww/93-pamyatnyy-znak-zhertve-holodnoy-voyny.html.

"OFFICIAL GDR PAMPHLET 'Notiz Buch Des Agitators' Published by Socialist Unity Party's Agitation Department, Berlin District — 'He Who Leaves the GDR Joins the Warmongers.'" 1955. German Propaganda Archive, Calvin College. http://research.calvin.edu/german-propaganda-archive/notiz3.htm.

OLTERMANN, Phillip. "Surfboards and Submarines: The Secret Escape of East Germans to Copenhagen." *Guardian*, 17 de outubro de 2014. http://www.theguardian.com/cities/2014/oct/17/surfboards-and-submarines-the-secret-escape-of-east-germans-to-copenhagen.

"OUR FIVE YEAR PLAN for Peaceful Reconstruction." 1952. German Propaganda Archive, Calvin College. http://research.calvin.edu/german-propaganda-archive/5yrplan.htm.

PAINTON, Frederick. "Eastern Europe Communism's Old Men — Gorbachev Tries to Introduce Change to the Aging Party Bosses." *Time*, 28 de abril de 1986. http://content.time.com/time/subscriber/article/0,33009,961281,00.html.

PANKAU, Matthias. "How Bodo Strehlow Paid for His Attempt to Escape from East Germany with Solitary Confinement." *German Times for Europe*, novembro-dezembro de 2010. http://www.german-times.com/index.php?option=com_content&task=view&id=38373&Itemid=182.

PIECK, Wilhelm. "Zehn Yahre Deutsche Demokratische Republik." German Propaganda Archive, Calvin University. http://research.calvin.edu/german-propaganda-archive/gdrmain.htm.

"PLEA FROM 'THE Housewives in the Soviet Zone.'" Gustrow, Alemanha, 1946. Warwick Cold War Archives. http://www2.warwick.ac.uk/services/library/mrc/explorefurther/images/coldwar/.

PORTES, Richard. "East Europe's Debt to the West: Interdependence Is a Two-Way Street." *Foreign Affairs* 55, nº 4 (julho de 1977): 751.

"POST-WAR EAST GERMANY." Extraído de Glenn E. Curtis. *East Germany: A Country Study*. Washington, D.C.: Federal Research Division of the Library of Congress, 1992. http://www.shsu.edu/~his_ncp/EGermPW.html.

"PROTOKOLL NR. 45/61 der Sitzung des Politbüros des Zentralkomitees der SED am Dienstag, dem 22. August 1961, im Sitzungssaal des Politbüros." Chronik der Mauer. http://www.chronik-der-mauer.de/index.php/de/Start/Detail/id/593839/page/27.

REAGAN, Ronald. "I'm Convinced That Gorbachev Wants a Free-Market Democracy." *New York Times*, 12 de junho de 1990. http://www.nytimes.com/1990/06/12/opinion/i-m-convinced-that-gorbachev-wants-a-free-market-democracy.html.

ROBERTS, Andrew. "Stalin's Army of Rapists: The Brutal War Crime That Russia and Germany Tried to Ignore." *Daily Mail Online*, 24 de outubro de 1988. http://www.dailymail.co.uk/news/article-1080493/Stalins-army-rapists-The-brutal-war-crime-Russia-Germany-tried-ignore.html.

ROBSON, Jeff. "'He Who Has the Youth, Has the Future': Youth and the State in the German Democratic Republic." History Matters, sem data. http://historymatters.appstate.edu/sites/historymatters.appstate.edu/files/youthstateGDR_000.pdf.

RODDEN, John. "Creating 'Textbook Reds.'" *Society* 42, nº 1 (2004): 72-78.

_____. *Repainting the Little Red Schoolhouse*. Nova York: Oxford University Press, 2002.

ROSEN, Armin. "A Declassified CIA Paper Shows How Close the U.S. and the Soviets Really Came to War in 1983." *Business Insider*, 18 de setembro de 2014. http://www.businessinsider.com/how-close-the-us-and-the-soviets-came-to-war-in-1983-2014-9.

SAUER, Heiner e PLUMEYER, Hans-Otto. *Der Salzgitter Report*. Esslingen: Bechtle, 1991.

SCHAEFER, Bernd e NUENLIST, Christian. "NATO's 'Able Archer 83' Exercise and the 1983 Soviet War Scare." Parallel History Project on Cooperative Security, 6 de novembro de 2003. http://www.php.isn.ethz.ch/collections/colltopic.cfm?lng=en&id=16431&navinfo=15296.

_____. "Stasi Intelligence on NATO, 1969-1989." Parallel History Project on Cooperative Security, novembro 2003.

SCHLOSSER, Nicholas J. "The Berlin Radio War: Broadcasting in Cold War Berlin and the Shaping of Political Culture in Divided Germany 1945-1961." Tese de doutorado, Universidade de Maryland, 2008.

SCHMID, Heinz D. *Fragen an Die Geschichte*. 4ª ed. Frankfurt am Main: Hirschgraben.

SCHMIDT, Wolfhard. "The Right Word at the Right Time: On the Work of the Agitator." *Radar* 4 (1988). German Propaganda Archive, Calvin College. http://research.calvin.edu/german-propaganda-archive/radar1.htm.

SCHÖNE, Jens. *The GDR: A History of the Workers' and Peasants' State*. Trad. Simon Hodgson. Berlim: Berlin Story Verlag, 2015.

SCHULTKE, Dietmar. *Keiner kommt Durch Die Geschichte der innerdeutschen Grenze und der Berliner Mauer*. Berlim: Aufbau, 1999.

"SENATOR JOSEPH MCCARTHY, McCarthyism, and the Witch Hunt." Cold War Museum. http://www.coldwar.org/articles/50s/senatorjosephmccarthy.asp.

SHAPIRO, Susan e SHAPIRO, Ronald. *The Curtain Rises*. Jefferson: McFarland, 2004.

"SHORTAGE OF RAW MATERIALS in East Germany." Radio Free Europe/Radio Liberty Research Institute Report. 21 de agosto de 1951. Vera and Donald Blinken Open Society Archives at Central European University. http://www.osaarchivum.org/greenfield/repository/osa:cc99d470-13f4-4c89-ae29-966ef47856c2.

SILBERSTEIN, Gerard E. "Uprising in East Germany: The Events of June 17, 1953." *History: Reviews of New Books* 1, n° 2 (1972): 41.

SMYSER, W. R. *From Yalta to Berlin: The Cold War Struggle over Germany*. Nova York: St. Martin's Press, 1999.

SOKOLOVSKII, V. e GOVOROV, L. "Report from V. Sokolovskii and L. Govorov in Berlin to N.A. Bulganin." 17 de junho de 1953. Wilson Center Digital Archive. http://digitalarchive.wilsoncenter.org/document/112449.pdf?v=ebe3b90346435974c3f338850a96ed74.

STEINER, André. *The Plans That Failed: An Economic History of the GDR*. Trad. Ewald Osers. Nova York: Berghahn Books, 2010.

SUESS, Walter e SELVAGE, Douglas. "KGB/Stasi Cooperation." Cold War International History Project and the Office of the Federal Commissioner for the Stasi Records, 27 de outubro de 2012. http://www.wilsoncenter.org/publication/e-dossier-no-37-kgbstasi-cooperation?gclid=CJXWkqqs88YCFVTMtAodM2IG7g.

SWAIN, Geoff e SWAIN, Nigel. *Eastern Europe Since 1945*. Nova York: St. Martin's Press, 1993.

"SWIM FOR YOUR LIFE out of the GDR!" Vídeo no YouTube, sem data. https://www.youtube.com/watch?v=K7CWajaOx4E.

TAYLOR, Fredrick. *The Berlin Wall: A World Divided, 1961-1989*. Nova York: HarperCollins, 2006.

"The Berlin Duty Train." U.S. Army Transportation Museum, 15 de maio de 2015. http://www.transchool.lee.army.mil/museum/transportation%20 museum/bertrain.htm.

"The City of Spies (and the Death of Major Nicholson)." NBC News, março de 1985. https://www.youtube.com/watch?v=ISp63YmvvMw.

"The Meaning of Being a Soldier." German Propaganda Archive, Calvin College. http://research.calvin.edu/german-propaganda-archive/soldat.htm.

"The Pershing Missile System and the Cold War." Cold War Museum. http://www.coldwar.org/articles/50s/pershing_missiles.asp.

"The Price of Gold: The Legacy of Doping in the GDR." *Spiegel Online International*, 17 de agosto de 2009. http://www.spiegel.de/international/ germany/the-price-of-gold-the-legacy-of-doping-in-the-gdr-a-644233.html.

"The Rules of the Thälmann Pioneers." German Propaganda Archives, Calvin College. http://research.calvin.edu/german-propaganda-archive/ tp.htm.

"The Wall That Defined Us." *Time*, 5 de novembro de 1999.

Turner, Henry Ashby. *Germany from Partition to Reunification*. New Haven: Yale University Press, 1992.

_____. *The Two Germanies Since 1945*. New Haven: Yale University Press, 1987.

"Two Berlins: A Generation Apart." *National Geographic*, janeiro de 1982, 3-51.

"Two Pledges for the Jugendweihe (1955/1958)." Trad. Thomas Dunlap. German History Through Documents and Images. http:// germanhistorydocs.ghi-dc.org/sub_document.cfm?document_id=4573.

"Uchtspringe (Landesheilanstalt Uchtspringe)." http://www.uvm. edu/~lkaelber/children/uchtspringe/uchtspringe.html.

Uhl, Matthias; Nuenlist, Christian e Locher, Anna. "The 1961 Berlin Crisis and Soviet Preparations for War in Europe." Parallel History Project, 4 de dezembro de 2003. http://www.php.isn.ethz.ch/collections/colltopic. cfm?lng=en&id=16161.

Ulbricht, Walter. "Letter from Ulbricht to Khrushchev on Closing the Border Around West Berlin." 15 de setembro de 1961. Wilson Center Digital Archive. http://digitalarchive.wilsoncenter.org/document/116212.

Ungerleider, Steven. *Faust's Gold*. Nova York: Thomas Dunne Books, 2001.

"UNIT HISTORY: United States Military Mission to the Commander in Chief, Group of Soviet Forces in Germany." 1985. Exército dos EUA, documento aberto ao público.

UNITED STATES MILITARY LIAISON MISSION. "Cold War Timeline." http://usmlm.us/.

"UPHEAVAL IN THE EAST; Honecker and Wife Hounded from New House by a Mob." New York Times, 3 de março de 1990. http://www.nytimes.com/1990/03/25/world/upheaval-in-the-east-honecker-and-wife-hounded-from-new-house-by-a-mob.html.

"U.S. VEHICLE Is Hit in the East." New York Times, 17 de julho de 1985. http://www.nytimes.com/1985/07/17/world/us-vehicle-is-hit-in-east-germany.html.

USSR COUNCIL OF THE MINISTERS. "Measures to Improve the Health of the Political Situation in the GDR." 2 de junho de 1953. Wilson Center Digital Archive. http://digitalarchive.wilsoncenter.org/document/110023.

"WALTER ULBRICHTS 'Dringender Wunsch.'" Bundeszentrale Für Politische Bildung, 1º de setembro de 2012. http://www.bpb.de/geschichte/deutsche-einheit/deutsche-teilung-deutsche-einheit/52213/walter-ulbrichts-dringender-wunsch.

"WER IST SCHULD AM Bau Und Am Fortbestand Der Mauer Zwischen DDR Und BRD?" Der-demokrat.de. http://www.der-demokrat.de/.

"WHAT YOU SHOULD KNOW About the Wall." German Propaganda Archive, Calvin College, 1962. http://research.calvin.edu/german-propaganda-archive/wall.htm.

WILLIAMS, Peter. "Being Detained by the Soviets Could Be Fun — A BRIXMIS Detention near Wittenberg 27-28 August 1981." Parallel History Project, abril de 2007. http://www.php.isn.ethz.ch/collections/colltopic.cfm?lng=en&id=27752.

WILLIAMS, Peter e NIEDERMANN, Leo (orgs.). "British Commanders-in-Chief Mission to the Soviet Forces in Germany (BRIXMIS): Photographs and Documents." Parallel History Project, 5 de abril de 2007. http://www.php.isn.ethz.ch/collections/colltopic.cfm?lng=en&id=27752.

WINKLER, Christopher; LOCHER, Anna e NUENLIST, Christian (orgs.). "Between Conflict and Gentleman's Agreement." Parallel History Project, 1º de julho de 2005. http://www.php.isn.ethz.ch/collections/colltopic.cfm?lng=en&id=14644.

WÖLBERN, Jan Philipp. *Der Häftlingsfreikauf aus der DDR 1962/62–1989.* Göttingen: Vandenhoeck & Ruprecht, 2014.

"WORLD: Wall of Shame." *Time*, 31 de agosto de 1962.

"ZEITGESCHICHTE: Tödliche Schüsse ohne Vorwarnung." *Spiegel Online*, 20 de março de 2005. http://www.spiegel.de/panorama/zeitgeschichte-toedliche-schuesse-ohne-vorwarnung-a-347432.html.

ÍNDICE REMISSIVO

"99 Luftballons" (canção), 256
Abel, Rudolf, 265
Able Archer, 13, 249
Abrams, tanques, 248
abrigos antibombas e corrida armamentista nuclear, 157
Academia Militar de West Point, EUA, 243
Adenauer, Konrad, 149
Adidas, 273
Adolph-Hitler-Strasse, 26, 27
Afeganistão, 13, 224, 260
AFN (American Forces Network), 157
agricultura coletiva, 94, 99, 144
Aktion Rose (Operação Rosa), 147
Aktion Ungeziefer (MfS) (Operação Infestação), 99
Aktuelle Kamera (noticiário de TV), 300
Albers, Hans, 211
Albert
 atualização sobre, 327
 nascimento e vida familiar, 146, 178
 no Exército dos EUA, 244, 257
 reencontro com a família em 2013, 325
 visita à Alemanha Oriental, 215-19
alemães orientais
 depois da queda, 313-16, 330
 desobediência civil de 1980 ("deserção pela televisão"), 226-27
 êxodo em massa no início dos anos 1950, 99-100, 105
 manifestações de 1989, 304, 306-8, 310, 311-12
 refugiados pelas fronteiras abertas, 305-7, 312
 Revolta dos Trabalhadores de 1953, 106-8, 111
 sintonizando transmissões ocidentais, 226-27, 238
 tentativas de fuga, 119, 150, 158, 159, 163-64, 200, 225-26, 303-4, 333-34
 uso do termo, 347
Alemanha
 divisão pós-guerra, 27, 32-33, 35-36, *Ver também* Alemanha Ocidental; Alemanha Oriental
 período pós-guerra, 23-28, 32-33
Alemanha Ocidental
 abertura da fronteira com a Alemanha Oriental, 312-16
 Bundesnachrichtendienst, 134
 divisão pós-guerra, 27-28, 32-33, 35-36
 fechamento da fronteira com a Alemanha Oriental, 99-100
 fundação da, 92
 Guerra Fria começa e Cortina de Ferro desce, 35-46
 ingresso na Otan, 118
 relações diplomáticas com a Alemanha Oriental, 13, 196, 199
 uso do termo, 347

Alemanha Oriental, *Ver também* líderes e locais específicos
abertura das fronteiras, 312-17
Acordos de Helsinque, 195-96, 201
Aktion Rose, 147
Aktion Ungeziefer, 99
coletivos agrícolas, 12, 94, 95, 99, 232
como Estado policial, 119-28, 201-5, *Ver também* Stasi; VoPo
controle da imprensa, 81-82, 160
Cortina de Ferro e início da Guerra Fria, 35-46
cronologia histórica, 11-14
declaração de soberania, 117-18
declínio econômico, 146, 225
Dia da República, 208-9
divisão pós-guerra, 27, 32-33, 35-36
economia, 103, 105, 146, 189-90, 196-97
fechamento das fronteiras, 99-100
fronteira, *Ver* fronteira interna alemã
fundação, 92
    quadragésimo aniversário, 308-10, 311
    trigésimo quinto aniversário, 261-64
loteamentos, 232-34, 255
povo, *Ver* alemães orientais
presos políticos, 85, 87, 203, 334
programa esportivo, *Ver* Alemanha Oriental, programa esportivo
propaganda política, 103-4, 127, 128, 152-53, 223, 226-27
relações diplomáticas com a Alemanha Ocidental, 188-89, 196, 199
Revolta de 1953, 106-8, 111
tentativa de ganhar apoio mais amplo, 96-98
uso do termo, 347
vida da elite política na, 192-93
visita de Albert à família, 215-19
Alemanha Oriental, programa esportivo, 174-75, 188, 219-24, 260-61, 270-79
campeonatos mundiais, 297-99
ciclismo de Cordula, 18-19, 266, 269-71, 272-73, 278-79, 281, 286, 299-300, 304, 305, 312, 328
deserções, 275
desfile de atletas no Dia da República, 209, 297, 305

doping, 260-61, 333
métodos de treinamento, 219-20, 272-79
natação de Cordula, 221-23, 242, 255-56, 260, 266
treinamento olímpico de Cordula, 272-76, 278-79, 281, 287-88, 299-300
Aliados
Berlim e, 51, 62, 151
Plano Marshall, 11, 62
uso do termo, 347
Ama Marit
entrega de terras e safras, 128, 144
ocupação soviética de Schwaneberg, 38-39, 46
tentativa de fuga de Hanna, 47-48, 50-51
Andrea, 271, 281, 299
deserção, 305
Apenburg, 172-73, 204, 205, 213, 265, 266
Apollo 11, 174
Apollo-Soyuz, Projeto, 195-96
ARD (emissora de TV), 226-27, 313
Armstrong, Neil, 174
Arquipélago Gulag (Soljenítsin), 222
Associação de Ex-Oficiais da Inteligência, 231
Áustria, 229, 299, 305, 306, 307

Bad Kreuznach, 41
Báltico, mar, 35, 99, 119, 200, 242, 245, 333
Bangalô Paraíso, 13, 234-37, 242, 255, 297, 300, 324, 328, 339, 341
Bautzen II, prisão, 79
BBC, 120, 226
Beatles, The, 228, 340
Beckmann, Max, 169
Beria, Lavrenti, 99
Berlim, *Ver também* Berlim Ocidental; Berlim Oriental; Muro de Berlim
uso do termo, 347
Berlim Ocidental, *Ver também* Muro de Berlim
fundação, 92
queda do Muro e, 313-17
uso do termo, 347
visita de Hanna e Eddie a, 287
Berlim Oriental, *Ver também* Muro de Berlim

comparecimento de Nina ao desfile do
    trigésimo quinto aniversário, 261-64
desfile do Dia da República, 208-9
fundação, 92
missões de Sinalização de Nina, 244-47,
    251, 253-54, 257, 276, 287, 288, 289, 348
Revolta dos Trabalhadores de 1953, 106-8
treinamento de Cordula em, 274-76,
    278-79, 281, 286, 287, 312
uso do termo, 347
visita de Hanna e Eddie a, 287
Bethke, Ingo, Holger e Egbert, 200
Bitterfeld, 107
Bloqueio de Berlim, 62-63, 91
BND (Bundesnachrichtendienst), 134
Boch, prefeito, 37-39, 42, 83, 93, 94, 97
Bohley, Bärbel, 202, 334
Bonn, 92, 196
Brandt, Willy, 149, 196
Brejnev, Leonid, 201
BRIXMIS (Missão dos Comandantes em
    Chefe Britânicos para as Forças Soviéticas
    na Alemanha), 253, 259, 341
Brokaw, Tom, 313
Buchenwald, Campo Especial Número 2,
    79, 135
Buck, Pearl S., 65
Bundesnachrichtendienst, 134
Bush, George H. W., 267

Camboja-Vietnã, Guerra do, 195
Caminho dos Filósofos, 114, 138
campeonatos mundiais, 297-99
Camus, Albert, 231
Canadá e a formação da Otan, 35, 81
Canal Negro, 227
Capri, 118
Casey, Bill, 251
Cazaquistão, 91, 192
Ceausescu, Nicolae, 329
Cemitério Nacional de Arlington, 334
Centro de Refugiados Marienfelde, 146
Chaika, 193
Charlottenburg, 286
Checkpoint Charlie, 151-52, 159, 254, 257,
    276, 286, 287, 313, 339-40, 348

Chevrolet, 136
Chile, 195, 331
China
    armas nucleares, 173-74
    Mao Tsé-Tung e comunismo, 126
    protestos na Praça da Paz Celestial, 304
    visita de Nixon à, 192
Churchill, Winston, 35-100
CIA (Agência Central de Inteligência), 134,
    251
Cidade Karl Marx
    desfile do Dia da República, 208-9
    Heidi e Reinhard na, 179-80, 183, 192,
        194, 208, 226-27, 271, 296, 307
clubes de atletismo, 175
coletivos agrícolas, 12, 94, 95, 99, 232
Commandatura Aliada, 49, 88
comunismo, uso do termo, 347
Cordula
    atualização sobre, 328
    infância, 184-85, 192, 198
    manifestações de 1989, 308-9
    morte de Oma, 213-14
    morte de Opa, 266
    nascimento, 183-84, 185-86
    no Bangalô Paraíso, 233-37
    no movimento juvenil, 207, 208-9, 241-42
    programa esportivo, 220-24
        ciclismo, 18-19, 266, 269-71, 272-73,
            278-79, 281, 286, 299-300, 304, 305,
            312, 328
        competições, 297-300
        exame de segurança para viagens,
            296-97
        natação, 221-23, 242, 255-56, 260, 266
        treinamento olímpico, 272-76, 278-79,
            281, 287-88, 299-300
    queda do Muro de Berlim, 314-15
    reencontro da família em 1990, 323, 324
    reencontro da família em 2013, 324-25
Coreia do Norte, 126, 330
Coreia do Sul, 299-300, 330
Coreia, Guerra da, 126
corrida armamentista nuclear, 11, 91-92,
    126-27, 145, 157-58, 248, 295
corrida espacial, 12, 127, 145, 174, 195-96

Cortina de Ferro
   descida da, 35-46
   discurso de Churchill sobre, 100
   queda da, 313-17
   uso do termo, 17
Crise dos Mísseis em Cuba, 158
cronologia, 11-14
Cuba, 144, 158, 174, 190

Dante Alighieri, 319
Demokratisierung, 29
Departamento Central II
   (Contrainteligência), 250-51
Departamento Central VIII (Vigilância),
   250
Der Schwarze Kanal, 227
"Derrube este Muro", discurso, 14, 296
deserção pela televisão, 226-27
desnazificação, 43
Dettum, 78
Deutschlandfunk, 227
Dia da República, 208-9
Dia do Professor, 162-63
Dia dos Avós, 15
Dieter, 49-50
Dinamarca, 119, 200
dissidentes, 12, 195, 202-3, 329
divisão alemã Leste-Oeste, *Ver* fronteira
   interna alemã
doping, 260-61, 333
Doutor Jivago (Pasternak), 222
Dresden, 107, 161, 227, 310, 314

Eberswalde, floresta de, 325
economia da República Democrática
   Alemã, 103, 105, 146, 189-90, 196-97
Eddie
   atualização sobre, 327
   casamento com Hanna, 132-33
   como oficial da inteligência do exército,
      118, 132, 133-34, 178
   como oficial de ligação com o BND
      alemão, 134
   em Washington, D.C., 181, 231-32
   emprego em Fort Riley, 146, 148, 152, 161
   história, 121-22

lua de mel com Hanna, 133-34
   namoro com Hanna, 121-22, 124-25
   noivado com Hanna, 125, 132
   primeiros encontros com Hanna, 118-19
   reencontro da família em 1990, 321-24
   retorno aos Estados Unidos, 146
   viagens com Hanna, 129-30
   vida familiar, 178
   visita a Berlim, 287
   visita de Oma e Opa, 134-39
Edgar, 143-44
Eisenhower, Dwight D., 25, 107, 145
Engels, Friedrich, 38
Engels, Wolfgang, 163-64
erdbeerebowle, 137, 138
Erzgebirge, montanhas, 84
Escola de Aviação do Exército dos EUA, 243
Estados Unidos, *Ver também* Guerra Fria
   chegada a Schwaneberg, 25-28, 32-33
   controle de armas nucleares, 145, 295
   corrida armamentista nuclear, 11, 91-92,
      126-27, 145, 157-58, 248, 295
   corrida espacial, 12, 127, 145, 174, 195-96
   Crise dos Mísseis em Cuba, 158
   divisão pós-guerra da Europa, 27-28,
      35-36
   formação da Otan, 35, 81
   mulheres nas forças armadas, 243-44
   Plano Marshall, 11, 62
   estupros durante ocupação da Alemanha,
      24-25, 40-41
Etiópia, 195
Exercício Able Archer, 13, 248-49
Exército dos EUA
   Albert no, 244, 257
   cargo de secretária de Hanna em
      Heidelberg, 101, 118-19, 121, 131
   Comando de Berlim, 151, 246, 251
   mulheres nas forças armadas, 243-44
   oficial de Relações Exteriores com a
      Rússia, 306
   Trem de Serviço, partida de Nina de
      Berlim, 290-93
Exército Vermelho, 11, 12, 24-25, 35-36, 41,
   42, 82, 107-8, 126, 249, 340-41

Fechter, Peter, 12, 159
Feira Mundial de Bruxelas (1958), 133-34
Festival Nacional da Juventude, 255-56
Fishel, Elizabeth, 111
Fisher, Toni, 161
FMLM (Missão Francesa de Ligação Militar), 253
fome, 40
Ford, Gerald, 201
Ford Granada, 243
Fort Benning, Geórgia, 244
Fort Huachuca, Arizona, 244
Fort Meade, Maryland, 296, 316
Fort Myer, 224
Fort Riley, Kansas, 146, 148, 152, 161
Frankfurt, aeroporto de, 321
Freudenberg, Winfried, 304
Frieda, 56-57, 58-59, 60, 144
fronteira interna alemã, 105, 178, 245
  Aktion Ungeziefer (Operação Infestação), 99
  fechamento da fronteira em 1952, 99-100, 119
  fuga definitiva de Hanna, 71-73
  Ponte Glienicke, 158, 265, 268
  primeira tentativa de fuga de Hanna, 48-53
  tentativas de fuga e vítimas, 79, 119, 150-51, 158, 163-64, 199-200, 225-26, 303-4, 333-34
  travessia de Nina, 291-92
fuga, tentativas e vítimas, 79, 119, 145-46, 150, 158, 163-64, 200-1, 225-26, 303-4, 333-34
Fulda, Passo de, 248

Gauck, Joachim, 330
Genscher, Hans-Dietrich, 307
GFSA (Grupo de Forças Soviéticas na Alemanha), 11, 12, 333
Glasnost, 268
Glenn, John, 145
Glienicke, Ponte, 158, 265, 268
Goethe, Johann Wolfgang von, 207
Gorbachov, Mikhail, 14, 259, 266, 296, 302, 304, 311, 335
  Honecker e, 269, 295, 307-9
  Reagan e, 266, 295-96

reformas internas, 264-65, 268-69, 300, 303, 316
Grohganz, Peter, 226
Gromyko, Andrei, 262
Grosszöbern, 319
GRU (Diretorado Central de Inteligência), 250
Grunewald, floresta, 286
guardas da fronteira interna alemã, 48, 49, 50-51, 53, 72-73, 156-57, 159, 332
Gueffroy, Chris, 303-4, 332
Guerra Fria
  corrida armamentista nuclear, 11, 91-92, 126-27, 145, 157-58, 248, 295
  crise e escalada, 144-45, 157-58, 222, 224-25, 266-68
  incidente no Checkpoint Charlie, 151-52
  morte de Nicholson, 267-68
  détente, 13, 192, 195-96, 222
  discurso de Reagan "Derrube este Muro", 296
  formação da Otan, 35, 81
  Guerra do Vietnã, 158, 173-74
  negociações sobre controle de armas nucleares, 145, 295
  primórdios, 35-46
Guillaume, Günter, 196

Halle, 107
Hanna
  atualização sobre, 327
  cartas e pacotes para a Alemanha, 90, 101, 129-30, 131-32, 183-84, 197-98, 223-24
  cidadania alemã ocidental, 80, 88
  cidadania americana, 132, 134
  Eddie e
    casamento, 132-33
    lua de mel, 133-34
    mudança para os Estados Unidos, 146
    namoro, 121-22, 124-25
    noivado, 125, 132
    primeiros encontros, 118-19
    viagens, 129-30
  em Fort Riley, 146, 148, 152, 161

369

em Heidelberg, 83-84, 88-89, 124-25, 129
  aulas de inglês, 88, 101
  chegada, 81
  emprego de secretária do exército, 101,
    118-19, 121,131
  visita de Oma e Heidi, 112-14, 116
  visita de Oma e Opa, 135-39
em Washington, D.C., 181, 231-32
filhos e vida familiar, 178, 181, 183-84
fim da guerra, 25, 26, 27-28, 32-33
fuga definitiva, 65-73
  a mala, 68, 69, 77
  ajuda da família Schneider, 78, 79-80,
    81
  ajuda de agricultor, 77-78
  escondida no celeiro, 71-72
  travessia da fronteira, 72-73
  última refeição com a família, 65-68
  viagem de trem, 68-71
Muro de Berlim e, 148, 152, 316-17
nascimento e infância, 28-32, 33
notícias da família, 89-90, 96, 136,
  183-84, 187-88, 197-99, 222, 271
ocupação soviética de Schwaneberg,
  38-40, 44-45, 53, 54-55
primeira consciência de Nina sobre Oma,
  16-17
primeira tentativa de fuga, 47-53
  ajuda dos avós, 47-48
  na fronteira de Seebenau, 49, 50-53
queda do Bloco Oriental, 306
reencontro familiar em 1990, 321-24
reencontro familiar em 2013, 325
segunda tentativa de fuga, 55-61
visita a Berlim (1986), 287
Havel, Vaclav, 195
Heidelberg, 31-32
  Hanna em, 83-84, 88-89, 124-25, 129
    aulas de inglês, 88, 101
    chegada a, 81
    emprego de secretária do exército, 101,
      118-19, 121, 131
    visita de Oma e Heidi, 112-14, 116
    visita de Oma e Opa, 135-39
  Heidelberg, Castelo de, 85, 339
  modelo do, 31-32, 45, 55, 84, 170

Oma, Heidi e Hanna visitam, 114-15, 137
  visita de Hanna a, 81, 83-84, 90
Heidelberg, tribunal de, 121
Heidelberg, Universidade de, 88
Heidi
  atualização sobre, 327-28
  casamento com Reinhard, 178-80
  comemoração do aniversário de Opa,
    162-63
  Cordula em programa esportivo, 220-24,
    270, 271, 287-88
  curiosidade, 120, 130-31
  deterioração da saúde e morte de Oma,
    210-14
  em Klein Apenburg, 167, 169-73, 175-77,
    210-14
  Hanna e, 165, 172-73, 183-84, 186, 317, 328
    cortando laços, 271
    cartas, 137, 198, 223-24, 271
    visita a Heidelberg, 112-14, 116
  lote de terra, 232-33, 255
  manifestações de 1989, 307, 310, 312
  na Cidade Karl Marx, 179-80, 183, 192,
    194, 208, 226-27, 271, 296, 307
  nascimento de Cordula, 183-84
  nascimento e infância, 96, 100-1, 101-2,
    109, 112, 120
  no Bangalô Paraíso, 232-37, 255, 300,
    324, 328
  no movimento juvenil, 122-23, 125, 156
  Jugendweihe, 161-62
  personalidade, 120, 177
  queda da Alemanha Oriental, 314, 317
  queda do Muro de Berlim, 314
  reencontro familiar em 1990, 321-24
  reencontro familiar em 2013, 325
  vida comunista, 130, 152-53, 165, 175-77,
    189-90, 191-92, 194, 221, 226-27
Heiko, canetas, 189
Helga
  cartas a Hanna, 136-37, 198-99
  comemoração do aniversário de Opa,
    162-63
  fuga definitiva de Hanna, 66
  nascimento e infância, 42, 46, 66, 67, 83
  no movimento juvenil, 122-23, 156

personalidade, 67
queda do Muro de Berlim, 314
reencontro familiar em 1990, 321-24
reencontro familiar em 2013, 325
vida comunista, 165, 194
visita de Albert, 217
visita de Oma e Heidi a Heidelberg, 112
Helmstedt-Marienborn, travessia da fronteira, 291-92, 348
Helsinque, Acordos de, 195-96, 201
Hershey's, chocolates, 26
Hestedt, 56
Hoheneck, Penitenciária Feminina do Castelo, 84-85, 88, 179, 200-1, 334
Hohenschönhausen, presídio, 79
Holmes Sr., Oliver Wendell, 183
Honecker, Erich, 82-83, 188-89, 291, 306
   Acordos de Helsinque, 195-96, 201
   atualização sobre, 330-31
   comemorações do quadragésimo aniversário, 308-9
   comemorações do trigésimo quinto aniversário, 261-62, 263-64
   exoneração, 311
   Gorbachov e reformas, 269, 295, 300, 307-8
   histórico, 82-83
   política econômica, 188-89, 196, 225
   programa esportivo e, 219, 225, 260-61
Honecker, Margot, 330-31
Huebner-Malinin, Acordo, 252
Hugo, Victor, 77
Hungria
   Gorbachov e reformas, 303
   refugiados alemães orientais, 305-6, 307, 308, 312

"Ich bin ein Berliner!", discurso, 12, 164-65, 286
"Imagine" (canção), 289
Incursões de Sinalização dos EUA no Setor Soviético, 253-55, 259-60, 265, 276-78, 279-83, 288-89
INF, Tratado, 295
Instituto para a Ciência Aplicada do Treinamento, 220

inteligência do Exército dos EUA
   Eddie como oficial, 118, 132-34
   Nina como oficial, 241, 242-43
   jantar de despedida, 289-90
   missões de Sinalização, 253-54, 257, 276, 287, 288, 289, 348
   primeira designação em Berlim, 35, 244-47
   treinamento, 241, 242-44
Interflug, 298
Itália, 118, 129, 130, 288, 296, 297-99
italiano, aulas de, 118, 124
Ivanov, tenente, 41

Jackson, Michael, 256, 301
Jefferson, Thomas, 103
Jennings, Peter, 316-17
Jirkowsky, Marienetta, 226
JLA (Juventude Livre Alemã), 82, 83, 93, 96-97, 97-98, 99, 123, 136, 156, 160, 162, 175, 309, 348
Jogos Olímpicos
   boicote a Moscou (1980), 224-25, 260
   de Los Angeles (1984), 260
   de Seul (1988), 299-300
   treinamento esportivo alemão oriental para, 219-20, 260-61, 272-76, 278-79, 281, 333
Jovens Pioneiros, 82-83, 96-98, 122-24, 125-26, 175, 207, 208-9, 220, 309, 348
Jugendweihe, 12, 14, 123, 156, 161-62, 241-42, 348

KaDeWe (Kaufhaus des Westens), 246
Kai
   infância, 25, 46, 60, 66, 67, 83, 90
   morte, 194, 205
   no movimento juvenil, 97-98, 123-24
   no NVA, 156-57
Kallehn
   fazenda, 39, 48, 50, 55-56, 88, 94, 144, 324, 339
   morte, 144
   ocupação soviética de Schwaneberg, 38-39, 46
   tentativa de fuga de Klemens, 88

tentativas de fuga de Hanna, 47-48, 49, 50-53
Kanterburg, monte, 163
Karl Marx Allee (Berlim Oriental), 261, 309, 340
Karlshorst, 279, 281, 282, 333, 340
Kennedy, John F., 12, 15, 146, 149, 152, 155, 157
   assassinato, 165
   Crise dos Mísseis em Cuba, 158
   Muro de Berlim e discurso "Ich bin ein Berliner!", 164-65, 286
KGB, 92, 250, 254, 269
Khmer Vermelho, 195
Klaus, Erich, 228-29
Klein Apenburg, 12, 167, 169, 170, 171-73, 175-76, 184-86, 190, 204-5, 209-10, 212-13, 217, 242, 265, 323-24, 339
Klemens
   aparência, 67
   comemoração do aniversário de Opa, 162-63
   fuga de Hanna, 67
   infância, 25, 60
   morte, 165
   no movimento juvenil, 83
   personalidade, 67
   tentativa de fuga, 88
Knechtel, Rüdiger, 157
Komsomol, 82
Korean Airlines, voo 007, 248
Krenz, Egon, 264, 311, 312
Kruschev, Nikita, 126, 144, 145, 152, 158
Kurfurstendamm (Ku'Damm), 246, 247, 316

Lange, Johannes, 200
Leipzig, 14, 270, 272, 306, 310
Leipzigerstrasse, 277, 340
Lennon, John, 289
Litfin, Günter, 150
Londres, 101
loteamentos, 232-34, 255
Lucius D. Clay, Quartel-General, 251, 286, 340
Lucky Strike, cigarros, 68, 72, 128
Lufthansa, 244

Madonna (cantora), 256
Magdeburgo, 24, 41, 65, 68, 291
Maggy, 178, 325
maiô americano, 223-24
Manni
   atualização sobre, 327
   carreira no magistério, 136, 156
   comemoração do aniversário de Opa, 162-63
   fuga definitiva de Hanna, 66
   infância, 25, 26, 60, 84
   no movimento juvenil, 83, 97
   personalidade, 67
   reencontro familiar em 1990, 321-22
   reencontro familiar em 2013, 325
   vida comunista, 165, 170, 194, 242, 314
   visita de Albert, 216-18
   visita de Oma e Heidi a Heidelberg, 112
Mao Tsé-Tung, 126
máquina de escrever, 89
Maratona de Berlim, 285-87, 324-25
Marcel, 178, 325
Mari, 261, 308, 325
   nascimento e infância, 194, 198, 208, 210, 223-24
   no Bangalô Paraíso, 233
Mariotti, Philippe, 255
Marlboro, 288
marxismo, 38, 44, 45, 54-55, 93, 128, 144, 195
Marzahn, Complexo Esportivo de, 274, 281, 286, 287, 312, 340
Mauerspechte, 328
McCarthy, Joseph, 126
Meier, 180, 232-33, 327
Merkel, Angela, 330
MGM-31 Pershing, 13, 248, 249, 295
Mielke, Erich, 92, 193
Ministério para a Segurança do Estado (MfS), *Ver* Stasi
Missão de Ligação Militar dos EUA, *Ver* USMLM
movimento juvenil, 82-83, 96-98, 122-24, 175, 262
Mueller, Rudolf, 164
mulheres nas forças armadas, 243-44
Muro da Família, 12, 153, 212, 237

Muro de Berlim, 147-53, 329-30
  atualizações de segurança, 150-51, 200
  Checkpoint Charlie, 151-52, 159, 254, 257, 276, 286, 287, 313, 339-40, 348
  construção, 147-49
  desmantelamento, 328-30
  discurso de Kennedy "Ich bin ein Berliner!", 12, 164-65, 286
  discurso de Reagan "Derrube este Muro", 296
  guardas de fronteira, 156-57, 332
  opinião de Opa em Schwaneberg, 155-56
  queda, 313-17
  tentativas de fuga, 119, 150, 158, 159, 163-64, 200, 225-26, 303-4
  treinamento de Cordula próximo do, 274-75
  visita de Nina, 246, 247
Muschol, Johannes, 226
música, 227-29, 255-56

Natal, 53-54, 81, 96, 190-91
Nationalsozialistische Bewegung, 29
Neckar, rio, 84, 101, 114
Neckar, vale do, 31, 83
Neues Deutschland, 105, 150
Nicholson, Arthur, 14, 254-55, 259, 265, 266, 267-68, 282, 334
Nina
  como oficial de inteligência do exército, 241, 242-43
  jantar de despedida, 289-90
  missões de Sinalização, 253-54, 256-57, 259-60, 265, 276-78, 279-81, 282-83, 288-89
  primeira designação em Berlim Oriental, 35, 244-47
  treinamento, 241, 242-43, 244
  desfile do trigésimo quinto aniversário da Alemanha Oriental, 261-64
  na Maratona de Berlim, 285-87
  na Universidade James Madison, 222
  nascimento, 146
  partida de Berlim no Trem de Serviço, 290-93

primeira consciência sobre a avó, 16-17
queda do Bloco Oriental, 305-6, 316
reencontro familiar em 2013, 324-26
Nixon, Richard, 192
Normannenstrasse, 250
NVA (Exército Nacional Popular), 12, 118, 136, 156, 178, 262, 332-33, 348

Oden, serra de, 31, 83
Oficiais de Relações Exteriores com a Rússia, 254
Olimpíada de Los Angeles (1984), 260
Olimpíada de Moscou (1980), 225, 260
Olimpíada de Seul (1988), 299-300
Olimpíada de Verão, *Ver* Jogos Olímpicos
Oma
  comemoração do aniversário de Opa, 162-63
  deterioração da saúde, 209-13
  diabetes, 186
  em Klein Apenburg, 12, 167, 169-73, 175-77, 184-86, 204-5, 209-14, 321, 323-24, 339
  Estado policial, 120, 123, 153
  assédio das autoridades, 125
  fechamento das fronteiras, 100-1
  filhos e vida familiar, 28-33, 41-42, 90, 100-1, 167
  fim da guerra, 23-28
Hanna e
  cartas e atualizações, 90, 96, 120, 129-30, 131-32, 133, 197-98, 211
  casaco de pele de presente, 131-32, 135, 197
  fuga definitiva, 65-66, 68, 73, 79
  telefonema, 187-88
  tentativas de fuga, 56-57, 57-61
  visitas a Heidelberg, 112-16, 135-39
  morte, 213-14
Muro da Família, 12, 153, 212-13, 237
netos, 184-86
ocupação soviética de Schwaneberg, 37-42, 46, 53-54
primeira consciência de Nina sobre, 16-17
programa juvenil para as crianças, 83, 98

requisições para viajar ao Ocidente, 90, 101, 109, 132, 134-35
Revolta dos Trabalhadores de 1953, 108
túmulo, 218, 323
Opa
aparência, 42
comemoração de aniversário, 162-63
como diretor de escola, 24, 30, 43, 58, 96, 159
aposentadoria forçada, 166-67, 171-72
ensinando a doutrina soviética, 43-44, 54-55, 82-83
em Klein Apenburg, 12, 167, 169-73, 175-77, 184-86, 204-5, 209-14, 217, 242, 265, 323-24, 339
Estado policial, 120, 123, 128, 204-5
assédio das autoridades, 125, 128, 139, 143
desafios ao sistema, 156, 159, 161-62, 165-66, 204-5
"manchas negras", 93, 94, 95-96, 101, 139
fazendeiros contra o Estado, 93-94
fim da guerra, 24, 27
Hanna e
cartas e atualizações, 90, 96, 120, 129-30, 131-32, 190-91, 197-98, 204-5, 213
fuga definitiva, 65-69, 73, 78-79, 80-81, 89
telefonema, 187-88
tentativas de fuga, 56-57, 58-61
visita a Heidelberg, 135-39
morte, 265-66
morte de Oma, 213-14
Muro de Berlim, 155-56
netos, 184-86
ocupação soviética de Schwaneberg, 39, 41-45, 46
programa juvenil para as crianças, 83, 98
requisições de viagem ao Ocidente, 134
Revolta dos Trabalhadores de 1953, 108
treinamento de reeducação, 205, 213
túmulo, 323
vida familiar, 28-32, 66, 167
visita de Albert, 216-19

Operação Infestação, 99
Operação Rosa, 147
Organização das Nações Unidas, 144
Ostrock (Rock do Leste), 228
Oswald, Lee Harvey, 165
Otan (Organização do Tratado do Atlântico Norte), 11, 12, 13, 35, 81, 82, 91, 147, 160, 223, 248-49, 250
Exercício Able Archer, 13, 248-49
informações de inteligência, 248-54
ingresso da Alemanha Ocidental, 118

Parada de Sucessos Internacional, 256
Paraguai, 143
Paris, 31, 124, 145
Partido Comunista, *Ver também* Partido da Unidade Socialista da Alemanha
uso do termo, 348
Partido da Unidade Socialista da Alemanha, 11, 12, 45, 82, 92, 348
Pasternak, Boris, 222
Patrick Henry Village, 136
Patton, tanques, 151
Peenemünde, 194
Perestroika, 268-69
Pershing, mísseis, 13, 248, 249, 295
pflaumkuchen, 210-11
Pilatus PC-6 Porter, 252
Plano Marshall, 11, 62
Plano Quinquenal, 11, 99, 105
Platão, 129
Plauen, renda, 190, 236
Polônia
Solidariedade, 13, 238, 264, 303, 304, 329
trabalhos forçados sob o governo alemão, 38
ponte aérea de Berlim, 62-63, 91
Poppe, Ulrike, 202, 334
Portão de Brandemburgo, 148, 164, 274-75, 276, 285, 286, 287, 296, 325, 329, 339
pós-guerra, período, 23-28, 32-33
Posto de Controle Alpha, 292, 348
Posto de Controle Bravo, 348
Posto de Controle Helmstedt-Marienborn, 292, 348

postos de controle Aliados, 348, *Ver também* Checkpoint Charlie
Potsdam House, 259-60, 265, 340
Powers, Francis Gary, 145, 158, 265
Praça da Paz Celestial, protestos em 1989, 304
Prêmio Nobel da Paz, 335
Primavera de Praga, 174
prisioneiros de guerra alemães na União Soviética, 41
programa esportivo, *Ver* Alemanha Oriental, programa esportivo
Puhdys (banda), 228

Quartel-General Lucius D. Clay, 251, 286, 340
Queen (banda), 281

racionamento de comida, 36-37, 38-39, 105, 120, 162, 190, 225
Rádio Luxembourg, 227
Rathaus Schöneberg (Berlim), 164, 286
RDA (República Democrática da Alemanha), 348, *Ver também* Alemanha Oriental
Reagan, Ronald, 241, 268, 311
  armas nucleares, 295, 334
  Berlim e discurso "Derrube este Muro", 14, 296
  Gorbachov e reformas, 266
  Iniciativa de Defesa Estratégica, 248
  postura anticomunista, 13, 231, 248, 295, 334
Reforger 83, 13, 248-49
reforma da moeda, 63
Reinhard
  atualização sobre, 327-28
  casamento com Heidi, 178-80
  manifestações de 1989, 307, 310, 312
  na Cidade Karl Marx, 179-80, 183, 194, 226-27, 307
  no Bangalô Paraíso, 232-37, 255, 300, 324, 328
  queda da Alemanha Oriental, 313, 314, 317
  reencontro familiar em 1990, 323, 324
  reencontro familiar em 2013, 325
  vida comunista, 189-90, 191-92, 194, 221, 226-27, 233
República Dominicana, 174
Revolta dos Trabalhadores de 1953, 106-8, 111
Revolução Húngara de 1956, 126, 174
RFA (República Federal da Alemanha), 348, *Ver também* Alemanha Ocidental
Rock do Leste, 228
Roland
  carreira no magistério, 43, 62-63, 67, 89-90, 156, 165, 194, 204
  cartas e atualizações, 136, 198, 211, 301
  comemoração do aniversário de Opa, 162-63
  fuga definitiva de Hanna, 66-68
  infância, 24, 28-32
  morte, 301, 323
  morte de Oma, 214
  morte de Opa, 265-66
  ocupação soviética de Schwaneberg, 39, 41
  personalidade, 43
  vida comunista, 156, 165, 194, 198, 204-5
  visita de Albert, 216-19
Romênia, 329, 340
Rosenberg, Julius e Ethel, 126
Rotkäppchen, espumante, 237, 323
Rousseau, Jean-Jacques, 215

Saale, rio, 28, 163
Sabine, 48-49, 50, 56-58
Sachi, 178, 325
Sachsenhausen, Campo Especial de, 79
Salzwedel, 39, 175-76, 177, 179, 216, 314
Sandmännchen (Homem de Areia), 192
Schabowski, Günter, 10, 312-13
Schandmauer (Muro da Vergonha), 157
Scharfenstein, geladeira, 189-90
Schatzi, 26
Schimmel, piano, 30, 163, 170, 173, 185
Schmidt, Helmut, 201
Schneider, família, 78, 79-80, 81
Schönefeld, Aeroporto de, 298
Schumann, Conrad, 150

375

Schwaneberg
  casa na escola, 23-24, 25, 28-30
  movimento juvenil, 83, 97-98, 122-24
  ocupação soviética, 36-46, 54, 55
  Opa defende fazendeiros contra o Estado, 93-94
  período pós-guerra, 23-28, 32-33
  Revolta dos Trabalhadores de 1953, 108
schwibbogen, 190
SDI (Iniciativa de Defesa Estratégica), 248
Seebenau, 39, 46, 88, 94, 105, 128, 144, 324, 339
  fronteira, 49-52
Serviço de Inteligência Federal (Alemanha), 134
Sexta Brigada Motorizada Independente (Karlshorst), 279, 333
Siegessäule, 286
Siekmann, Ida, 150
Silly (banda), 228
sistema de passagem interzonas, 11, 44, 51
Skoda, 180, 297, 319, 323
Snickers, chocolate, 288
socialismo de consumo, 13, 189-90, 196-97
socialismo, uso do termo, 347
Solidariedade, 13, 238, 264, 303, 304, 329
Soljenítsin, Aleksandr, 222
Sonho de uma noite de verão (peça), 114
Sportsclub Chemnitz, 328
Spree, rio, 150, 158, 200, 226, 333
Sputnik 1, 126
SS-20 Saber, 13, 248, 295
Stálin, Josef, 11, 24-25, 36, 37, 50, 91, 92, 103
Stasi, 92-93, 104, 348
  acusação de alemães orientais como espiões estrangeiros, 145-46
  censura, 117-18
  depois da queda, 331
  dissidentes políticos, 202-3
  Oma e Opa e, 134-35, 139, 143
  rede de informantes, 119-20, 134-35, 143-44, 159-60, 250-51
  tortura psicológica, 201
Stern-Hobby, 189
Stevens, Cat, 228

Stevenson, Robert Louis, 47
Stollberg, 84, 85, 179, 227, 334, 339
Stollen, 190
Strelzyk, Peter, 226

Tag der Republik (Dia da República), 208
Tagesschau, 227, 300
Tatra, caminhões, 257
Taubmann, Thomas, 226
Taylor, James, 228
Tchecoslováquia, 13, 99, 130, 174, 245, 248, 270, 299, 306, 307, 308
Tet, Ofensiva do, 173
Tiele
  atualização sobre, 327
  carreira no magistério, 108, 156, 186, 194, 211
  cartas e notícias, 165, 186, 137, 211
  comemoração do aniversário de Opa, 162-63
  fuga definitiva de Hanna, 66
  infância, 25, 60, 66
  no movimento juvenil, 83
  personalidade, 67
  queda do Muro de Berlim, 314
  reencontro familiar em 1990, 322-24
  reencontro familiar em 2013, 325
  vida comunista, 165, 194, 242, 261
Tiergarten, 286
Time (revista), 161, 203, 335
toques de recolher, 49
toranjas, 186
trabalhos forçados sob o governo alemão, 38
Trabant, 180, 217, 277, 306, 319, 321, 323
Trabitz, 28, 163, 339
"traidores", 79
Turíngia, floresta da, 242
Tutti
  aparência, 67
  comemoração do aniversário de Opa, 162-63
  fuga definitiva de Hanna, 66
  no movimento juvenil, 122-23, 156
  personalidade, 67
  queda do Muro de Berlim, 314

reencontro familiar em 1990, 322-24
reencontro familiar em 2013, 325
vida comunista, 46, 194
visita de Albert, 217-18
visita de Oma e Heidi a Heidelberg, 112
Twain, Mark, 32

U-2, incidente de 1960, 145
Uchtspringe, 205, 213
Ucrânia, 38
Ulbricht, Walter, 87, 92, 160
   declaração de soberania, 117-18
   Muro de Berlim e, 143, 147, 152
   política econômica, 95, 105-6
   Revolta dos Trabalhadores de 1953, 108, 111
União Democrata-Cristã, 329
União Soviética, *Ver também* Guerra Fria; *e líderes específicos*
   Acordos de Helsinque, 195-96, 201
   coleta de informações da inteligência, 249-55
   controle de armas nucleares, 145, 295
   corrida armamentista nuclear, 11, 91-92, 126-27, 145, 157-58, 248, 295
   corrida espacial, 12, 127, 145, 174, 195-96
   Crise dos Mísseis em Cuba, 158
   declaração de soberania pela Alemanha Oriental, 117-18
   despojamento da Zona Oriental, 38, 40
   dissolução, 329
   divisão pós-guerra da Europa, 27-28, 35-36
   doutrina e propaganda, 43-44, 49-50, 54-55, 82-83, 103-4, 127-28, 223
   invasão do Afeganistão, 13, 224-25, 260
   KGB, 92, 250, 254, 269
   Korean Airlines, voo 007, 248
   Pacto de Varsóvia, 12, 35, 118, 174, 248, 250, 303

Revolução Húngara, 12, 126, 194
U-2, incidente de 1960, 145
Universidade da Califórnia, 217
Unter den Linden, 274, 287, 340
URSS, *Ver* União Soviética
USMLM (Missão de Ligação Militar dos EUA), 14, 253-54, 254-55, 256-57, 259-60, 265, 266, 288, 340, 341

Varsóvia, Pacto de, 12, 35, 118, 174, 248, 250, 303
Veneza, 130
Vietnã do Norte, 126, 173, 195
Vietnã do Sul, 158-195
Vietnã, Guerra do, 158, 173-74, 195
VoPo (Volkspolizei), 11, 45, 107-8, 247, 254, 277, 301, 306, 308, 309, 332, 348
   confisco de terras privadas, 93-94
   fuga definitiva de Hanna, 78, 80-81
Voz da América, 226

WAC (Women's Army Corps, corpo feminino do exército), 243
Walesa, Lech, 304, 329
walkmans Sony, 238, 299
Wandlitz, Colônia Florestal de, 193
"West of the Wall" (canção), 161
Wetzel, Günter, 226
Wilk, Paul, 104-5
Willner, Albert, *Ver* Albert
Willner, Eddie, *Ver* Eddie
Willner, Hanna, *Ver* Hanna
Willner, Nina, *Ver* Nina
Windsor, Castelo de, 101
Witt, Katarina, 301

Yeltsin, Boris, 331

ZDF (emissora de televisão), 226-27
Zehlendorf, 286, 304

Impresso no Brasil pelo Sistema Cameron da Divisão Gráfica da
DISTRIBUIDORA RECORD DE SERVIÇOS DE IMPRENSA S.A.